中文社会科学引文索引(CSSCI)来源集刊(2012—2013)

# 元史及民族与边疆研究

## 集刊

### (第二十四辑)

刘迎胜/主编
高荣盛　华　涛　姚大力/副主编

南京大学元史研究室/民族与边疆研究中心　主办

上海古籍出版社

# 目　　录

## 专栏

（本专栏论文系在“东亚多元文化时代的法律与社会——2010年《至正条格》与蒙元法律文献研究学术研讨会”上提交。本次会议的召开得到韩国学中央研究院“海外韩国学教科研重点基地项目”的赞助。）



## 元史研究



## 民族、宗教与边疆研究



## 古籍整理



## 书刊评介



## 会议综述

# 元统二年(1334)朝廷收还田产事件研究

## ——国家与贵族、寺院争夺土地斗争的背后

刘迎胜

## 一、问题的提起

《至正条格》提到了顺帝元统二年(1334)四月二十八日,中书省官员与顺帝之间有关将前朝拨赐于蒙元贵族及寺院的田产重新收回的讨论。其文曰:

"户部官俺根底与文书:'至元三十年(1293)以后,今岁续拨与了诸王、公主、驸马、百官、寺观等田数。其间寺观自有常住,百官已有俸禄,诸王、公主各有分拨城池、岁赐钱帛。又复拨赐田粮,合拘收还官。'说有。俺于文卷内照得:今岁拨赐地土数多。如今除世祖皇帝时分,并有影堂的寺院里拨赐外,寿宁公主、南加八剌公主、扎牙八剌公主、班丹公主、速哥八剌公主、奴伦妃子、班的荅八哈失、庆寿长生观、明慧报恩寺、搠思丹姑姑寺、承天永福寺、崇恩寺,将这的每根底,元拨赐与来的地土,验数还官。将拨赐与住奴皇后的一百顷田内,将五十顷还官。塔失帖木儿驸马母亲道道的一百顷田内,五十顷还官。普纳公主的四百九十九顷九十二亩内,一百九十九顷九十二亩还官。荅里海牙公主的五百顷田内,二百顷还官。大长公主的五百顷田内,二百顷还官。赵王的五百顷田内,二百顷还官。孛罗大王的一百四十九顷六十九亩田内,九十九顷六十九亩还官。拜住丞相的一百顷田内,五十顷还官。普安大万圣祐国寺的五百顷田内,二百顷还官,福藏司徒昭福寺的三十顷田内,二十顷还官。原教寺的一百顷田内,五十顷还官。畏兀儿哈蓝寺的三百一十三顷五十九亩田内,一百一十三顷五十九亩还官。永福寺的五十顷五亩田内,三十顷五亩还官。圣安寺的九十一顷二十一亩田内,三十一顷二十一亩还官。天庆寺的五十顷田内,三十顷还官。难的沙律(津)爱护持[寺]的五十顷田内,三十顷还官。延(廷)洪寺的一百五十顷田内,七十五顷还官。妙净寺的四十顷田内,二十顷还官。阿怜帖木儿八哈赤寺的五十顷田内,二十五顷还官。失剌千姑姑至大寺的一百四十八顷五十一亩田内,七十四顷二十五亩半还官。崇真万寿宫的一百顷田内,五十顷还官,永安寺的五十顷田内,三十顷还官呵,怎生?"奏呵,奉圣旨:"那般者。"①

从文字内容看,中书省与顺帝之间在元统二年四月二十八日所讨论的是一项户部所提出的有关重新审查前朝赐地的问题,换而言之,即是希望压缩朝廷开支,增加政府控制之下

① 卷二十六,韩国学中央研究院,2007年,影印残本,页56—58;校注本,页59—61。

的土地与人口。

压缩开支有各种途径,可以要求所有既往不合理政策的受惠者一体承担所有压缩开支措施,换而言之,通过相对"公平"的措施来实施;也可以要求部分受惠者承担压缩措施,通过相对不那么"公平"的措施来实施。

那么元统二年顺帝决定收回部分贵族与寺院赐田的事件,与当时朝廷的政治有无关系?这是笔者希望理清的问题。

上述泰定三年决定设大天源延圣寺之后,中书省所列举的耗费巨资的几项开支,所涉及成宗、武宗及武宗、仁宗之子英宗等人,矛头所指十分清楚,即真金后裔中除甘麻剌一支裔以外者。

而本文上述所引《元史》所记中书省提议的措施为"除累朝期年忌日"之外,停止其余佛事仪式,似乎未刻意地损害某些利益集团,但并不能因此判断中书省在这件事上是相对"公平"。而与之有关的《至正条格》提到的收还既往赐田的具体措施的出台,反映的是历朝历代都存在的朝廷与贵族与寺院之间,争夺土地与人口的斗争,还是其他性质的问题?是对比上述两则史料后笔者的第二个疑问。

本文设想探求真像的步骤是:

1. 调查至元末至元统初朝廷赐田问题,以期了解《至正条格》所提及的贵族与寺院,是否涵盖了至元三十年(1293)以后至元统二年(1334)间,所有接受过赐田的贵族与寺院?换而言之,归还赐田的政策究竟是仅仅针对部分蒙元贵族与官寺,还是全体曾受赐田者?

2. 如果涉案者仅系部分贵族与官寺,那么选择收官的依据是什么?换而言之,对《至正条格》所提及的蒙元贵族与寺院的政治背景调研。

3. 涉案贵族、寺院田产的几种分析视角:

(1) 原有田产数量最高者。

(2) 还官田产数、还官比例与剩余田产数所反映的问题。

4. 通过经过选择的典型,探究涉案事主之背景。

## 二、对此文献本身的考察

上述《至正条格》所记顺帝与中书官员讨论户部提出的收回前朝对贵族与寺院的赐地,事在元统二年四月二十八日。经查《元史·顺帝纪》元统二年(1334)四月中有如下记载:

> 乙酉,中书省臣言:"佛事布施,费用太广,以世祖时较之,岁增金三十八锭、银二百三锭四十两、缯帛六万一千六百余匹、钞二万九千二百五十余锭。请除累朝期年忌日之外,余皆罢。"从之。①

对比上述两则记载,不禁会产生几个疑问。第一个疑问是,两则记载之间有什么关系吗?本文先从以下两点分析这一问题:

---

① 《元史》卷三十八《顺帝纪》,元统二年(1334)四月条,标点本,页821—822。

1. 日期

上述《元史》记载中所提到的中书省向顺帝报告的时间是四月乙酉日,即此年之四月二十八日,相当于公历1334年5月31日;①而上述《至正条格》所记中书省向顺帝报告户部向中书省汇报事也是四月二十八日,两者恰为同一天。

2. 奏报内容

《元史·顺帝纪》所记为有关节约佛事花费事项,具体建议的措施是,除累朝期年忌日之外,要求停止其余佛事仪式。

而《至正条格》所记则为,中书省向顺帝报告,户部认为,官寺已各有自己的常住,百官已有俸禄,诸王、公主各有分拨城池、岁赐钱帛,因而至元三十年(1293)以后至元统二年(1334)的40年间,又复向贵族与寺院所拨赐田地是不合理的,因此其具体建议是将这些增赐的田产"拘收还官"。可见其内容是减少贵族与寺院所控制下的土地与人口,核心是增加国家的收入。

《元史·顺帝纪》所记的重点在于,议论过去政府佛事开支太大,因此要省减。而《至正条格》所录的内容,则为重新审视过去40年间朝廷向贵族与官寺赐田事项,其言下之意是向本身已经拥有常例收入的贵族与寺院增赐的田产,是朝廷开支太大的根源。换而言之,《顺帝纪》所记,是中书省对朝廷佛事开支太大提出总体处置意见得到顺帝批准;而《至正条格》所录,则为户部为落实中书省意见而提出的部分具体措施。

因此结论是,上述两则史料所反映的显然是同一件事。

3. 赐田收官名单中的重复问题

《至正条格》提到涉案蒙元贵族与寺院时,所开列的名单分为两个部分。第一部分中书省建议"将这的每根底",即对这些贵族与寺院"元拨赐与来的地土,验数还官"。按字面上理解,要收还它们所有的赐地。其名单为:寿宁公主、南加八剌公主、扎牙八剌公主、班丹公主、速哥八剌公主、奴伦妃子、班的荅八哈失、庆寿长生观、明慧报恩寺、搠思丹姑姑寺、承天永福寺、崇恩寺。但仔细对比会发现本部分名单与下一部分有若干重复之处,其中南加八剌公主即鲁国大长公主,与第二部分的大长公主②重复;速哥八剌公主即赵国公主,与第二部分的赵王重复;承天永福寺,与第二部分的永福寺重复。

第二部分是具体涉案贵族与寺院的收官田产书,其名单为:住奴皇后、塔失帖木儿驸马母亲道道、普纳公主、(荅)[益]里海牙公主、大长公主、赵王、孛罗大王、拜住丞相、圣安寺、天庆寺、难的沙(律)[津]爱护持[寺]、延(廷)洪寺、妙净寺、阿怜帖木儿八哈赤寺、失剌千姑姑至大寺、崇真万寿宫、永安寺。从内容看,本部分均为部分田产应收官者。如前所述,本部分的大长公主,即第一部分之南加八剌公主,亦即鲁国大长公主;赵王与第一部分之速哥八剌公主为夫妇;而永福寺则与第一部分之承天永福寺重复。

这两部分名单的重叠,表明某些赐田产既见于第一部分,亦见于第二部分。难道某些贵族与寺院既要上交全部赐田,同时又要上交部分田产,岂非矛盾?限于篇幅,这两个

① 洪金富编著《辽宋夏金元五朝日历》,中研院史语所目录索引丛刊,2004年,页436。

② 详论见下文。

名单的事实真像,还有待于将来考察。

## 三、元代官寺与贵族赐田的收租权与还官问题

**(一)赐田收租权归官**

按元制,朝廷拨赐给贵族与寺院的田地,并非由地主自行收租,而是由政府统一收租,然后再将应得的部分回拨给受赐的贵族与寺院。《通制条格》中专有一条《拨赐田土》,其中提到:

> 皇庆二年(1313)四月二十六日,中书省奏:"台官人每与俺文书:江南平江等处有的系官地内,拨赐与了诸王、驸马并寺观诸官员每的地土,他每自委付着管庄的人每,比官司恣意多取要粮斛分例搔扰,教百姓每生受有。合追复还官,供给国家。么道,说有。杭州行省也这般与文书来。俺与御史台、集贤、翰林院老的每一同商量来,除与了诸王、公主、驸马寺观的田地,依已了的圣旨,与他每佃户合纳的租粮,官仓里收了,各枝儿却于仓里验着纳来的数目关支。这般呵,百姓每不被扰。其余官员、诸人每根底与来的田地,都教还官呵,怎生?"奏呵,"那般者"。么道,圣旨了也。钦此。①

这里是说,中书省向仁宗奏报,称御史台与"杭州行省"(即江浙行省)均向中书省报告:平江(即苏州)所受赐田的诸王、驸马与寺院均自行派人向佃户收取远远超过一般官田租额的田租,使租户苦不堪言。中书省在与御史台、集贤院及翰林院的官员商议后提出,受田诸王、公主、驸马与官寺,均不再对赐田自行收租,而应按规定由政府统一收租,再从官库里按比例分支给他们。而其余官员所受赐田则应还官。这一提议得到仁宗的同意。关于此事,《通制条格》中还有一条记载:

> 皇庆二年(1313)十月二十三日,中书省奏:"江南地面里,平江等处有的系官地内,诸王、公主、驸马根底,各寺观里并官人每根底与来的,他每委着人,比官司纳来的之上多取粮的上头,百姓每生受。"么道,台官每言着呵,今春众人商量了:"诸王、驸马根底并各寺观里与来的,将合纳的租米官仓里纳了,似阿合探马儿一般,各投下于官仓里拨与。"奏了,各处行了文书来。前者崇祥院官人每:"将普庆寺里江南拨与来的田地内出产的子粒,不教其余的指例,崇祥院管辖的提举司收着。"么道,奏了,与俺文书来。俺商量来,将那粮他每收呵,止是那里粜卖。依已了的圣旨,官仓里收了,取勘了数目,验本处开仓时,(古)[估]拨与价钱呵,怎生?么道,奏呵,"那般者"。么道,圣旨了也。钦此。②

《通制条格》这里记载的,与半年前中书省与仁宗所讨论的是同一件事。中书省再次提

① 《通制条格》卷十六,方龄贵校注本,中华书局,2001年,页485;黄时鉴标点本,页205。

② 《通制条格》卷十六,方龄贵校注本,中华书局,2001年,页485—486;黄时鉴标点本,页205—206。

出受田贵族与寺院自行收租的弊端,提出赐田由政府统一收租,再按"阿合探马儿",即颁赐的办法,依例分发给田主的指导意见向全国发了行文。但管理仁宗影堂普庆寺的机构崇祥院提出,他们不应依照此例,而应自行委派其下的提举司对其江南赐田收租。原因是他们要将所收租粮粜卖为钱。中书省提出的解决方案是:仍然维护政府对赐田统一收租的规定,但对普庆寺网开一面,将统一收租折为钞币交付。此议得到仁宗的批准。

> 皇庆二年(1313)六月初六日,中书省奏:"至元十三年(1276)收附江南时分,一个姓毛的、一个姓柴的人不伏归附、谋叛逃窜了的上头,将他每的家私、物业断没入官来。曲律皇帝①时分,将那断没了的地土、山场,都与了刘司徒的爷来。去年,又那地土内,教与刘参政地土,山场教与不鲁罕丁②者。"么道,圣旨有呵,行将文书去,依着圣旨体例与了来。前者俺与台官并翰林、集贤院官一同商量定:"诸王、公主、驸马并各寺里与来的田土,依旧交属他每官仓里收了子粒,似阿哈探马儿一般与他每,官员人等根底与来的,都教还官者。"么道,奏了也。"依着圣旨,已了的,都教还官呵,怎生?""么道,奏将来有。那地土、山场内每年多出产钱物有。这几年他每要了的勾也者,其余都教还了官。他每根底与来的,不教还官呵,偏负有。教还官呵,怎生?"奏呵,"那般者"。么道,圣旨了也。钦此。③

但实际上诸王驸马自行派官往赐地收租的情况并未禁绝。延祐七年(1320)七月"晋王也孙铁木儿遣使以地七千顷归朝廷,请有司征其租,岁给粮钞,从之"。④ 天历二年(1329)十月"辛丑……诸王、公主、官府、寺观拨赐田租,除鲁国大长公主听遣人征收外,其余悉输于官,给钞酬其直"。⑤ 上述两则史料反映出,晋王自行派员往赐地收租直至延祐七年(1320),而下嫁宏吉剌家族的鲁国大长公主则始终自行收租。

户部负责朝廷的财政的收支。系官土地支出过大,朝廷的财政便难以为继。从月赤察儿在受赐后,向武宗推辞时说"万亩之田,岁入万石"看,当时贵族与寺院所受江南官地折算的田租是每亩年租一石,政府所收的数字当高于此。元代官地数量巨大,朝廷的收入表面上很高,但除出折算为赐田的租粮支出之外,数量就大减了。

**(二)武、仁两朝贵族赐田夺还问题研究——以月赤察儿家族为例**

通常看待朝廷收回过去曾经赐予高官、贵族与寺院问题的视角,是国家与豪强势要

---

① 即武宗海山。

② 方龄贵注曰:不鲁罕丁,《元史》卷二六《仁宗纪》:延祐七年(1320)春正月壬午"御史台臣言:'比赐不儿罕丁山场、完者不花海舶税,会计其钞,皆数十万锭,诸王军民贫乏者,所赐未尝若是,苟不撙节,渐致帑藏虚竭,民益困矣。'中书省臣进曰:'台臣所言良是,若非振理朝纲,法度愈坏。臣等乞赐罢黜,选任贤者。'帝曰:'卿等不必言,其各共乃事。'"其不儿罕丁,当即不鲁罕丁。——见页489,注二。完者不花,见本文有关赐田史料延祐七年(1320)部分。

③ 《通制条格》卷十六,方龄贵校注本,中华书局,2001年,页488;黄时鉴标点本,页207。

④ 《元史》卷二十七《英宗纪》,延祐七(1320)年七月条,标点本,页605。

⑤ 《元史》卷三十三《文宗纪》,天历二年(1329)十月条,标点本,页743。

之间争夺土地与人口的斗争。而如果从省减朝廷开支的角度来看,历朝历代的政府,除籍没受到惩处的官员、贵族的土地之外,重新审视与压缩过去的开支,剔除其中"不合理者",也是常见的行为,并无什么特别之处。

在元代,收还前朝所赐田产之事亦非始于顺帝即位以后,武宗即位之初,便曾有过拘收前朝赐田之举,《元史》记曰:

(大德十一年九月)塔剌海言:"比蒙圣恩,赐臣江南田百顷。今诸王、公主、驸马赐田还官,臣等请还所赐。"从之。仍谕诸人赐田,悉令还官。①

上述史料所涉及的塔剌海,为月赤察儿之子。据元明善记载,月赤察儿有七子,长"曰:塔剌海,夫人赤邻所生,端良刚毅,有古大臣风。至元三十年(1293)佩金虎符,特授昭勇大将军,左都威卫使。大德元年(1297)三月加阶昭武,七月迁荣禄大夫、徽政使,仍左都威卫使。四年(1300),兼枢密副使。六年(1302),迁同知枢密院事。八年(1304)兼宣徽使。十年(1306)闰正月加光禄大夫,七月迁知枢密院事②。"

世祖朝末期,塔剌海所受之昭勇大将军,为元武官正三品,大德元年加阶之"昭武",即昭武大将军,为武官正三品最高阶。③ 塔剌海母亲"夫人赤邻",即月赤察儿诸妻之一赤邻夫人,乃"别速氏千户玉龙铁木儿女"。④塔剌海在世祖朝末期至成宗朝,除受赐田之外,官阶也一再上升。

塔剌海所称自己前朝所受赐田一百顷事,当与《元史·成宗纪》所记大德八年(1304)二月"赐秃赤及塔剌海以所籍朱清、张瑄田,人六十"⑤之事有关。"人六十",即秃赤与塔剌海每人得到所籍没的朱清与张瑄的土地60顷。与塔剌海同时获得赐地的秃赤,为月赤察儿之弟,成宗时为御史大夫。⑥ 大德二年(1298)漠北铁坚古山之战后,成宗为了解战况"使御史大夫秃赤、知枢密院事塔剌海、也可扎鲁火赤秃忽鲁即赤纳思之地,聚诸王军将问战胜功状"。⑦ 成宗所派出的三位大臣中两位出自月赤察儿家族。故而上述两则有关赐田的史料均与月赤察儿家族有关。

塔剌海所提过去所受赐地,应当如同其他贵族与寺院一样还官的要求,虽然得到武宗的同意,但其父月赤察儿的赐地非但没有动,反而还有所增加。同年十一月:

庚寅,赐太师月赤察儿江南田四十顷。时赐田悉夺还官,中书省为言,有旨:"月

① 《元史》卷二十二《武宗纪》,大德十一年(1307)九月条,标点本,页487—488。

② 《太师淇阳忠武王碑》,《国朝文类》卷二十五,上海涵芬楼影印元至正杭州西湖书院刊本,四部丛刊;并见《清河集》卷二,清光绪刻藕香拾零本。

③ 参见拙文《〈元史·百官志〉武官正三品资阶订误》,《历史研究》,2009年,第6期,页174—181。

④ "玉龙铁木儿"(Ürüŋ Temür),突厥—蒙古语合成词,此言"白铁"。

⑤ 《元史》卷二十一《成宗纪》,大德八年(1304)二月条,标点本,页458。这段记载前面已经引用。

⑥ 见阎复《太师广平贞宪王碑》卷二十三,《国朝文类》,上海涵芬楼影印元至正杭州西湖书院刊本,四部丛刊。

⑦ 虞集《句容郡王世绩碑》卷二十六,《国朝文类》,四部丛刊本。

赤察儿自世祖时积有勋劳,非余人比,宜以前后所赐,合百顷与之。”仍敕行省平章别不花领其岁入。①

月赤察儿在武宗朝赐田还官风潮中,仍受赐田之事,在元明善《太师淇阳忠武王碑》中记载得更为详细:

他日诏曰:“成宗常赐卿江南田六千亩,今加赐四千。”奏曰:“万亩之田,岁入万石。臣待罪宰相,先规己利,人谓臣何?江南民力极矣。请辞万石之入入官,以苏民力。”上悦而允。……是年六月特授荣禄大夫、宣徽使。九月加仪同三司、右丞相,仍赐江南良田万亩。奏曰:“臣首受此田,指以求赐者多矣。臣愿还田县官。”有敕依至大元年(1308)二月加阶开府兼尚服使。②

月赤察儿是最受成宗信任的大臣之一,在伊利汗国史臣哈沙尼所著《完者都史》中,提到过一位至大年间元廷驻和林行省的高官,名“白胡子太师”(Aq Saqal),当即此人。③ 进入至大年,武宗收赐田归官的措施依然在执行,至大二年(1309)九月,

丁酉,御史台臣言:“比者近幸为人奏请,赐江南田千二百三十顷,为租五十万石,乞拘还官。”从之。④

由此可见,将贵族与官寺赐田收归国家之举早已有之,并非始于顺帝元统年。

**(三)皇家寺院的巨额开支**

历代元帝均有滥加赏赐与大作佛事的行为。税入是立国的基础,而土地是税收的基础。滥赐土地,意味着国家税基的缩小,是国之大敌。泰定帝时,廷臣就为此进过言。《元史》记载:

(泰定三年十月)赐大天源延圣寺钞二万锭,吉安、临江二路田千顷。中书省臣言:“养给军民,必籍地利。世祖建大宣文弘教等寺,⑤赐永业,当时已号虚费。而成宗复构天寿万宁寺,⑥较之世祖,用增倍半。若武宗之崇恩福元,⑦仁

① 《元史》卷二十二《武宗纪》,大德十一年(1307)十一月条,标点本,页491。

② 《国朝文类》卷二十三,四部丛刊本,卷二十六。

③ 参见拙文《脱火赤丞相与元金山戍军》,刊于《南京大学学报》,1992年,第4期,页34—42。

④ 《元史》卷二十二《武宗纪》,至大二年(1309)十一月条,标点本,页516。

⑤ “大宣文宏教寺,今静宜园之万安山法海、法华二寺相传即其遗址。”——[清]于敏中、窦恢甬等纂修《日下旧闻考》,北京古籍出版社,2001年,卷一百五十五,页2505。

⑥ 大德九年(1305)二月“乙未,建大天寿万宁寺”。——《元史》卷二十一《成宗纪》,标点本,页462。泰定四年(1327)五月“乙巳,作成宗神御殿于天寿万宁寺”。——《元史》卷三十《泰定帝纪》,标点本,页679。

⑦ 此处“崇恩福元”指大崇恩福元寺。

宗之承华普庆,①租榷所入,益又甚焉。英宗凿山开寺,损兵伤农,而卒无益。夫土地祖宗所有,子孙当共惜之。臣恐兹后藉为口实,妄兴工役,侥福利以逞私欲,惟陛下察之。”帝嘉纳焉。②

廷臣所提到的上述几所寺院多为皇家原庙,即影堂。其中,大天源延圣寺原为泰定帝祖父晋王甘麻剌影堂,后为明宗帝后影堂,详见后文。大崇恩福元寺,即南寺,后为武宗影堂。武宗初即位时乃为其父答剌麻八剌建。其建造过程姚燧在《崇恩福元寺碑》文中有明确记载,称武宗即位后为其父答剌麻八剌:

诔行定谥曰“顺宗昭圣衍孝皇帝”,琢玉宝册,纳诸庙中,尊皇太后以“仪天兴圣慈仁昭懿寿元”之号,迩之为子,远之为孙,其孝以慈,可谓致极,而于宸心犹若未然。明年至大之元(1308),诏群臣曰:昔朕万里抚军北荒,险阻践踰同,躬擐甲胄,北寇底平,实艰实棘。时有愿言皇曾考妣、皇祖考妣之丰功茂德,皇考、太后之厚泽深仁,图以报塞,必俟他日。振旅而南,大建宝刹,凭依佛乘,上为往圣荐福,冥冥慈闱,祝釐昭昭。

这里是说,大德十一年(1307)成宗逝后,武宗登极,为其父答剌麻八剌定谥号为顺宗,并尊其母为皇太后,并说自己抚军北荒时就有意建寺葆扬其祖父母,即真金夫妇,及自己的父母答剌麻八剌夫妇。等南还大都后,要大建佛寺,为祖先祝福。为此,武宗,

銮辂亲巡,胥地所宜,于都城南不杂阛阓,得是吉卜。敕行工曹,甓其外垣为屋,再重踰五百,礎门其前而殿于后,左右为阁楼,其四隅大殿孤峙,为制正方。四出翼室,文石席之。玉石为台,黄金为趺,塑三世佛。后殿五佛,皆范金为席。台及趺与前殿一诸天之神,列塑诸庑,皆作梵像,变相诡形,怵心骇目,使人劝以趋善,惩其为恶。有不待翻诵其书,已悠然生生者矣。至其榱题棁桷,藻绘丹碧,缘饰皆金,不可赀算。楯槛衡纵,捍陛承宇,一惟玉石,皆前名刹所未曾有。榜其名曰大崇恩福元寺,用实愿言。外为僧居。方丈之南,延为行宁,属之后殿,庠廐庖湢,井井有条。所置隆禧院,比秩二品,守以相臣。割田外郡,收其租入,以给祝发,日廪月饩。③

姚燧所记“割田外郡,收其租入,以给祝发日廪月饩”是有具体内容的。黄溍提到:

先是武宗皇帝命以故宋太后汤沐地,悉归于大崇恩福元寺,平章政事伯颜持不可,上震怒,犹抗论不已。

---

① “承华普庆”指大承华普庆寺。

② 《元史》卷三十《泰定帝纪》,泰定三年(1326)十月条,标点本,页674。

③ 《崇恩福元寺碑》,《牧庵集》,上海商务印书馆缩印清武英殿聚珍版,四部丛刊,卷十;并见《国朝文类》,四部丛刊本,卷二十二。

武宗建大崇恩福元寺花费巨资,极尽奢华,泰定帝时受到当时廷臣的批评不足为怪。武宗逝后,此寺成为其影堂。

大普庆承华寺,后为仁宗影堂。虞集记曰:"大承华普庆寺者,仁庙所建佛祠也。出金谷之产以资之,丰赡无筭,特命以为都总管。仁庙宾天,奉神御于寺中,至今领焉。"① 姚燧的《普庆寺碑》与赵孟頫的《大元大普庆寺碑铭》均记建寺始末,两人所撰碑文有异有同。在碑文开头处赵孟頫写道:"世祖圣德神功文武皇帝,聪明冠古,无远弗烛,雄略盖世,而神武不杀,命将出师,不再举而宋平。分裂者余二百年,一旦一之,遐陬荒裔,咸受正朔。幅员之大,古所未有。"此言世祖灭宋,统一天下,结束了国家分裂的局面,使远裔边鄙,亦受中央统治,中国疆域之大旷古所未见。

至于建寺之初衷,姚燧记乃为其祖母真金妃徽仁裕圣皇后伯蓝也怯赤。② 姚、赵二人均称她为"乃心下为皇孙武宗、圣上择师取友,督劝于学,俾知先王礼、乐、刑、政,以为治国平天下之具"。姚燧还称她"外接宗亲之会见,内饬宫臣之率职,致孝极慈,敦睦示严,如是而善韬智晦明,以藏其用"。

对于世祖逝后,成宗即位之事,姚燧在《崇恩福元寺碑》中提到:

> 廿九年(1292),顺考③陟方。又二年,大帝登遐,柱倾于天,维绝于地。急变秋也,徐为图回,未尝大声以色,益示暇豫。经时无君,四表不闻枹鼓一鸣。召至成庙于抚军万里之外,授是神鼎,易天下岌岌者为泰山之安,俾圣子神孙得以乘承今亿万年。大德二年(1298),诏武宗复抚军于北,日侍慈闱者惟今皇上一人耳。故情不分而爱弥笃,怡言煦之,摩手抚之,食言而羹,息言而庿,又伺有无而增益之。

赵孟頫所撰文字与此大致相同,即是说,至元二十九年(1292),答剌麻八剌去世。两年后,世祖辞世。真金妃伯蓝也怯赤不动声色地将皇孙铁穆耳从万里之外的前线召回,扶登大宝,使天下转危为安。大德二年(1298),当成宗命海山出镇漠北后,留在真金妃伯蓝也怯赤身边的只有后来的仁宗。故而真金妃伯蓝也怯赤格外疼爱仁宗。这段记载使人联想起武宗从漠北回来后,在由谁即位的问题上,其母在武、仁两兄弟之间犹豫;而后来仁宗即位后,违背前约,弃武宗之子,而立己子硕德八剌为皇太子之事。

---

① 虞集《大宗正府也可札鲁火赤高昌王神道碑》,《道园学古录》卷十六,四部丛刊景明景泰翻元小字本。

② 徽仁裕圣皇后,真金妃宏吉剌氏,成宗铁穆尔之母(《元史》卷十八《成宗纪》,中华书局标点本,页381)关于其身世,《元史·后妃传》记:"裕宗徽仁裕圣皇后伯蓝也怯赤,一名阔阔真,弘吉剌氏,生顺宗(答剌麻八剌)、成宗。

先是世祖出田猎,道渴,至一帐房,见一女子缉驼茸,世祖从觅马湩。女子曰:'马湩有之,但我父母诸兄皆不在,我女子难以与汝。'世祖欲去之。女子又曰:'我独居此,汝自来自去,于理不宜。我父母即归,姑待之。'须臾果归。出马湩饮世祖。世祖既去,叹息曰:'得此等女子为人家妇,岂不美耶!'后与诸臣谋择太子妃,世祖俱不允。有一老臣尝知向者之言,知其未许嫁,言于世祖。世祖大喜,纳为太子妃。"——卷一一六,中华书局标点本,页2898。

③ 按,即答剌麻八剌。

大德四年(1300),海山兄弟的祖母真金妃伯蓝也怯赤去世后,姚燧提到留居大都的弟弟爱育黎拔力八达曾“献屋为殿三楹,事佛妥灵,以尽孝思”。而赵孟頫则提到,爱育黎拔力八达曾受八思巴影响,皈依佛教:“四年(1300),裕圣①上仙,皇上追思罔极,因念在世祖时帝师八合思巴弘阐佛法,故我得闻其义,舍归依三宝,修崇□福,将何以尽吾心。始建佛殿于大都。”这当是大普庆承华寺之雏形。

在有关成宗去世,爱育黎拔力八达先其兄弟归大都,控制朝政,然后将皇位转交其兄海山之事,姚、赵两人所记大致相同。有关建造大普庆承华寺前的择地,姚燧云“乃市民居,倍售之估,跨有数坊”;而赵孟頫则称乃在原真金妃伯蓝也怯赤原庙的基础上“因其地而扩之,凡为百亩者二”。至于建寺的过程、花费与毕工后的规模,姚燧记:

> 乃市民居,倍售之估,跨有数坊,直其门为殿七楹,后为二堂,行宁属之,中是殿堂,东偏仍故殿,少西迭甓为塔,又西再为塔殿与之角峙,自门徂堂,庑以周之,为僧徒居,中建二楼,东庑通庖井,西庑通海会,市为列肆……大抵抚拟大帝所为圣寿万安寺而加小,其磐礎之安,陛戺之崇,题楶之骞,藻绘之辉,巧不劣焉。②

这里是说正对大门处建七楹之殿,其后为二堂,中间亦有殿堂,其东故殿保留,西为塔,再西又建高殿与之相对,此外还有不少附属建筑。其规模大致依照世祖所建之圣寿万安寺而稍减。此寺基础坚固,建筑高大、奢华,工程浩大。而赵孟頫记录得更为详细,称武宗:

> 置崇祥监以董其事。其南为三门,直其北为正觉之殿,奉三圣大像于其中。殿北之西偏为最胜之殿,奉释迦金像。东偏为智严之殿,奉文殊、普贤、观音三大士。二殿之间,对峙为二浮图。浮图北为堂二,属之以廊。自堂徂门,庑以周之。西庑之间,为总持之阁。中置宝塔,经藏环焉。东庑之间,为圆通之阁,奉大悲弥勒金刚手菩萨。斋堂在右,庖井在左。最后又为二阁,西曰真如,东曰妙祥。门之南,东西又为二殿,一以事护法之神,一以事多闻天王。合为屋六百间,盘础之固,陛戺之崇,题楶之骞,藻绘之工,若忉利、兜率化出人间。

赵孟頫还提到:寺“既成,赐名曰大普庆寺,给田地、民匠、碓硙、房廊等,以为常住,岁收其入,供给所须”。③

《至顺镇江志》将寺名误记作“大乘华普庆寺”,说该寺在镇江各地有田地一百顷二十三亩,系仁宗皇庆元年(1312)从没官的“纳粮田土”中拨赐的。该志还详记此寺在本路

① 即海山兄弟的祖父答剌麻八剌与成宗之母、真金妃徽裕圣皇后。

② 《崇恩福元寺碑》,《牧庵集》,上海商务印书馆缩印清武英殿聚珍版,四部丛刊本,卷十一;并见《国朝文类》卷二十二,上海涵芬楼影印元至正杭州西湖书院刊本,四部丛刊。

③ 赵孟頫《大元大普庆寺碑铭》,《松雪斋集》,《诗文外集》,四部丛刊本。

各县的具体田地数。① 这证明该寺的赐地中许多在江南。

天源延圣寺为泰定帝也孙帖木儿父甘麻剌影堂所在,②泰定三年(1326)二月“丙申,建显宗神御殿于卢师寺,赐额曰大天源延(寿)〔圣〕寺”。③ 同年冬十月条又记“庚辰,享太庙。奉安显宗御容于大天源延圣寺”。④

这些皇家寺院工程浩大,虽然姚燧、赵孟頫均称未无偿动用民力,乃动用宫中的财力佣工为之,但实际上耗费的资金极巨大,无怪泰定帝建天源延圣寺时,廷臣要加以劝诫。这也应置于元统二年(1334)将部分贵族与寺院赐田收官的背景中考察。

## 四、元廷向贵族与寺院赐田的问题

### (一)有关至元末至元统初四十年间朝廷赐田的史料

前引《至正条格》的文字提到,户部向中书省提到,“至元三十年(1293)以后,今岁续拨与了诸王、公主、驸马、百官、寺观等田数。其间寺观自有常住,百官已有俸禄,诸王、公主各有分拨城池、岁赐钱帛。又复拨赐田粮,合拘收还官”。也就是说,户部所提出的是至元三十年(1293)至元统二年(1334)40年间,元廷对已经有寺产的寺院、已有优厚俸禄的高官及已有投下封户与岁赐的诸王、驸马再赐田产的问题。循此线索,笔者专门查核《元史》中世祖至元三十年以后,至顺帝元统二年朝廷赐田的记载,以资研究。检出的资料如下:

---

① 脱因、俞希鲁《至顺镇江志》,清道光二十二年(1896)刻本,《宋元方志丛刊》,中华书局,1990年,第三册,卷五,页数691—2692;江苏地方文献丛书,江苏古籍出版社,1999年,页217—218。

② 泰定元年(1324)冬十月“戊午,享太庙。立寿福总管府,秩正三品,典累朝神御殿祭祀及钱谷事;降大天源延圣寺总管府为提点所以隶之”。——《元史》卷二十九《泰定帝纪》,标点本,页650—651。

泰定三年(1326)八月乙亥“大天源延圣寺神御殿成”。——《元史》卷三十《泰定帝纪》,标点本,页672。

泰定四年(1327)冬十月“癸卯,命帝师作佛事于大天源延圣寺”。——《元史》卷三十《泰定帝纪》,标点本,页682。

致和元年(1328)三月“辛未,大天源延圣寺显宗神御殿成,置总管府以司财赋”。——《元史》卷三十《泰定帝纪》,标点本,页685。

天历二年(1329)五月“乙亥,幸大圣寿万安寺,作佛事于世祖神御殿,又于玉德殿及大天源延圣寺作佛事”。——《元史》卷三十三《文宗纪》,标点本,页734。

天历二年(1329)十一月丙辰“后八不沙请为明宗资冥福,命帝师率群僧作佛事七日于大天源延圣寺,道士建醮于玉虚、天宝、太乙、万寿四宫及武当、龙虎二山”。——《元史》卷三十三《文宗纪》,标点本,页744。此事亦见《元史》卷一一四《后妃传》:天历二年(1329)“十一月,(八不沙皇)后请为明宗资冥福,命帝师率诸僧作佛事七日于大天源延圣寺,道士建醮于玉虚、天宝、太乙、万寿四宫,及武当、龙虎二山”。——标点本,页2877。

至顺元年(1330)十一月“癸巳,以临江、吉安两路天源延圣寺所入租税,隶太禧宗禋院”。——《元史》卷三十四《文宗纪》,标点本,页769—770。

③ 《元史》卷三十《泰定帝纪》,标点本,页668。中华书局标点本校刊记〔四〕记:“大天源延(寿)〔圣〕寺,据下文十月庚辰、癸酉、致和元年(1328)三月辛未诸条及本书卷七五《祭祀志》改。类编已校。”——标点本,页688。

④ 《元史》卷三十《泰定帝纪》,标点本,页674。

1. 哈剌鲁(Qarluq)人答失蛮(Dānišmand):①

成宗临御之初……战大捷,海都败走,凯旅而归。第功行赏,赐以田三百亩。……成宗殡天,公北迓武宗皇帝于野马川,归正宸极。仁宗在储闱,以公先朝旧人,奏为中书参知政事,仍兼司农卿,赐以金带、犀带、七宝笠、珠帽、珠衣,金五十两,田二千亩。"②

2. 大德二年(1298)十二月:

诸王小薛③所部三百余户散处凤翔,以潞州田二千八百顷赐之。④

3. 归附后,至元十四年(1273)住持僧如智⑤捐衣钵之余,建接待寺于沈家门之侧,以便往来者。⑥

此条在马泽、袁桷所编之《延祐四明志》中抄录,惟"朝廷数遣使降香,相属于道"一句改为"大德三年(1299),钦奉诏旨拨赐鄞县湖田二十顷"。⑦

---

① 答失蛮,当系波斯语دانشمند(Dānišmand)"学者"一词的撒马儿干—不花剌方言读法 Dāšmand 之汉语音译。

② 《宣徽使太保定国忠亮公神道碑》,《金华黄先生集》卷二十四,四部丛刊本。

③ 小薛,太宗窝阔台之孙,其父为阔出太子。

④ 《元史》卷十九《成宗纪》,大德二年(1298)十二月条,标点本,页 421。关于此人及其在山西的赐田,参见日本大阪大学松田孝一《关于小薛大王分地的来源》,《元史论丛》第八辑,"马可波罗与十三世纪中国"国际学术研讨会论文集,中国元史研究会,江西教育出版社,2001 年,南昌;瞿大风《有元一代山西地区的蒙古诸王》,刊于内蒙古大学蒙古学研究中心主编《蒙古学集刊》,2008 年,第三辑(总第二十辑)。

⑤ 如智在元与日本交往中曾起过重要作用。元《经世大典·序录·征伐》"日本"条记"日本,海国,自至元、大德间,黑迪、殷弘、赵良弼、杜世忠、何文著、王积翁、释如智、宁一山与高丽之潘阜、金有成辈,数使其国,惟积翁中道为舟人所杀,余皆奉国书以达,而竟不报聘"。——《国朝文类》卷四十一,上海涵芬楼景印元至正杭州路西湖书院刊本,四部丛刊。

同书同卷在成宗致书日本降事项下,又小字记:(至元)"二十一年(1284),又以其俗尚佛,遣王积翁者与补陀僧如智往使。舟中有不愿行者,共谋杀积翁,不果使而返。"此外的补陀即普陀。《元史》卷二〇八《日本传》中有关记载即抄自《经世大典·序录》中的本段文字。

此事在《元史·成宗纪》中有稍详记载:"三月癸巳,……命妙慈弘济大师、江浙释教总统补陀僧一山赍诏使日本,诏曰:'有司奏陈:向者世祖皇帝尝遣补陀禅僧如智及王积翁等两奉玺书通好日本,咸以中途有阻而还。爰自朕临御以来,绥怀诸国,薄海内外,靡有遐遗,日本之好,宜复通问。今如智已老,补陀宁一山道行素高,可今往谕,附商舶以行,庶可必达。朕特从其请,盖欲成先帝遗意耳。至于惇好息民之事,王其审图之。'"——《元史》卷二十《成宗纪》,标点本,页 426—427。

宝陀寺受赐田当缘于此。

⑥ 大德《昌国州图志》,卷七,寺院"宝陀寺"条,清咸丰刊本,收于《宋元方志丛刊》,中华书局,1990 年,第六册,见页 6099。

⑦ 咸丰刊本,收于《宋元方志丛刊》,中华书局,1990 年,第六册,卷十六,昌国州宝陀寺条,页 6364。

4. 白马寺,洛阳城西雍门外。白马寺即汉之鸿胪寺也,永平十四年(71)摩腾三藏法师以白马驮经至此,因建寺。……庭中一巨碑,龟趺螭首,高四丈余,碑首刻曰《大元重修释源大白马寺赐田功德之碑》,荣禄大夫、翰林丞旨阎复奉勅撰。碑曰:"圣上大德改元之四年(1300)冬十月,释源大白马寺告成。诏:以护国仁王寺水陆田在怀孟六县者千六百顷,充此恒产,永为皇家子孙祈福之地。仍命翰林词臣书其事于石……修寺之役,经度之始,无所取财。遍访檀施于诸方,洊更岁龠而未睹成效。帝师闻之,申命大师丹巴(旧作耽巴,今改正)董其事。丹巴请假护国仁王寺田租以供土木之费,诏允其请。裕宗文惠明孝皇帝①时在东宫,亦出帛币为助,于是工役始大作。为殿九楹,法堂五楹,前三其门,傍翼阁,云房精舍、斋、庖、库、厩以次完具,位置尊严。绘塑精妙,盖与都城万安、兴教、仁王三大刹②比绩焉。始终阅二纪之久……以毕寺之余功,落成之际,仁王寺欲复所假田租,文才即遣僧奭言于丹巴曰:转经颂禧,寺所以来众僧也,有寺无田,众安仰?丹巴令宣政院官达实爱满(旧作答失蛮,Dānišmand,今改正)等奏请,遂有赐田之命,且勅有司世世勿夺云。"③

5. 大德五年(1301)二月:

戊戌,赐昭应宫④、兴教寺⑤地各百顷,兴教仍赐钞万五千锭;上都乾元寺⑥地九十

① 即真金。

② 万安,即世祖帝后影堂大圣寿万安寺;兴教即大兴教寺,详见下;仁王即大护国仁王寺,世祖忽必烈察必皇后影堂。

③ 乃贤《河朔访古记》,卷下,清武英殿聚珍版丛书本。修白马寺未动用国库,乃由护国仁王寺开支。护国仁王寺为世祖忽必烈的察必皇后家庙。有关此寺,参见拙文《从北平王到北安王——那木罕二三题》,刊于《元史及民族与边疆研究集刊》,第二十一辑,南京大学元史研究室/民族与边疆研究院中心主办,上海古籍出版社,2009 年,页 1—40;顾寅森《元代官寺大护国仁王寺研究》,南京大学研究生毕业论文(申请硕士学位),2010 年 5 月 15 日。

④ 许有壬《武昌路武当万寿崇宁宫碑铭有序》:"我朝至元己巳(至元六年,1269),龟蛇见于高梁河,以为玄武之祥,为筑昭应宫。"——《圭塘小稿》卷十,清上怡堂丛书本;并见许有壬:《至正集》卷六十三,清抄本(未注明抄录年份),北京图书馆古籍珍本丛刊,第 95 册,书目文献出版社影印本,无出版时间。又《元史》:至元七年(1270)二月"甲戌,筑昭应宫于高梁河。"——卷七,标点本,页 128。

⑤ 程钜夫《凉国敏慧公神道碑》:至元"十七年(1280)建城南寺,二十年(1283)建兴教寺"。——《雪楼集》卷七,洪武刻本。

延祐五年(1318)冬十月"壬辰,建帝师巴思八殿于大兴教寺,给钞万锭。"——《元史》卷二十六《仁宗纪》,标点本,页 586。

至治二年(1322)十月"甲申,建太祖神御殿于兴教寺"。——《元史》卷二十八《英宗纪》,标点本,页 624。

"上都、大都、杨州在先钦奉圣旨拨赐与大乾元寺、大兴教寺、大护国仁王寺酒店、湖泊出办钱物,令有司通行管办,赴官送纳寺家合得钱物,官为支付,无得以前另设人员,侵损官课。"——《元典章》,户部,卷十,典章二十四,中国广播电视出版社影印元刊本,1998 年,页 1040—1041。

⑥ 黄溍《上都大龙光华严寺碑》:"世祖皇帝始在潜邸,驻军和林。念国家龙兴朔漠,奄有万邦,声教所覃,地大且远。会朝展亲,奉贡述职,道里宜均。爰相地于桓州东滦河北之龙冈,建开平府。首于城中乾艮二隅造两佛刹,曰大乾元寺,曰大龙光华严寺。"——《金华黄集》卷八,四部丛刊本。

顷,钞皆如兴教之数;万安寺①地六百顷,钞万锭;南寺②地百二十顷,钞如万安之数。③

6. 大德八年(1304)二月:

赐秃赤及塔剌海以所籍朱清、张瑄田,人六十顷。④

7. 大德九年(1305)八月:

丁丑,给曲阜林庙洒扫户,以尚珍署田五十顷供岁祀。⑤

8. 大德十一年(1307)九月:

塔剌海言:'比蒙圣恩,赐臣江南田百顷。今诸王、公主、驸马赐田还官,臣等请还所赐。'从之。仍谕诸人赐田,悉令还官。⑥

9. 大德十一年(1307)十一月:

庚寅,赐太师月赤察儿江南田四十顷。时赐田悉夺还官,中书省为言,有旨:'月赤察儿自世祖时积有勋劳,非余人比,宜以前后所赐,合百顷与之。'仍敕行省平章别不花领其岁入。⑦

① 万安寺即圣寿万安寺,为世祖原庙。此寺与兴教寺又均为操演朝仪之所。《元史》卷六十七《礼乐志》"元正受朝仪"条;"前期三日习仪于圣寿万安寺或大兴教寺。"元人胡助曾以"小儒"的身份观看过万安寺中演习朝仪的活动,并写下一首题为《万安寺观习仪》的七言诗句:

"卫士金吾塞梵宫,旌麾妍丽映寒空。仿陈元□千官,肃恭习朝仪万国同。

礼乐雍容全盛日,衣冠文雅太平风。小儒拭目还心醉,归对书灯守岁穷。"——《纯白斋类稿》卷八,《丛书集成初编本》,中华书局,1985年,页70。

② 洪金富《元〈析津志·原庙·行香〉篇疏证》(《史语所集刊》第七十九卷第一分,26页):南寺,指大崇恩福元寺。熊梦祥《析津志》称为南寺,应与此寺位于大都新城之南的地理位置有关。据《元史·武宗纪一》至大元年(1308)十一月乙未条及张养浩《时政书》"举其害政泰甚者十一事"中第五事(见洪金富《元代台宪文书汇编》,页512),南寺之称,早在大崇恩福元寺至大元年(1308)敕建之前已经有之。推测福元寺原址原有一庙,俗称南寺,甚受皇家重视,故有钱钞土地之赐。武宗至大元年(1308),相中此寺,敕行工曹,大肆改建,赐名大崇恩福元寺,但旧俗仍以南寺相称。关于大崇恩福元寺的修建,见姚燧《崇恩福元寺碑》(《牧庵集》,上海商务印书馆缩印清武英殿聚珍版,四部丛刊初编集部,卷一〇,页8b—11a)。

③ 《元史》卷二十《成宗纪》,大德五年(1301)二月条,标点本,页434。

④ 《元史》卷二十一《成宗纪》,大德八年(1304)二月条,标点本,页458。这段记载前面已作过分析,兹不重复。

⑤ 《元史》卷二十一《成宗纪》,大德九年(1305)八月条,标点本,页465。

⑥ 《元史》卷二十二《武宗纪》,大德十一年(1307)九月条,标点本,页487—488。此则史料前面已经分析,兹不重复。

⑦ 《元史》卷二十二《武宗纪》,大德十一年(1307)十一月条,标点本,页491。此段史料前文已作分析,兹不重复。

10. 成宗得末疾,公与尚医理御药不暂离,夜不就寝,寝不解衣,或数月或期年留中。盛夏病暍,人勉其还家治疾。公曰:"圣体尚未康,为臣敢爱身乎?"惟啜淡粥,数日自愈。其事上闻,有旨曰:"济苏穆尔一心爱君,宁不爱身,此人所难能,又廉介甘贫,赐平江路田五十顷以赡其家,进授荣禄大夫、宣政使,领延庆使。"①

11. 元贞始元(1296)端月八日午时,储皇犹未出阁。……皇上立极,既正元良,明年至大之元,辰在戊申(1308)四月十有五日,乃为下令割真定属县获鹿隶震宫、石同、北魏刘三村与官院营之田五千亩,赐为永业,资开讲席。②

12. 至大元年(1308)秋七月:

壬戌,皇子和世㻋请立总管府,领提举司四,括河南归德、汝宁境内濒河荒地约六万余顷,岁收其租,令河南省臣高兴总其事。中书省臣言:"濒河之地,出没无常,遇有退滩,则为之主。先是,有亦马罕者,妄称省委括地,蚕食其民,以有主之田俱为荒地,所至骚动。民高荣等六百人,诉于都省,追其驿券,方议其罪,遇赦获免,今乃献其地于皇子。且河南连岁水灾,人方阙食,若从所请,设立官府,为害不细。"帝曰:"安用多言,其止勿行!"③

13. 同年闰十一月:

壬寅,乞台普济乞赐固安田二百余顷,从之。④

14.《仰山栖隐寺满禅师道行碑奉敕撰》:

武宗皇帝在北边时,下令施钞万贯造文殊菩萨像。既即位,驾幸其寺,施金百

---

① 吴澄《齐国文忠公神道碑》,《临川吴文正公集》,卷六十四,四库本。

② 《储宫赐龙兴寺永业田记》,《牧庵集》上海商务印书馆缩印清武英殿聚珍版,四部丛刊,卷十。

③ 《元史》卷二十二《武宗纪》,至大元年(1308)秋七月条,标点本,页500。

这里提到的至大年以前的亦马罕冒献土地以邀幸之事,亦见于其他史料记载。《元典章》圣政卷一典章二《抑奔竞》条记载:

"至大四年(1311)三月十八日钦奉,登宝位诏书内一款:国家租赋有常,侥幸献地之人所当惩戒。其刘亦马罕、小云失不花等冒献河南地土,已令各还元主,刘亦马罕长流海南。今后诸陈献地土并山场窑冶之人并行治罪。"——中国广播电视出版社影印元刊本,1998年,页61;并见《通制条格》卷十六,方龄贵校注本,中华书局,2001年,页467;黄时鉴标点本,页199。

此外苏天爵《灾异告白十事》亦记:"薄赋税者,治国之大经;广聚敛者,蠹民之法。夫以河南之地方数千里,所税输粮已有定数。先之以刘亦马罕妄献地土,既已长流海南,是无闲田亦已明矣。"——《滋溪文稿》卷二十六,陈高华、孟繁清点校本,中华书局,1997年。

黄德善撰《宿州监郡马思忽公去思记》:"先时刘亦马罕献地国家,以尝罢去。"——[明]曾显撰(弘治)《直隶凤阳府宿州志》卷下,明弘治增补刻本。可见刘亦马罕献地邀幸事当发生在宿州。该志记:"马思忽,西域人,至元元年(后至元)来监是郡。四年满,去郡。"(卷上,官迹)

④ 《元史》卷二十二《武宗纪》,至大元年(1308)闰十一月条,标点本,页505。

两、银五百两、钞六万贯，赐号佛慧镜智普照大禅师，敕尚方造织成金龙锦，缘僧伽黎大衣，穷极工巧，经岁乃成。召师至禁中，出以赐焉。今上在春宫，尝三幸其寺，命有司作尊胜塔于东岭，及建明远、观光二亭，以备临幸。洎登极，亟命工部尚书臣郑伯颜领大匠修其寺，凡土木之故而敝者，图画之久而漫者，咸易而新之；旁垒厓石，以方广其基。高者至百余尺，造普贤、观音像，增建堂、殿、亭、台，凡几格供张什器之物，靡所不备。树碑于门，颂天子圣德。既又赐苏杭水田五千亩，为常住业。①

15. 至大二年(1309)九月：

丁酉，御史台臣言："比者近幸为人奏请，赐江南田千二百三十顷，为租五十万石，乞拘还官。"从之。②

16. 至大三年(1310)十一月：

以朱清子虎、张瑄子文龙往治海漕，以所籍宅一区、田百顷给之。③

17.《敕赐崇源寺碑》：

……初仁皇居东宫，赐昌平县史村田七百亩，乃即赐田。④

18. 大庆寿寺⑤密迩禁庭，裕皇祝釐之所。顾瞻轮奂，若慕羹墙，寺有赐田。仍谕有司蠲其傜征，俾诸比丘勤修佛事，导迎祯祥，具如先朝明命。越二年，⑥复赐土田为顷者五十……彰其师之道，俾寺有恒产，得广延来者，以畅宗风。中统建元(1260)之明年，有编甿张氏以固安、新城两县阙村之水陆地来献。由是庆寿昭被，上赐厥租，惟不毛之田，岁垦而新之，乃益滋殖衍沃，廪入丰美，园有树栗，陇有来牟，环布近郊，石煤以薪，水轮以磨，市区子钱之入，皆有赢储，钟鱼振响，檀施如归，祠官秘祝，匪颁傍午，而庆寿寺遂为京师招提之胜。嗣皇提封之内，又择蓟州渔阳之膏腴以益之，自中统距今余四纪。⑦

① 赵孟頫《松雪斋集》,《诗文外集》,四部丛刊本。

② 《元史》卷二十二《武宗纪》,至大元二年(1309)九月条,标点本,页516。

③ 《元史》卷二十三《武宗纪》,至大元三年(1310)十一月条,标点本,页530。

④ 许有壬《至正集》卷四十六,清抄本(未注明抄录年份),北京图书馆古籍珍本丛刊,第95册,书目文献出版社影印本,无出版时间。

⑤ 元人陈孚写有《偕承旨野庄公学士刘东崖、侍讲张西岩游庆寿寺,憩僧窻有作》、《庆寿寺有小殿,榜曰圣容奉志公泗州,二菩萨皆真身所塑也,元在江左,金梁王宗弼取置于此》,见《陈刚中诗集·玉堂稿》,明抄本,[清]黄丕烈跋,北京大学图书馆藏本。

⑥ 当为至大二年(1309)或三年(1310)。

⑦ 邓文原《皇太子赐大庆寿寺田碑》,《巴西集》卷上,清抄本,[清]丁丙跋,南京图书馆藏。

19. 先是武宗皇帝命以故宋太后汤沐地悉归于大崇恩福元寺,平章政事伯颜持不可,上震怒,犹抗论不已。①

20.《淮安忠武王庙田记》

至大己酉岁(二年,1309)圣天子龙德在渊,……追推元勋茂德,宜修祀典以示崇褒。乃命江浙行中书省建淮安忠武王庙于杭。庙成,申饬词臣勒文贞石,……栋宇既备,像设孔严,必有腴田以供粢盛,庶用资永久,于是撙工费之赢钞为锭者七百四十有奇,买田三百七十三亩,俾朱君庆掌其契要,副藏有司,岁司出纳,以给祠祭。②

21. 皇庆元年(1312)三月:

敕归德亳州,以宪宗所赐不怜吉带(Bürilgitei/Bürilgidei)③地一千七十三顷还其子孙。……赐汴梁路上方寺地百顷。④

22. 大乘华普庆寺,⑤一百顷二十三亩三分一厘四毫皇庆元年(1312),拨赐脱虎脱

---

① 黄溍《宣徽使太保定国忠亮公神道第二碑》《黄金华先生集》卷二十四,四部丛刊本。本则史料在前面讨论大崇恩福元寺时已经引述。

② 邓文原《巴西集》,卷下,清抄本,[清]丁丙跋,南京图书馆藏。至治二年(1322)十二月英宗复"赐淮安忠武王伯颜祠祭田二十顷"。——《元史》卷二十八《英宗纪》,至治元年(1321)十二月条,标点本,页626。苏天爵曾造访过伯颜庙,但据他记载,此庙所拥有的赐田远远超过此数字:"伯颜,有庙在杭州德化里,赐田二千亩,勑有司岁时享祀。至正九年(1349)春,天爵拜谒祠下,会守庙者模王像勒诸石,谨拜手而为之赞。"——《丞相淮王画像赞》,《滋溪文稿》,卷一,陈高华、孟繁清点校本,中华书局,1997年,页2。

③ 志费尼在记载元宪宗蒙哥即位时的风波时,三次提到不怜吉解。其中第一次写道:"在一个吉祥如意的时刻,当蒙哥可汗登上汗位时,他以不怜吉解(Bürilgitei)管辖别失八里地区。"——《世界征服者传》(Juwaini, Tārīkh-i Jahānguša)何高济汉译本《世界征服者史》,内蒙古人民出版社,1980年,上册,页290。

第二次,当志费尼提到蒙哥破获了窝阔台与察合台二系宗王反对他即位的阴谋之后,"对他们的阴谋和诡计仍不放心。他们因此把不怜吉解那颜和一支由十土绵勇敢青年和英雄突厥人组成的军队派往位于别失八里和哈剌和林之间的兀鲁黑塔黑(Ulugh-Taq,突厥语 uluγ taγ,意为'大山',当指按台山——笔者)、杭海(Qanghai)和横相乙儿(Qum-Sengir)地区。"——同上书,页690。

当宪宗派出使臣要求阴谋反对他登基的贵族们前往大斡耳朵自证清白后,"至于那些来自叶密立和海押立者,当他们各自来到不怜吉解军中,他便把他们连同较大的异密送走,解除他们的武装;他们当中留下来的,他视情况予以处理和处决"。——同上书,页691。

关于此人,英译者波义耳曾出注云:此名在波斯文中写为 BRNKWTAY。柯立福曾将《元史》中的两段记载介绍给他。其中一段为《元史》卷三《宪宗纪》:"诸王也速忙可、不里、火者等后期不至,遣不怜吉解率兵备之。"(标点本,页44)第二段为《元史》卷三《宪宗纪》:"元帅卜邻吉解自邓州略地,遂渡汉江。"(标点本,页50)柯立福还在另一信中告诉波义耳,不怜吉解来源于蒙古语 bürilgi,意为"放荡者"或"破坏者"。——同上书,页291,注(9)。

④ 《元史》卷二十四《仁宗纪》,皇庆元年(1312)三月条,标点本,页551。

⑤ "乘"应为"承",当为大承华普庆寺之误。

(Toqta)丞相①府没官纳粮田土。至顺三年(1322)复还本府收管,依旧纳粮。姑据经理册以书,俱系有司录事司。官四十四亩七分九厘一毫。丹徒县一十三顷三十二亩六分七厘,官一十顷九十二亩一分七厘,民二顷四十亩五分,丹阳县民八十六顷四十五亩八分五厘三毫。

田八十二顷九十六亩六分三厘五毫。丹徒县一十顷八十四亩七分五厘,官九顷二十五亩五分,民一顷五十九亩二分五厘,丹阳县民七十二顷一十一亩八分八厘五毫。

地一十七顷一十七亩六分七厘九毫。录事司官三十五亩七分九厘一毫,丹徒县二顷四十七亩九分二厘,官一顷六十六亩六分七厘,民八十一亩二分五厘,丹阳县民一十四顷三十三亩九分六厘八毫。

杂产九亩并录事司。②

23. 皇庆元年(1312)六月:

赐崇福寺③河南官地百顷。④

---

① 丞相脱虎脱的田产当与江南富豪朱锃、管国英事件有关。朱、管二中的管国英见于张之翰所撰之《普照寺藏殿记》:

"以此松江普照寺,据通阛俯连漪,为郡刹冠。淳祐间毁于火。若厨,若廊,若大殿,由宋季及元,皆次第崇修,稍还旧观,惟藏院一瓦砾场耳。梵修主僧希白居刹之四年,慨然有兴复志。会郡富室王提、管国英慕善乐施,以力倡率,及大檀那来助。始至元十九年(1282)之三月,迄三十一年(1294)之十一月,越十有三载而藏殿成,共费一十五万。殿二十楹,藏崇五丈,广半之,金碧照烂,髹漆精明,上有飞僊,桥中有栖经,函旁有铁围山,下有香水海,每巨植砰轰人运机,而神效力,如车之旋,如风之行,如雷霆之惊,壮丽杰特,虽百岁老人犹以为希有。"——《西巖集》卷十六,文渊阁四库全书本。

据郑元佑《白雪漫士陶君墓碣》,"君平反之时,部使者韩公审谳,一如君所言。移文升赏而辞县,豪民朱、管坐戮死,籍其家。悉以两家田赐丞相托克托"。——《侨吴集》卷十二,北京图书馆古籍珍本丛刊,第95册,书目文献出版社影印本。

这里的脱虎脱即脱脱。朱、管案在明長谷真逸所辑《农田余话》中有所提及:

"朱锃、管国英居上海,家富豪横。因刈荒荡茆草启争端,相杀伤,至使二境人不敢越界。执之,即置积薪下焚杀之,彼此挤拂,海洋行劫,事陷之。皆系于狱,更相嘱赂官吏,文致互入,其罪时在后至元中,丞相伯颜当国,戮二人于平江,并其党与,籍其家。厥后田土拨赐丞相脱脱。"——《农田余话》卷下,[明]万历间绣水沈氏刻宝颜堂秘籍本,天津图书馆藏。

《农田余话》称事在后至元时,恐有误。据贡师泰《重修清平山西天元兴寺碑》,"延祐丙辰岁(三年,1316),赠太师、中书右丞相、和宁忠献王脱脱始来江浙为丞相。"——《玩斋集》卷九,明嘉靖刻本。据脱因、俞希鲁《至顺镇江志》记载,"丞相脱虎脱宅在还京门里"。——卷十二,清道光二十二年(1896)刻本,收于《宋元方志丛刊》,中华书局,1990年,第三册,页2782。

② 脱因、俞希鲁《至顺镇江志》,《宋元方志丛刊》,第三册,卷五,2691—2692。

③ 崇福寺有可能即前述之大崇恩福元寺。《元典章》兵部,卷四,典章三十七中"应入递文字衙门"条中,提到崇福寺,将它与中书省、太师府、太傅府、枢密院并行院、御史台、行台、行省、集贤院、总统所、总摄所、太史院、翰林国史院等并列,当为崇福司(即管理也里可温之机构)之误,与此崇福寺无关。

④ 《元史》卷二十四《仁宗纪》,皇庆元年(1312)六月条,标点本,页552。

24. 皇庆元年(1312)十月:

赐李孟①潞州田二十顷。②

25. 延祐元年(1314)五月:

丁卯,赐李孟孝感县地二十八顷。③

26. 延祐三年(1316)元月:

壬戌,赐上都开元寺江浙田二百顷,华严寺百顷。④

27. 延祐三年(1316)七月:

辛酉,赐普庆寺⑤益都田百七十顷。⑥

28. 延祐五年(1318)三月:

赐丑驴答剌罕⑦平江路田百顷。⑧

---

① 李孟为仁宗亲信,在成宗逝后,力劝仁宗夺位,深受仁宗信任。参见陈得芝《〈元史·李孟传〉订补》,《元史及民族与边疆研究集刊》,南京大学元史研究室/民族与边疆研究中心主办,第23辑,上海古籍出版社,页9—16。

② 《元史》卷二十四《仁宗纪》,皇庆元年(1312)十月条,标点本,页554。

③ 《元史》卷二十五《仁宗纪》,延祐元年(1314)五月条,标点本,页565。

④ 《元史》卷二十五《仁宗纪》,延祐三年(1316)元月条,标点本,页572。

⑤ 此寺有可能即前述之大承华普庆寺。

⑥ 《元史》卷二十五《仁宗纪》,延祐三年(1316)七月条,标点本,页574。

⑦ "丑驴"当为突厥语 Toγluq 的音译,其意为"掌旗者"。此名在元代有各种音译,如"脱鲁"、"秃鲁"等。关于这位丑驴,《元史》提到:

延祐"六年(1319)春正月……癸酉,特授同知徽政院事丑驴答剌罕金紫光禄大夫、太尉,给银印"。——《元史》卷二十六《仁宗纪》,标点本,页587。

至治三年(1323)"六月……丁卯,西番参卜郎诸寇未平,遣徽政使丑驴往督师"。——《元史》卷二十八《英宗纪》,标点本,页631。有关派遣丑驴督师之事,标点本校勘记〔一八〕注云:"遣徽政使丑驴往督师,蒙史改'徽政'为'宣政',并注云:'按徽政院罢于至治二年十一月,此时不得复有徽政院。且徽政院所掌者,皇太后位下钱粮选法工役之事;宣政院则掌释教僧徒及吐蕃之境而隶治之,吐蕃有事,则分院往镇,如大征伐则会枢府议。今参卜郎之叛,事属宣政,故知丑驴是宣政院使,非徽政院使也。'"(见页635)丑驴在徽政院任职事,《元史》提及过不止一次,此点屠寄未考虑。

泰定元年(1324)"三月丁亥朔,罢徽政院,立詹事院,以太傅朵台、宣徽使秃满迭儿、桓国公拾得驴、太尉丑驴答剌罕,并为太子詹事;中书参知政事王居仁为太子副詹事。以同知宣政院事杨廷玉为中书参知政事"。——《元史》卷二十九《泰定帝纪》,标点本,页644。

泰定四年(1327)"五月辛丑,太尉丑驴卒"。——《元史》卷三十《泰定帝纪》,标点本,页679。

⑧ 《元史》卷二十六《仁宗纪》,延祐五年(1318)三月条,标点本,页583。

29. 仪天兴圣慈仁昭懿寿元全德泰宁福庆皇太后,既显受宝册于兴圣宫,大备天下之养。乃皇庆二年(1313)七月丙午,内出旨谕徽政使臣识烈门(Širemen)、①同知使事臣李兰奚,曰:“惟昔顺宗皇帝载德居潜,实有分地在孟津之东,太行之西,肆予寡躬。暨今天子尝幸临其处,若稽祖宗故事,即行殿作大阿兰若,宅净信比丘其中,尚庶几明荐国厘,以承皇祚于无穷。今予既命内侍臣晃忽儿不花往莅兹役,维尔一二臣以兴以输,式时底绩,俾予翕受成福。”臣识烈门(Širemen)等承命之明日,大征工师,经画基,构计虑,寻引具为书,移河南行省出缗于江淮财府,即市荆扬大木,使就绳削,浮舟以来,乃若铁、石、瓴、甓、髹、丹、垩、墁之品,像绘、旛盖、函庋、钟磬之仪,费皆中给。又饬左都武卫千户刘某、知事马某专典供亿。越五年②寺成,皇太后赐名大兴龙寺,斥陆田三百顷以赡寺食。而以其碑之文命臣某序书之。③

30. 延祐七年(1320)二月戊寅:

司农卿完者不花(Üljei Buqa)言:“先帝以土田颁赐诸臣者,宜悉归之官。”帝问曰:“所赐为谁?”对曰:“左丞相阿散(Hasan)所得为多。”帝曰:“予常谕卿等,当以公心辅弼。卿于先朝尝请海舶之税,以阿散奏而止。今卿所言,乃复私憾耳,非公议也,岂辅弼之道耶。”遂出完者不花为湖南宣慰使。④

---

① 关于这位识烈门,《元史·明宗纪》在起首处提到:“明宗翼献景孝皇帝,讳和世㻋,武宗长子也。母曰仁献章圣皇后,亦乞烈氏。成宗大德三年(1299),命武宗抚军北边,帝以四年(1300)十一月壬子生。成宗崩,十一年(1307),武宗入继大统,立仁宗为皇太子,命以次传于帝。

武宗崩,仁宗立,延祐三年(1316)春,议建东宫,时丞相铁木迭而欲固位取宠,乃议立英宗为皇太子,又与太后幸臣识烈门谮帝于两宫,浸润久之,其计遂行。”——《元史》卷三十一《明宗纪》,标点本,页693。

《元典章·工部》卷一,典章五十八中提到:“【禁治花样段疋】延祐六年(1319)九月,行省准中书省咨工部呈准,将作院关延祐五年(1318)十一月二十七日,本院官哈飒不华(Qara Buqa)院使、野粟(Yesü)院使、对徽政院官识烈门院使、迷撒迷承旨,敬奉皇太后懿旨:今后但犯上用穿的真紫银妆领袖,并天碧织绣五爪双角龙凤搭子等花样,您将作院管着的匠人每根底,好生的严禁治者,不属您管着的,与省部家文书各处禁治者,已先降样子织造来者,交用者。今后织的匠人每,穿的人每,好生要罪过者,么道,懿旨了也。敬此。”——中国广播电视出版社影印元刊本,1998年,页2129—2130。

虞集《中书平章政事蔡国张公墓志铭》(《道园学古录》卷十八,四部丛刊景明景泰翻元小字本)中亦提及此人。

② 延祐五年。

③ 柳贯《怀州大兴龙寺碑铭并序代赵承旨作》,《柳待制文集》卷九,上海商务印书馆缩印元至正刊本,四部丛刊。除上述柳贯代赵孟頫所作之碑文之外,赵孟頫本人亦写有《敕建大兴龙寺碑铭奉懿旨撰》,其中提到赐寺产之事曰:“越二年寺成,皇太后赐名大兴龙寺,命僧广开主之,斥陆田三百顷以赡食于寺者。”——《松雪斋集》卷九,四部丛刊本。

④ 《元史》卷二十七《英宗纪》,延祐七年(1320)二月条,标点本,页599。本则史料在上述“武、仁两朝贵族赐田夺还问题研究”一节中已作论证。阿散(Hasan),回回人,同年五月被处死,见下。

31. 延祐七年(1320)五月:

己丑……左丞相阿散(Hasan)罢为岭北行省平章政事。……有告岭北行省平章政事阿散、中书平章政事黑驴及御史大夫脱忒哈(Toqtoha)、徽政使失列门(Širemen)等与故要束谋①妻亦列失八②谋废立,③拜住请鞫状,帝曰:“彼若借太皇太后为词,奈何?”命悉诛之,籍其家。……甲辰,以诛阿散、黑驴、贺伯颜等诏天下。……丁未……以贺伯颜、失列门、阿散家赀、田宅赐铁木迭儿等。④

32. 延祐七年(1320)七月:

晋王也孙铁木儿(Yesün Temür)遣使以地七千顷归朝廷,请有司征其租,岁给粮钞,从之。⑤

33. 英宗时对上都华严寺:

又别赐吴田百顷安食其众。⑥

此事黄溍亦曾提及:

英宗嗣位,万几之暇,数尝临幸。谓五方佛像在世祖时因感异梦而迎致于兹,命于故大殿之南别作前殿,以妥奉焉,且赐以吴中上腴之田一万亩,使赡其众。⑦

34. 至治二年(1322)秋七月:

丁未,赐拜住平江田万亩。⑧

---

① 《蒙兀儿史记》卷十二下注“此人似即至元时湖广平章,以桑哥妻党伏诛者”。

② 《元史本证》卷三十九,证名三:亦烈失八,顺宗昭献元圣皇后传。也里失八,拜住传。也里失班,张珪传。

③ 《蒙兀儿史记》卷十二下注“盖谋废汗,而立安王兀都思不花”。

④ 《元史》卷二十七《英宗纪》,延祐七年(1320)五月条,标点本,页602—603。此圣旨原文见于《元典章》:

“延祐七年(1320)五月□日钦奉圣旨:‘朕肇登大宝,祇遹先猷,仍图任于旧人,庶共新于治效,岂期邪党,辄蕴私心,迩者阿散、黑驴、秃秃哈、失列门、亦里失八等,潜结诡谋,挠乱国政,既自作于弗靖,固难逭于严诛。贺伯颜轻侮诏书,殊乖臣礼,不加惩创,曷示等威。今已各正典刑,籍没其家。于戏惟邦国之用刑,以清群慝,俾人臣之知戒,勿蹈匪彝,咨尔有众,休予至意,故兹诏示,想宜知悉。”——《圣政》,卷二,典章三,明刑政,中国广播电视出版社影印元刊本,1998年,页101。

⑤ 《元史》卷二十七《英宗纪》,延祐七年(1320)七月条,标点本,页605。本史料前面已经引述。

⑥ 袁桷《上都华严寺碑》,《清容居士集》卷二十五,上海商务印书馆缩印元刊本,四部丛刊;并见《国朝文类》卷二十二,上海涵芬楼影印元至正杭州西湖书院刊本,四部丛刊初编集部。

⑦ 《上都大龙光华严寺碑》,《金华黄先生文集》卷八,四部丛刊本。

⑧ 《元史》卷二十八《英宗纪》,至治元年(1321)十二月条,标点本,页623。

35. 至治二年(1322)十二月:

赐淮安忠武王伯颜祠祭田二十顷。①

36. 泰定二年(1325)正月:

以籍八思吉思地②赐故监察御史观音宝、锁咬儿哈的迷失(Suyurγatmïš)③妻子,

---

① 《元史》卷二十八《英宗纪》,至治元年(1321)十二月条,标点本,页626。并见至大年赐田。

② 至治二年(1322)十二月甲戌"铁木迭儿子宣政院使八思吉思,坐受刘夔冒献田地伏诛,仍籍其家"。——《元史》卷二十八《英宗纪》,标点本,页626。

《元史·英宗纪》:"尝戒群臣曰:'卿等居高位,食厚禄,当勉力图报。苟或贫乏,朕不惜赐汝;若为不法,则必刑无赦。'八思吉思下狱,谓左右曰:'法者,祖宗所制,非朕所得私。八思吉思虽事朕日久,今其有罪,当论如法。"——《元史》卷二十八《英宗纪》,标点本,页633。

③ 观音宝(保),因劝阻英宗建寿安山寺被杀。其事见《英宗纪》:"丁巳,畋于柳林,敕更造行宫。监察御史观音保、锁咬儿哈的迷失、成珪、李谦亨谏造寿安山佛寺,杀观音保、锁咬儿哈的迷失,杖珪、谦亨,窜于奴儿干地。"——《元史》卷二十七,标点本,页610。

《元史·锁咬儿哈的迷失传》:"锁咬儿哈的迷失,年十二,宿卫英宗潜邸,掌服御诸物。英宗即位,拜监察御史。至治元年(1321)春,诏起大刹于京西寿安山,锁咬儿哈的迷失与御史观音保、成珪、李谦亨上章极谏,以为东作方始,而兴大役,以耗财病民,非所以祈福也。且岁在辛酉,不宜兴筑。

初,司徒刘夔妄献浙右民田,冒出内帑钞六百万贯,丞相帖木迭儿分取其半,监察御史发其奸,由是疾忌台谏。至是,帖木迭儿之子琐南为治书侍御史,密奏曰:'彼宿卫旧臣,闻事有不便,弗即入白,今讪上以扬己之直,大不敬。'帝乃杀锁咬儿哈的迷失与观音保,杖珪、谦亨,黥之,窜诸遐裔。

泰定初,赠锁咬儿哈的迷失资德大夫、御史中丞、上护军,追封永平郡公,谥贞愍。赐其妻子钞五百贯、良田千亩,仍诏树碑神道。"——《元史》卷一二四,标点本,页3045—3046。

锁咬儿哈的迷失,元太祖成吉思汗旧臣畏兀儿人塔本四世孙。塔本,《元史》本传作伊吾庐(Qamul)人,误。《永乐大典》卷13993中保存的辑自《廉文靖公集》中所收《大元故平州路达鲁花赤行省万户赠推诚定远佐运功臣太师开府仪同三司上柱国追封营国公谥忠武塔本世系状》提到,塔本乃"别失八里畏兀人也"。(陈高华《元代维吾尔、哈剌鲁资料辑录》,新疆人民出版社,1991年,页130)。

哈剌鲁人乃贤亦知观音宝因谏止建佛寺被杀事,其诗《题中丞张文忠公希孟谏罢镫山奏稿后》提到:"至治间御史观音保谏五华山事弃市,公时为中书参议。翊日上谏镫山疏,大□嘉纳,赐予甚厚云。

才闻御史戮中台,又见镫山奏疏来。自信茅焦无死罪,独知苏轼是英材。

九门争看捐躯谏,百辟惊传拜赐回。千古救荒遗爱在,祠门犹向曲江开。

公因救荒陕西而薨,今赐庙于长安。"——《金台集》卷一,明末汲古阁刊本。

泰定帝即位后,"御史言:'向者铁木迭儿专政,诬杀杨朵儿只、萧拜住、贺伯颜、观音保、锁咬儿哈的迷失,黥窜李谦亨、成珪,罢免王毅、高昉、张志弼,天下咸知其冤,请昭雪之。'诏存者召还录用,死者赠官有差"。——《元史》卷二十九,标点本,页640—641。

《国朝文类》收有李端所写之《御史观音宝赠谥制》,其文曰:

"见危授命乃臣子之至忠,崇德报功寔国家之令典,表兹奇节,沛以新恩。故监察御史观音宝,以才大夫为真御史。蚤给事于宿卫,每供职于谏言,殚输向日之诚,益厉飞霜之烈,实封奏疏,欲竭力以回天,密迩奸人,竟交谗而蠹国,互激雷霆之怒,误罹斧钺之诛凛,虽死以犹生,谅无善之不报,于戏紫垣垂象,正执法于星辰,青简流芳,求争光于日月,尚期贞魄,服我宠章,可赠资德大夫、御史中丞、上护军,追封渔阳郡公,谥贞愍。"——卷十二,上海涵芬楼影印元至正杭州西湖书院刊本,四部丛刊。(转下页注)

各十顷。……甲辰,奉安显宗像于永福寺,①给祭田百顷。②

37. 泰定三年(1326)二月:

甲戌,③建殊祥寺于五台山,赐田三百顷。④

38. 泰定三年(1326)五月:

给寿宁公主印,仍赐田百顷、钞三万锭。⑤

---

(上接页注)"丙辰,赐故监察御史观音保、锁咬儿哈的迷失妻子钞各千锭。"——《元史》卷二十九《泰定帝纪》,标点本,页643。

许有壬《正始十事》:"八曰特们德尔(铁木迭儿,Temüder)家产。盖闻刑赏者,人主之大柄,有国盛衰之所由也。近籍没特们德尔(铁木迭儿)家产,生前所授诸王各人等钞物金银不可胜数,其为奸恶,不待缕陈,姑以刑赏大节论之。其杀实勒们(失列门)、伊勒哲伯(亦列失八)当其罪者,矜夸为功,至于拜珠(拜住,Baiju)、多尔济(朵儿只,Dörji)、贺巴廷(贺伯颜),天下皆知其无罪。盗弄威权,致之必死。监察御史索约勒哈迪黙色(锁咬儿哈的迷失)、观音保、李谦亨、成珪,虽以言事忤□,而其子索诺木为治书,观音保又尝发其刘司徒事,是以父子表里媒蘖,使四人竟坐诛窜,则嫁怨于上。又复阴党逆贼特实(铁失,Tekiš),致先帝暴崩,皆特们德尔(铁木迭儿)为之张本也。近奉圣□免其抄籍,圣上厉精图治之初,刑赏大节,尤当得宜,拟合依旧断没其诸子家产。先因事发获免之后,分张别居,足见预为三穴之计。合依哈克伞(哈散?)子例。一体籍没,仍将家属迁发远方,以谢天下。"——许有壬《至正集》卷七十七,清抄本(未注明抄录年份),北京图书馆古籍珍本丛刊,第95册,书目文献出版社影印本,无出版时间。顺帝时还有另一位观音宝,与苏天爵相识。苏天爵《慈恩寺题名记》提到:

"至正甲申(至正四年,1344)之仲春润月戊辰,余偕侍御史买买、经历纳纳实理、都事宋秉亮、御史观音宝、尹忠杨惟一、卓思诚、潘惟梓、照磨王颐、管勾房温、护都不华,游于樊川。"——《滋溪文稿》卷三,陈高华、孟繁清点校本,中华书局,1997年,页29—30。

"至正四年春,天爵来官于秦,方将考求诸老言行而表章之,俾多士以为矜式。会御史观音宝、潘惟梓以文贞遗文来上,请刊布于江淮郡学。天爵再三诵读,爱其词淳而义正,信乎有德者之有言也。"——《滋溪文稿》卷五,页75。此观音宝非彼观音宝(保)。

明永乐间帖木儿帝国国主沙哈鲁遣使明廷,使团中有沙哈鲁各子的代表,其次子名 Suyurγatmïš,当与此锁咬儿哈的迷失同名。见[波斯]火者·盖耶速丁著《沙哈鲁遣使中国记》,何高济译,中外关系史名著译丛,中华书局,1981年,页104,注3(此据 A Persian Embassy to China Being An Extract From Zubdatu't Tawarikh of Hafiz-i-Abru, Translated by K. M. Maitra, M. A. Profess of Persian Dyal Singh College, Lahore, Paragon Book Reprint Corp., New York,1970 本翻译)。

① 永福寺,为英宗影堂。显宗即泰定帝父甘麻剌,后安其像于大天源延圣寺。此寺名见本文所讨论的元统二年(1334)受名还官名单。

② 《元史》卷二十九《泰定帝纪》,泰定二年(1325)正月条,标点本,页653。

③ 标点本校勘记[五]:"甲戌按是月丙子朔,无甲戌日。此'甲戌'在丙申二十一日、庚子二十五日间,《类编》改作'戊戌'二十三日,疑是。"见页688。

④ 《元史》卷三十《泰定帝纪》,泰定三年(1326)二月条,标点本,页668。《佛祖通载》:泰定"二年,建殊祥寺于五台山,赐田三百顷。"——卷四十八,大正新修大藏经本。

⑤ 《元史》卷三十《泰定帝纪》,泰定三年(1326)五月条,标点本,页670。

39. 泰定三年(1326)十月:

赐大天源延圣寺钞二万锭,吉安、临江二路田千顷。中书省臣言:"养给军民,必籍地利。世祖建大宣文弘教等寺,赐永业,当时已号虚费。而成宗复构天寿万宁寺,较之世祖,用增倍半。若武宗之崇恩福元、仁宗之承华普庆,租榷所入,益又甚焉。英宗凿山开寺,损兵伤农,而卒无益。夫土地祖宗所有,子孙当共惜之。臣恐兹后藉为口实,妄兴工役,侥福利以逞私欲,惟陛下察之。"帝嘉纳焉。①

40. 至和元年(1328)九月:

封燕铁木儿(El Temür)为太平王,以太平路为食邑,赐金五百两、银二千五百两、钞万锭、平江官地五百顷。②

41. 庚戌……以宦者伯帖木儿(Beg Temür)③妻及奴婢田宅赐撒敦。④ 辛亥……诏:"自今朝廷政务及籍没田宅赐人者,非与燕铁木儿(El Temür)议,诸人不许奏陈。"……癸丑……燕铁木儿请以蒙古塔失(Mongol Taš)等三十人田宅赐彻里铁木儿等三十人,从之。……丁巳……燕铁木儿请以河南平章曲列等二十三人田宅赐西安王阿剌忒纳失里等二十三人,从之。⑤

辛酉,燕铁木儿请以纽泽田宅赐钦察台(Qïpčaq-tai)。……乙丑,燕铁木儿请以乌伯都剌('Abd al-Allāh)等三十人田宅赐斡鲁思等三十人,从之。壬申……以故平章黑驴平江田三百顷及嘉兴芦地赐西安王阿剌忒纳失里。……辛巳……以朵台等十一人田宅赐驸马朵必儿等十一人。⑥

乙未……燕铁木儿请以马某沙(mahmūd Šāh)等九人田宅赐燕不邻等九人,从之。……以阿伯等六人田宅赐諸王老的等六人。⑦

---

① 《元史》卷三十《泰定帝纪》,泰定三年(1326)十月条,标点本,页674。此条史料前已引述。

② 《元史》卷三十二《文宗纪》,至和元年(1328)九月条,标点本,页710。此赐田后来转赐给燕帖儿弟唐其势(Tengis,此名在突厥语中意为"海"),《元史》卷三十八《顺帝纪》元统元年(1333)十一月条记"乙卯,以燕铁木儿平江所赐田五百顷,复赐其子唐其势"。——标点本,页819。

③ 此人《通制条格》曾提及:"元贞元年六月初九日,中书省奏:'将不阑奚人每,采打鹰鹞去的昔宝赤每根底,做阔端赤与者。'么道,圣旨有呵,伯帖木儿(Beg Temür)那的每收拾来的人每根底,'无上位的圣旨,不与'。么道,不曾与来。这的每里头,依例也交与呵,怎生?奏呵,'那般者,与者'。圣旨了也。'又伯帖本儿委付来的人每,主人认着不阑奚人每呵,也不与有,莫不无体例么?哈散等省官人每委付着人,伯帖木儿委付来的人每,一处做证见者。委实主人认着呵,分付与呵,怎生?'奏呵,委实认着呵,分付与他主人者'。圣旨了也。钦此。"——《通制条格》卷二十八,方龄贵校注本,中华书局,2001年,页681;黄时鉴标点本,页309。

④ 撒敦,燕帖木儿弟。

⑤ 《元史》卷三十二《文宗纪》,至和元年(1328)冬十月条,标点本,页716—718。

⑥ 《元史》卷三十二《文宗纪》,至和元年(1328)十一月条,标点本,页719—721。

⑦ 《元史》卷三十二《文宗纪》,至和元年(1328)十二月条,标点本,页722—723。

42. 天历二年(1329)三月:

甲戌,旧赐笃麟帖木儿(Toγrïl Temür)平江田百顷,官尝收其租米,诏特予之。夏四月丁酉,给钞万锭,为集庆大龙翔寺①置永业。②

43. 天历二年(1329)八月:

赐御史中丞史惟良③沛县地五十顷。④

44. 九月:

乙卯朔……市故宋太后全氏田为大承天护圣寺⑤永业。⑥

---

① 一些史料均言大龙翔集庆寺原为文宗即位之前之王府,如:黄溍《龙翔集庆寺笑隐禅师塔铭》:"天历元年,有诏以金陵潜邸为大龙翔集庆寺。"——《金华黄先生文集》卷四十二,四部丛刊本。

元释大訢《送岳柱留守还朝序》:"皇上居金陵之四年,山川百灵,保佑圣躬,勋功懋德,起登大统。即位之初,首改所居为大龙翔集庆寺。"——《蒲室集》卷七,元至元刻本。又同书《大龙翔集庆寺素觉皇像颂有序》"天历元年(1328)十有二月,上命以金陵潜宫为大龙翔集庆寺,营之三年,寺成。"(卷十四)

虞集《大龙翔集庆寺碑》:"钦天统圣至德诚功大文孝皇帝,自金陵入正大统,建元天历,以金陵为集庆路,遣使传旨御史大夫阿思兰海牙(Arslan Qaya,此名在突厥语中意为'狮子崖'),命以潜宫之旧作大龙翔集庆寺云。"——《道园学古录》卷二十五,四部丛刊景明景泰翻元小字本;并见《元文类》卷二十二。

张铉《至正金陵新志》卷十二上:"前宋转运司……归附后为按察司、廉访司、总管府、财赋司公廨,后为潜邸,今龙翔寺基是也。"——四库本,收于《宋元方志丛刊》,中华书局,1990年,第六册(原题为《至大金陵新志》),页5742。

但实际上,龙翔寺的范围超出文宗潜邸,《至正金陵新志》记:宣慰司"大德四年(1300)又迁于旧转运司,今龙翔寺基"。——卷一,《集庆路治图考》,同上版本,页5297。同书卷十一上《宫观》记:"三茅冲虚庵,在府城西门,龙王庙侧茅山提□谢天佑建,弟子谢日俞,继守之。天历潜邸,尝游邻近道庵,有所坐,轩扁全清境界。庚午岁(至顺元年,1330)并其庵基,创龙翔寺,命日俞别住,此庵改额大升龙观。"——同上版本,页5695。

② 《元史》卷三十三《文宗纪》,天历二年(1329)三月条,标点本,页732。

③ 苏天爵《元故资德大夫御史中丞赠摅忠宣宪协正功臣魏郡马文贞公墓志铭》:"翰林修撰陈观、刑部主事史惟良,其材方严,宜居谏职。"——《滋溪文稿》卷九,陈高华、孟繁清点校本,中华书局,1997年,页138—145。此人在南行台的仕宦经历,数见于《至正金陵新志》卷六下,官守二,行御史台部分。

④ 《元史》卷三十三《文宗纪》,天历二年(1329)八月条,标点本,页739。

⑤ 天历"二年(1329)建承天护圣寺"。——释志磐撰《佛祖统纪》卷四十八,大正新修大藏经本,此段当为元代纂人。

⑥ 《元史》卷三十三《文宗纪》,天历二年(1329)九月条,标点本,页740。

45. 天历二年(1329)十一月:

以平江官田百五十顷,赐大龙翔集庆寺及大崇禧万寿寺。①

46. 至顺元年(1330)春正月丁丑:

赐海南大兴龙普明寺②钞万锭,市永业地。戊寅,赐隆禧总管府田千顷。③

47. 至顺元年(1330)三月辛亥:

命市故瀛国公赵㬎田,为大龙翔集庆寺永业。御史台臣言不必予其直,帝曰:"吾建寺为子孙黎民计,若取人田而不予直,非朕志也。"④

48. 至顺元年(1330)夏四月:

壬辰,以所籍张珪诸子田四百顷,赐大承天护圣寺为永业。⑤ ……壬寅,括益都、般阳、宁海闲田十六万二千九十顷,赐大承天护圣寺为永业。⑥

此事在《后妃传》中亦有相应记载:

文宗卜答失里皇后,⑦弘吉剌氏,父驸马鲁王雕阿不剌,母鲁国公主桑哥(吉剌)

① 《元史》卷三十三《文宗纪》,天历二年(1329)十一月条,标点本,页745。此事亦见虞集所撰之《大龙翔集庆寺碑》:文宗"赐姑苏腴田以饭其众。上在奎章阁亲诏臣集,制文刻石以志之。"——《道园学古录》卷二十五,上海涵芬楼景印明景泰翻元小字本;并见《国朝文类》卷二十二,上海涵芬楼影印元至正杭州西湖书院刊本,四部丛刊。

虞集《集庆路重建太平兴国禅寺碑》:"上方别建佛祠于寺北,今赐名曰大崇禧万寿寺者也。是年秋,皇帝归膺大宝,是为天历元年。"——《道园学古录》卷二十四,四部丛刊景明景泰翻元小字本。按此,崇禧万寿寺位于大平兴国寺之北。但萨都剌在建康(今南京)时曾写诗,题为《偕侍御郭乾卿过钟山大崇禧万寿寺,文皇潜邸所建》"(《雁门集》,上海古籍出版社,1982年,页142)。按字面理解,崇禧万寿寺建于文宗旧邸,恐有误。文宗潜邸为大龙翔寺基。萨都剌的原意应是大崇禧万寿寺,乃文宗居潜邸时所建。

② 此寺或即前文所提及之大兴龙寺。《元史》卷三十五《文宗纪》:至顺二年(1331)十一月"隆祥司使晃忽儿不花言:'海南所建大兴龙普明寺,工费浩穰,黎人不胜其扰,以故为乱。'诏湖广行省臣玥璐不花及宣慰、宣抚二司领其役,仍命廉访司莅之"。——标点本,页793。

③ 《元史》卷三十四《文宗纪》,至顺元年(1330)春正月条,标点本,页750。

④ 《元史》卷三十四《文宗纪》,至顺元年(1330)二月条,标点本,页753。

⑤ 杨志玖举出同月"括益都、般阳、宁海闲田十六万二千九十顷,赐大承天护圣寺为永业"及同书卷四一至正七年十一月"拨山东地土十六万二千余顷属大承天护圣寺"两条材料,指出:"前后两次拨地数目和地区均相同,《续文献通考》卷六怀疑是'已赐复还而后赐。'可能如此。"见《关于元朝统治下"经济的破坏"问题》,杨志玖《元史三论》,人民出版社,1985年版,第137页注④。

⑥ 《元史》卷三十四《文宗纪》,至顺元年(1330)夏四月条,标点本,页756。

⑦ 《考异》卷九十三:《特薛禅传》作不荅失里。

〔剌吉〕。① 文宗居建业，后亦在行。天历元年，文宗即位，立为皇后。二年，授册宝。十一月，后以银五万两，助建大承天护圣寺。至顺元年，以籍没张珪家田四百顷，赐护圣寺为永业。②

49. 至顺元年(1330)闰七月：

籍锁住、野里牙等库藏、田宅、奴仆、牧畜，给大承天护圣寺为永业。③

50. 至顺元年九月：

己亥……以平江等处官田五百顷，赐鲁国大长公主。……至治初以白云宗田给寿安山寺为永业，至是其僧沈明琦以为言，有旨，令中书省改正之。④

51. 至顺二年(1331)三月：

以龙庆州之流杯园池、水硙、土田赐燕铁木儿。命诸王阿鲁出镇陕西行省。以籍入速速、⑤班丹、彻理帖木儿赀产赐大承天护圣寺为永业。⑥

---

① 《考异》卷九十三：《特薛禅传》作祥哥剌吉。北人读"祥"如"相"，"相""桑"声相近。吉剌当为剌吉。标点本校勘记[一三]："桑哥(吉剌)〔剌吉〕见卷一〇六校勘记〔一三〕。"

② 《元史》卷一一四《后妃传》，标点本，页2877。

③ 《元史》卷三十四《文宗纪》，至顺元年(1330)闰七月条，标点本，页762。

④ 《元史》卷三十四《文宗纪》，至顺元年(1330)九月条，标点本，页767。寿安山寺所卷入的这场公案，亦见于孔克齐《至正直记》卷三《豪僧诱众》条：

"又，湖州豪僧沈宗摄承楊总统之遗风，设教诱众，自称白云宗，受其教者可免徭役。诸寺僧以续置田每亩妄献三升，号为'赡众粮'。其愚民亦有习其教者，皆冠鸟角桶子巾，号曰'道人'。朔望群会，动以百五。及沈败，粮籍皆没入官，后拨入寿安山寺，官复为经理。所献之籍，则有额无田，追征不已，至于鬻妻卖子者有之，自杀其身者有之。僧田以常赋外又增所献之数，遗患至今，延及里中同役者"。——庄敏、顾新点校，上海古籍出版社，1987年，页98。

⑤ 笔者在《元典章》中检出几则有关速速的史料：

"【使臣公事程限】中书省延祐七年(1320)六月十四日，速速参政特奉圣旨：'今后各处来的使臣每的勾当，大事五日，小事三日，完备了交上马者，各衙门里行文书悮了勾当呵，有罪过者。'么道，钦此。"——《新集至治条例·公规·公务》，中国广播电视出版社影印元刊本，1998年，页2223。

"【阴阳、医、匠人休承荫】延祐七年(1320)七月日，江西行省准中书省咨，延祐七年(1320)三月二十五日速速参议特奉圣旨：'医人、阴阳人、匠人每的孩儿，休交承荫者。他每的本事好呵，斟酌着勾当里委付也者。'么道，圣旨了也，钦此。都省咨，请钦依施行。"——《新集至治条例·吏部·选格》，同上版本，页2253。

"【禁宰杀】

【禁断屠宰】至治二年(1322)正月□日，江浙省准中书省咨。至治元年(1321)五月十七日，速速参政奏：'河南省官人每，与将文书(采)[来]。在先三月初三日为普颜笃皇帝圣节的上头，自当月初一日为始，至十五日，各处禁断了宰杀来。如今宰杀的，依在先例禁断。那不禁么道说将来有。'奏呵，奉圣旨：'遍行文书依在先禁断者。我的生日二月初六日有，每年自二月初一日为始，至十五日休交宰杀者。'么道，圣旨了也，钦此。咨请钦依施行。"——《新集至治条例·刑部·头疋》，同上版本，页2443。

虞集在《故翰林学士资善大夫知制诰同修国史临川先生吴公行状》也提到："时诏学士散散集善书者，粉黄金写浮图藏经。有旨自上都来使左丞速速诏先生为之序。"——《道园学古録》卷四十四，上海涵芬楼影印元至正杭州西湖书院刊本，四部丛刊。

⑥ 《元史》卷三十五《文宗纪》，至顺二年(1330)冬十月条，标点本，页779—780。

52. 至顺二年(1331)冬十月:

戊午,诏还平江路大玉清昭应宫田百顷,官勿征其租。①

53. 元统元年(1333)十一月:

乙卯,以燕铁木儿平江所赐田五百顷,复赐其子唐其势(Tengiz)。②

**(二)元代官寺与民间寺院的田产规模**

与前面提到的受田贵族与官寺相比,元代社会上大量民间寺院的寺产规模是很小的。

镇江金坛祐圣道院,在小围桥西。宋咸淳九年道士苏师潜建。归附后至元十五年(1278),里人娄氏舍田地二顷以供众。③

舟山普慈寺归附后,增葺殊胜为本州岛岛祝圣道场。大德元年(1297),住持觉明建龙峰亭于山门内。

田三十六顷二十亩。

地一十顷四十八亩。

山六十五顷一十二亩。④

舟山吉祥寺归附后大德元年(1297),住持僧净怡重建选佛堂,州判冯福京为记。……

田四十五顷十四亩

地六顷一十六亩

山七十三顷四十二亩。⑤

舟山隆教寺大元混一后,住持行圆重建选佛堂。

田十六顷七十八亩

地七十顷六十七亩

山二十四顷四十七亩。⑥

---

① 《元史》卷三十五《文宗纪》,至顺二年(1330)冬十月条,标点本,页792。

② 《元史》卷三十八《顺帝纪》,元统元年(1333)十一月条,标点本,页819。这条史料前面已经提及。

③ 脱因、俞希鲁《至顺镇江志》卷十,金坛县,道院,本府条,清道光二十二年刻本,收于《宋元方志丛刊》,中华书局,1990年,第三册,页2758。

④ 冯福京《大德昌国州图志》卷七,寺院,咸丰刊本,收于《宋元方志丛刊》,中华书局,1990年,第六册,页6100。

⑤ 《大德昌国州图志》卷七,寺院,页6101—6102。

⑥ 《大德昌国州图志》卷七,寺院,页6102。

苏之嘉定南翔寺僧祖胜,以已别业为经堂,度经于中,岁选净行僧阅之。复施田五顷给其费,余以备缮修,而求记于予。①

杭州殊胜寺初寺田不过二顷,凡买地拓基及田归常住者十一顷有,半皆师生平所积信施。其孙法性,正心思聪,幸康谨传,复能以所桩积披度田半顷之赢,加多二顷,檀那所施又一顷半,幸康独指五顷为膏沐费,今则阡陌相望,赡众不止粗足,若本派春秋祭祀及供佛饭僧,则自有田十九顷又不与此。②

对比民间寺院,元代皇亲贵族与依托于势要之家的官寺所拥有的赐田,规模是极为惊人的,也是国家所无法持续维持的,因此新皇即位,重新审视过去的赐田政策,收回部分贵族与寺院的赐田,也就没有什么可奇怪了。

**(三)搜寻史料过程中遇到的问题**

但也许是编修《元史》时从《实录》抄取材料时取舍的问题,元代朝廷向寺院与贵族赐田之事,并非全部均可在《元史》本纪中查到相应记载。如:

元人姚燧记,武宗"至大之元,辰在戊申(1308)四月十有五日,乃为下令割真定属县获鹿隶宫石、同北、魏刘三村与官院营之田五千亩",赐给龙兴寺以"为永业,资开讲席"。③ 及元人柳贯记仁宗皇庆二年(1313),下旨在怀州建大兴龙寺时,移书"河南行省,出缗于江淮财府,即市荆扬大木,使就□削,浮舟以来,乃若铁石瓴甓髹丹垩墁之品,像绘旛盖函庋钟磬之仪,费皆中给"。越"五年,寺成。皇太后赐名大兴龙寺,斥陆田三百顷以赡寺食"。④ 而至元七年(1270),元世祖忽必烈从帝师八思巴之请,重建洛阳白马寺。大德四年,重建工作完成,阎复奉勅撰碑记成宗"诏以护国仁王寺水陆田在怀孟六县者千六百顷,充此恒产,永为皇家子孙祈福之地"。⑤

由此可知,未见于《元史·本纪》的赐田尚有不少。综合上引《元史》与元代其他文献所记有关朝廷赐田的记载,笔者发现仅《元史》所记大德五年(1301)向南寺(即福元寺)、泰定二年(1325)向永福寺赐祭田百顷(此数字多于《至正条格》所记五十顷)及泰定三年(1326)五月向寿宁公主所赐田百顷⑥等少数几条记载,可与《至正条格》所记相映证。

因此,概括前引史料,可知《至正条格》所载元统二年(1334)中书省提议拘收还官田产的贵族与寺院,远远少于至元三十年(1293)至元统二年间所受赐田者。据笔者依上面所检索的史料粗略统计,《至正条格》未提及的受田的人及其所受田数有(按所赐时间排列):诸王小薛所部大德二年(1298)所受潞州田 2 800 顷;大德八年(1304)月赤察儿弟秃赤及其子塔剌海所受赐田各 60 顷,其中塔剌海于大德十一年(1307)还官,但秃赤未见还

---

① 释大欣撰《蒲室集》卷十,元至元刻本,北京图书馆藏。

② 张伯淳《杭州殊胜寺圆明通应禅师碑》,《养蒙文集》卷四,文渊阁四库全书本。

③ 《储宫赐龙兴寺永业田记》,《牧庵集》,上海商务印书馆缩印清武英殿聚珍版,四部丛刊,卷九。

④ 《柳待制文集》卷九,上海商务印书馆缩印元至正刊本,四部丛刊。

⑤ 乃贤撰《河朔访古记》,卷下,清武英殿聚珍版丛书本。

⑥ 《元史》卷三十《泰定帝纪》,泰定三年(1326)五月条,标点本,页 670。

官记载;大德十一年(1307)太师月赤察儿所受田百顷;至大元年(1308)乞台普济乞所受赐固安田200余顷;至大三年(1310)朱清子朱虎、张瑄子张文龙所受赐田百顷;至大年及其以后对淮安忠武王庙(伯颜庙)的赐田;皇庆元年(1312)朝廷赐还宪宗所赐不怜吉带子孙地1 073顷;李孟分别于皇庆元年(1312)十月与延祐元年(1314)五月所受潞州田20顷与孝感县地28顷;延祐五年(1318)丑驴答剌罕所受赐平江路田百顷;至治二年(1322)淮安忠武王伯颜祠所受祭田20顷;泰定二年(1325)所赐故监察御史观音宝、锁咬儿哈的迷失妻子籍没八思吉思地各10顷;至和元年(1328)燕铁木儿所受赐平江官地500顷,此地后来转赐于其子唐其势;至和元年(1328)西安王阿剌忒纳失里所受赐故平章黑驴平江田300顷及嘉兴芦地;天历二年(1329)御史中丞史惟良所受赐沛县地50顷;同年发还笃麟帖木儿平江田百顷;及至顺二年(1331)燕帖木儿所受龙庆州之流杯园池、水硙、土田等。

同样,我们也可以根据上引史料罗列出,《至正条格》未提及的至元三十年(1293)至元统二年(1334)年间受赐田产寺院及其所受赐田数(按所赐时间排列):武宗至大元年(1308)赐给龙兴寺的真定下属官营田5 000亩;大德四年(1300)洛阳白马寺重建完成后,成宗转将护国仁王寺在怀孟六县之1600顷转赐于兹寺;大德五年(1301)昭应宫、兴教寺所受赐各百顷,上都乾元寺所受赐地90顷,万安寺所受地600顷;南寺(即大崇恩福元寺)所受地120顷;大德九年(1305)曲阜林庙所受田50顷;皇庆元年(1312)汴梁路上方寺所受赐地百顷;皇庆元年(1312)崇福寺所受赐河南官地百顷;延祐三年(1316)上都开元寺所受江浙田200顷,华严寺所受田百顷及同年普庆寺所受赐益都田179顷;延祐五年(1318),怀州大兴龙寺所受皇太后赐田300顷;泰定二年(1325)永福寺所受赐祭田百顷;泰定三年五台山殊祥寺所受赐田300顷及同年大天源延圣寺所受吉安、临江二路田赐千顷;天历二年(1329)集庆大龙翔寺以赐钞所置田产,及同年该寺及大崇禧万寿寺受赐平江官田150顷;至顺元年(1330)海南大兴龙普明寺以赐钞所田产及隆禧总管府所受赐田千顷;同年大龙翔集庆寺所受旧宋恭帝田;同年大承天护圣寺所受籍没张珪诸子田400顷;同年该寺所受赐益都、般阳、宁海田产162 090顷,及同年该寺所受籍没的锁住、野里牙等库藏、田宅、奴仆、牧畜等;至顺二年(1331)该寺所受籍没的速速、班丹、彻理帖木儿赀产以及同年赐还平江路大玉清昭应宫田百顷,“两都之战”后燕帖木儿要求进行的赏赐等。

可见《至正条格》所记收还赐田的贵族与寺院的名单,并非至元三十年(1293)年以后所有接受赐田者。既然收还赐田的贵族与寺院是有选择的,那么为什么只有部分贵族与寺院被列入应归还赐田的名单呢?这是下一节要讨论的问题。

## 五、涉案事主赐田的几种分析法

本文开头处所引《至正条格》的内容提到了户部与中书省为节约朝廷用于佛事的开支,提出的措施为收回过去四十年间向贵族与寺院的赐田。为此中书省提到了一连串贵族的名字与寺院,其至元三十一年(1294)至元统二年(1334)间所受赐田中的一部分被要求还官。

前面的论述已经说明,元统二年被要求将赐田还官的,并非在这四十年间曾经受过赐田的所有贵族与寺院。因此,可以说中书省在提出这份名单时,虽然是打着节省朝廷用于佛事的开支的旗号,但中书省所提出的要求还官的贵族与寺院是经过精心选择的。

分析这些被列于名单的贵族与寺院,有助于我们理解这次元统二年要求赐田还官事件的真象。限于篇幅,本文无法一个个地考证这些人的背景。值得注意的是,上引《至正条格》的录文提到了这些贵族与寺院在元统二年(1334)以前所拥有的田产数量,以及元统二年中书省要求它们还官的田产数量。这两组数字是非常宝贵的资料。

本节拟对这两组数字中进行如下分类:

1. 列出原有赐田数额最高的贵族与寺院。

2. 列出受命将赐田还官数额最高的贵族与寺院。

3. 列出受命将部分赐田还官后,所剩余田产数额最高的贵族与寺院。

4. 列出受命还官赐田与原有赐数之比最高的贵族与寺院。

对《至正条格》所提供的贵族与寺院的赐田数受命还官数额进行分析的目的,是为了探求此次事件隐秘在史料文字背后的内容。

**(一)原有、还官与剩余田产数最高者**

1. 原有田产数最高者

大体上说,拥有赐田数目的高低说明主人在朝廷与社会中的地位。因此,按田产数排队的结果,可大致体现出元统二年之前这些被提及的贵族及寺院的显赫程度。

《至正条格》所提到的部分田产还官者中,其原先拥有田产最高数为五百顷。其实五百顷地并不是一个非常高的数字。仅从前引有关至元三十一年(1294)至元统二年(1334)的四十年间,元廷向诸王、公主、驸马、贵族与寺院赐田的史料,就可发现元廷向贵族与寺院一次赐田数字高于五百顷者就很多,如:

1. 大德四年(1300)冬十月对洛阳白马寺"诏:以护国仁王寺水陆田在怀孟六县者千六百顷"。①

2. 大德五年(1301)二月戊戌赐"万安寺地六百顷"。②

3. 至大二年(1309)九月"丁酉,御史台臣言:'比者近幸为人奏请,赐江南田千二百三十顷,为租五十万石,乞拘还官。'从之。"③

4. 皇庆元年(1312)三月"以宪宗所赐不怜吉带地一千七十三顷还其子孙"。④

5. 延祐七年(1320)七月"晋王也孙铁木儿遣使以地七千顷归朝廷,请有司征其租,岁给粮钞,从之"。⑤

6. 泰定三年(1326)十月"赐大天源延圣寺钞二万锭,吉安、临江二路田千顷"。⑥

7. 至和元年(1328)九月"封燕铁木儿为太平王,以太平路为食邑,赐金五百两、银二

① 乃贤《河朔访古记》,卷下,清武英殿聚珍版丛书本。修白马寺未动用国库,乃由护国仁王寺钱开支。护国仁王寺仍世祖忽必烈的察必皇后家庙。有关此寺,参见拙文《从北平王到北安王——那木罕二三题》,刊于《元史及民族与边疆研究集刊》,第二十一辑,南京大学元史研究室/民族与边疆研究院中心主办,上海古籍出版社,2009年,页1—40;《元代官寺大护国仁王寺研究》,南京大学申请硕士学位论文。

② 《元史》卷二十《成宗纪》,大德五年(1301)二月条,标点本,页434。

③ 《元史》卷二十二《武宗纪》,至大二年(1309)九月条,标点本,页516。

④ 《元史》卷二十四《仁宗纪》,皇庆元年(1312)三月条,标点本,页551。

⑤ 《元史》卷二十七《英宗纪》,延祐七年(1320)七月条,标点本,页605。

⑥ 《元史》卷三十《泰定帝纪》,泰定三年(1326)十月条,标点本,页674。

千五百两、钞万锭、平江官地五百顷”。①

8. 至顺元年(1330)春正月“戊寅,赐隆禧总管府田千顷”。②

9. 至顺元年(1330)夏四月“壬寅,括益都、般阳、宁海闲田十六万二千九十顷,赐大承天护圣寺为永业”。③

10. 至顺元年(1330)九月己亥“以平江等处官田五百顷,赐鲁国大长公主”。④

11. 元统元年(1333)十一月“乙卯,以燕铁木儿平江所赐田五百顷,复赐其子唐其势”。⑤

可见元代拥有赐田产数超过五百顷的贵族与寺院为数不在少数,但《至正条格》里提到的拥有赐田最高数额的诸王、驸马与寺院是五百顷,我们就将本文的讨论限于此。

《至正条格》所提到的贵族与寺院中,元统二年(1334)以前拥有赐田最高数为五百顷者有四位,其分别为:荅里海牙公主(益里海牙)、大长公主、赵王、普安大万圣祐国寺。此外,普纳公主拥有赐田四百九十九顷九十二亩,非常接近上述四位贵族、寺院五百顷赐田的数字,故而这里一并列入。

2. 还官田产数最高者

除原有赐田数之外,《至正条格》所提到的受命还官赐田数也是非常有意义的数据。

按《至正条格》记载,此次要求将赐田还官数最高者为二百顷。被要求按此数还官的贵族有四位:益里海牙(荅里海牙)公主、大长公主、赵王、普安大万圣祐国寺。普纳公主被要求还官的赐田数额为一百九十九顷九十二亩,非常接近上述四位贵族、寺院被要求还官二百顷的数额,故而这里亦一并列入。

上述五位被要求将赐田还官数额最高的贵族,与前述元统二年(1334)以前所受赐田最多者一致。可见这些在顺帝即位前地位崇高的贵族与寺院,也同时是被要求还官赐田产最多者。勑令还官的数额高,表明田产主在此次收还赐田风波中受到的打击大,也可以说明田产主人在顺帝朝廷中的地位的低下程度,甚至反映出此次赐田还官措施酝酿时的矛头所指。

3. 还官后剩余田产数最高者

若将《至正条格》所提供的两组数字相减,即元统二年(1334)之前所拥有的赐田数,减去按旨应当还官的赐田数,即为这些贵族与寺院在还官后所剩余的赐田数。

按《至正条格》所记数字计划,所余田产最高额为三百顷。其中荅里海牙(益里海牙)公主的五百顷赐田内,二百顷还官,余三百顷。与之相同者还有大长公主、赵王、普安大万圣祐国寺。普纳公主的原有四百九十九顷九十二亩,一百九十九顷九十二亩还官,也剩余三百顷。

所余田产数字居前者,可以说明在部分赐田还官之后,他们在顺帝朝中的相对社会地位仍然崇高。因此,即使这些贵族与寺院将自己的赐田按最高额二百顷还官后,他们

① 《元史》卷三十二《文宗纪》,至和元年(1328)九月条,标点本,页710。

② 《元史》卷三十四《文宗纪》,至顺元年(1330)春正月条,标点本,页750。

③ 《元史》卷三十四《文宗纪》,至顺元年(1330)夏四月条,标点本,页756。

④ 《元史》卷三十四《文宗纪》,至顺元年(1330)九月条,标点本,页767。

⑤ 《元史》卷三十八《顺帝纪》,元统元年(1333)十一月条,标点本,页819。

所剩余的田产仍然远远高于其他《至正条格》所提到的贵族与寺院。换而言之,即便他们受到沉重打击之后,其社会地位也仍然是其他贵族与寺院所不能项背的。

值得注意的是,上述五位按最高额向朝廷归还二百顷赐田后,所余赐田数额最高的贵族,与前述元统二年(1334)以前所受赐田最多者一致。这个一致不是偶然的。

**(二) 还官比例问题**

除还官赐田的绝对数额之外,还官赐田数与原有赐田总数相除,所得出的是还官赐田数在原有田产数之中所占比例。这个比值越高,说明田产主在元统二年(1334)赐田还官风波中所受的打击越大。据统计,受命还官赐田占原有赐田总数比例最高者达60%以上者有五位,从高到低排列为:

孛罗大王的一百四十九顷六十九亩田内,九十九顷六十九亩还官。还官田产比例达66.70%。

福藏司徒昭福寺的三十顷内,二十顷还官。还官比例达66.67%。

永福寺的五十顷五亩田内,三十顷五亩还官。还官比例达60.40%。①

天庆寺的五十顷田内,三十顷还官。60%还官。

难的沙律(津)爱护持的五十顷田内,三十顷还官。60%还官,与此相同。

前述答里海牙(益里海牙)公主的五百顷田内,二百顷还官。还官田产比例达40%。与之相同的还有大长公主、赵王、普安大万圣祐国寺。此外,普纳公主的四百九十九顷九十二亩内,一百九十九顷九十二亩还官,39.99%还官,也与此非常接近。

由此可见,从受命还官田产比例来看,孛罗大王、福藏司徒昭福寺、永福寺、天庆寺、难的沙律爱护持,要远远高于《至正条格》中所提到的拥有田产数额与还官田产数额最高的答里海牙(益里海牙)公主、大长公主、赵王、普安大万圣祐国寺与普纳公主。因此也可以说,虽然益里海牙公主等受到清算,但其部分田产还官之后,从田租减少的程度看,孛罗大王等受到的打击要沉重得多。

限于篇幅,有关这个问题的探讨,拟在另一篇论文中进行。

## 六、主要涉案贵族、寺院背景调查
### ——原有、还官与剩余赐田最高者

通过上面的数据分析,笔者从元统二年(1334)中书省、户部与顺帝所商议的赐田还官事件的涉案贵族与寺院虽然很多,但以其原有赐田数、要求还官赐田数还是还官以后所剩田数排列,可从中筛选具有典型意义的代表。上文的三种统计结果表明,涉案者中居前五位始终不变,即答里海牙(益里海牙)公主、大长公主、赵王、普安大万圣祐国寺、普纳公主。

这些田产主的背景如何?笔者试图通过对其的逐一分析,找出他们被列入赐田还官名单的原因。

**(一) 答里海牙公主**

《至正条格》的校勘者发现其当系益里海涯之误。《廿二史考异》已经指出:“公主益里海涯,传作亦里哈牙。”②益里海涯为成宗女,下嫁宏吉剌分部亦乞列思贵族孛秃之后

① 承天永福寺。在第二层次收还田产名单中,有永福寺,当为此寺。

② 《元史》部分,卷六。

裔昌王阿失。① 孛秃名见《元朝秘史》节 120,写作不图;在节 202 中名列第 87 千户,写作不秃列坚(Butu Güregen);其名《亲征录》与《太祖纪》中写为孛徒,在《史集·部族志》写为بوتو(Būtū)。②《元史·诸公主表》记:"昌国大长公主帖木伦,烈祖女,适昌忠武王孛秃。"③

阿失在成宗朝大德五年(1301)与西北叛王海都、都哇联盟的帖坚古之战中,立有大功。据《武宗纪》记载,时元军"与海都战于迭怯里古④之地,海都军溃。越二日,海都悉合其众以来,大战于合剌合塔⑤之地。师失利,亲出阵,力战大败之,尽获其辎重,悉援诸王、驸马众军以出。明日复战,军少却,海都乘之,帝挥军力战,突出敌阵后,全军而还。海都不得志去,旋亦死"。⑥ 据《元史·孛秃传》与张士观撰《昌王世德碑》,孛秃后裔阿失在成宗朝随晋王甘麻剌及海山参与帖坚古之战,"大德五年(1301),战哈剌答山,阿失射笃哇中其膝,擒杀甚多,笃哇号哭而遁,武宗赐之衣。成宗加赐珠衣,封为昌王,置王府官属"。⑦

益里海涯作为成宗之女,其夫家亦乞列思贵族其家族在元统二年(1334)年之前拥有的赐田属于最高等级,本不足为怪,似本不应牵入这场赐田还官风波。但其女速哥八剌为英宗皇后。张士观撰《昌王世德碑》提到阿失"辛丑(1301),与都瓦战,射中其足,败之。成宗录其功,以皇女益里海涯公主下嫁,是生今上皇后及晋王妃亦邻真八剌"。⑧《元史·诸公主表·昌国公主》提到《后妃传》记载"英宗庄静懿圣皇后,名速哥八剌,亦启烈氏,昌国公主益里海涯女也。至治元年,册为皇后。泰定四年(1327)六月崩,⑨谥曰庄静懿圣皇后"。⑩ 她是昌国公主的女儿,不称公主,与《至正条格》中提到的另一位速哥八剌公主同名,但并非同一人。

由此可推测,亦里海牙(荅里海牙)公主名列田产还官名单中,当系顺帝即位后倒算当

① 《元史》卷一一八《孛秃传》,标点本,页 2923,并见卷一〇九《诸公主表》,页 2959。

② 拉施都丁《史集》(Rašīd al-Dīn, Jāmi' al-Tawārīkh),第 1 卷第 1 册(《部族志》),1965 年莫斯科波斯文合校本,页 402;1959 年,德黑兰卡里(Karīmī)博士波斯文刊本,页 124;余大钧、周建奇汉译本《史集》,第 1 卷第 1 册,商务印书馆,1983 年,页 267。

③ 卷一〇九,标点本,页 2757。

④ 《考异》卷八十七:《床兀儿传》作铁坚古山。

《本证》卷四十九,证名十三:铁坚古山,床兀儿传。传有阇客亦疑即纪之阔别列。帖坚古,囊加歹传。《元史地名考》:《土土哈床兀儿传》:"海都兵越金山,而南止于铁坚古山。"铁坚古山即此迭怯里古,然则其地在金山南。《康里脱脱传》所谓"次杭海者",此其时也,然则迭怯里古乃杭海山之一枝也。

⑤ 《本证》卷四十九,证名十三:哈剌答,忽怜传。哈剌塔,伯颜传。

《孛秃传》:"晋王甘麻剌并武宗帅师,讨海都于哈剌答山。"《乞台传》:"从武宗亲征哈剌阿答。"

⑥ 卷二十二,标点本,页 477。

⑦ 《元史》卷一一八《孛秃传》,标点本,页 2923;张士观《驸马昌王世德碑》,《国朝文类》卷二十五,上海涵芬楼影印元至正杭州西湖书院刊本,四部丛刊。但张士观未言及作战地点。

⑧ 《国朝文类》卷二十五,上海涵芬楼影印元至正杭州西湖书院刊本,四部丛刊。

⑨ 洪金富《元〈析津志·原庙·行香〉篇疏证》(《历史语言研究所集刊》第七十九卷第一分,20 页):《析津志·祠庙、仪祭·原庙、行香》:"速哥八剌皇后,忌日,青塔寺,[六月]二十一日。"(熊梦祥《〈析津志〉辑佚》,北京古籍出版社,1983 年,页 64)。六月二十一日,很可能是其卒日。

⑩ 《元史》卷一一四《后妃传》,标点本,页 2876。

年仁宗废约,逐武宗子周王(明宗)与怀王(文宗)立己子硕德八剌(英宗)为储旧账有关。

**(二) 大长公主**

元代称"大长公主"者有好几位,这里提到的是谁?回答此问题的方案当然首先是理清有关史料的时代性,再考察具体人物。这里所涉史料为元统二年(1334),乃顺帝改元之次年,其大长公主之称当沿袭前朝,即文宗时代。那么文宗朝,径称大长公主者多指何人?笔者检出以下几则史料:

元中后期文人虞集写过一首《端午赐大长公主》诗,其文云:

> 细葛迎飔,喜宫衣之初试;
> 瑞莲承雾,庆寿斝之方持。
> 輙陈节物之多仪,用祝年龄之有永。
> 并将唐律,式衍鲁风。
> 殿阁薰风五月凉,绿荷池上度天香。
> 扇裁团鉴飘罗雪,盌注轻水蔼玉浆。
> 尘尾可消时昼永,彩丝宜祝寿年长。
> 清朝共庆宫闱贵,万岁菖蒲泛紫觞。①

此诗当为虞集为文宗所拟,故而才能题为《端午赐大长公主》。恰巧在柯九思所写《宫词十五首》中有一首云:

> 玉椀调冰涌雪花,金丝缠扇一作线。绣红纱。
> 彩笺御制题端午,勅送皇姑公主家。
> 皇姑者,鲁国大长公主,皇后之母也。天历二年(1329)端午,上赐甚厚并御诗送之。②

柯九思明确记载到,天历二年(1329)端午,文宗向鲁国大长公主赐诗。柯久思此诗四句中有三句特别值得注意:

第一句"玉椀调冰涌雪花",恰相对于前引虞集诗中"盌注轻水蔼玉浆"。

第二句"金丝缠扇绣红纱",恰相对于前引虞集诗中"扇裁团鉴飘罗雪"。

第三句"彩笺御制题端午",恰相对于前引虞集诗中"彩丝宜祝寿年长"。

因此结论是,柯九思的这首宫词,当为记录天历二年(1329)年文宗向其岳母鲁国大长公主赠诗之事所作。

元文宗素以汉文化修养颇高著称,但他向皇后之母鲁国大长公主所赠贺端午诗,并非自己亲作,而是出自虞集手笔。③ 其实不只文宗,鲁国大长公主也非常爱好汉文化。袁

---

① 《道园学古录》,卷二十一,四部丛刊影印明景泰翻印元刊本。

② 《丹邱生集》卷三,清光绪三十四年柯逢时刻本。

③ 罗鹭著《虞集年谱》(凤凰出版社,南京,2010年)天历二年(1329)段中未言及此事,见页101—112。

椭在《鲁国大长公主图画记》提到英宗时:“至治三年(1323)三月甲寅,鲁国大长公主集中书议事执政官、翰林、集贤、成均之在位者,悉会于南城之天庆寺。”鲁国大长公主“命秘书监丞李某为之主。其王府之寮宷悉以佐执事,笾豆静嘉,尊斚洁清,酒不强饮,簪佩杂错,水陆毕凑,各执礼尽欢,以承饮赐而莫敢自恣。酒阑出图画若干卷,命随其所能俾识于后。礼成复命能文词者,叙其岁月以昭示来世”。她在天庆寺设宴招待各位文士是为了请他们欣赏鲁王府中所收藏的宋皇室画品,并请他们作文题记。① 无怪她收到文宗的贺诗后,还特请柯九思作诗为记。

虞集还写过《东岳仁圣宫碑》其中提到:

> 天历建元(1328),今上皇帝即大位,遣使迎大长公主于全宁,还及国门,皇后迎母于郊,主礼神拜贶而后即其邸。天子乃赐神寝名曰昭德殿,云宫广深若干亩,为屋若干楹,高大弘丽,足以久远,岁时内廷出香币致祭,都人有祷祈,咸得至焉。②

虞集在此碑文前面提到,他所称之“大长公主”即鲁国大长公主。元末人孔克齐也提到:

> 长沙赵岩,字鲁瞻,居溧阳。冀公南仲,丞相之裔也,遭遇鲁王,尝在大长公主宫中应旨,立赋八首七言律诗宫词,公主赏赐甚盛。③

由此可见,在顺帝即位之前的文宗朝以及顺帝朝,提起“大长公主”多半指鲁国大长公主。那么,鲁国大长公主又是何人呢?《元史·后妃传》提到:“文宗卜答失里皇后,④弘吉剌氏,父驸马鲁王雕阿不剌,母鲁国公主桑哥(吉剌)〔剌吉〕。”⑤前已提及,她在图帖木儿被放逐至建康时,就陪同在身边,可见她与文宗的关系极为密切。将鲁国大长公主祥哥剌吉列入赐田收官名单,当是削减她在文宗朝享有的过多特权。

**(三)赵王**

1. 赵王为何被列入赐田还官名单?

《至正条格》所提到的赵王,即马札罕(Majarqan),⑥乃汪古部驸马。汪古部对成吉思汗战胜乃蛮立有大功,其部长阿剌忽思惕吉忽里(Ala Qus Tigit Qulï)受赐公主,此后与

---

① 《清容居士集》卷四十五,上海商务印书馆缩印元刊本,四部丛刊。

② 《东岳仁圣宫碑》,《道园学古录》,卷二十三,四部丛刊景明景泰翻元小字本。

③ 《赵岩乐府》,《静斋至正直记》卷一,庄敏、顾新点校,上海古籍出版社,1987年,页20。

④ 《考异》卷九十三:《特薛禅》作不荅失里。

⑤ 卷一一四,标点本,页2877。并见卷一〇六《后妃表》与卷一〇九《诸公主表》。《廿二史考异》卷九十三:《特薛禅》作祥哥剌吉。北人读“祥”如“相”,“相”“桑”声相近。吉剌当为剌吉。

⑥ 韩百诗认为,此名应释为“小马札儿人(匈牙利人)”,而不应释为“马札儿汗”,见韩百诗:《〈元史〉卷一〇八〈诸王表注〉》,来顿,1954年(Louis Hambis, Les Chapitre CVIII du Yuan Che, Les fiefs attribues aux membres de la famille imperiale et aux ministres de la cour mongole d'apres l'histoire chinoise officielle de la Dynastie Mongole, Leiden, 1954),页70。此点周清澍教授业已引述,见《汪古部统治家族——汪古部事辑之一》,刊于《文史》第9辑,中华书局,1980年;收于周清澍论文集《元蒙史札》,内蒙古大学出版社,2001年,页48—89;见页注2。

成吉思汗家族世代联姻。其部中贵族参加了大蒙古国时期几乎所有重大军事行动,如攻金、西征、攻宋、征云南等。世祖即位后,又参与平定阿里不哥与李璮之乱,东西道诸叛王,如昔里吉、也不干、海都与都哇等之战,详见周清澍教授研究《汪古部统治家族——汪古部事辑》系列论文。①

在元统二年(1334)中书省所拟将赐田还官的名单中有速哥八剌公主,但在其下文具体提及原有赐田与要求还官赐田数时,却未提及速哥八剌公主。据《元史》记:赵国"大长公主(桑)〔速〕哥八剌,②适囊家台(Nanqiyadai)子赵王马札罕(Majarqan)"。故而在具体要求还官时,所记录的是赵王。中书省之所以将过去有大勋劳于元室的汪古部赵王家族被列入赐田还官的名单,当是出于以下几点原因:

(1) 因其支持仁宗放逐武宗二子周王与怀王,立己子硕德八剌为皇太子:《元史·仁宗纪》在延祐四年(1317)条下有几则引人注意的记载:二月"丙寅,以诸王部值脱火赤之乱,③百姓贫乏,给钞十六万六千锭、米万石赈之"。同年三月"庚午,给赵王阿鲁秃部粮四千石"。六月壬子"安远王丑汉、赵王阿鲁秃为叛王脱火赤所掠,各赐金银、币帛"。④此年仁宗违背前约,立己子为皇太子(即后来的英宗),而分别封武宗二子和世㻋、图帖木儿兄弟为周王、怀王。和世㻋赴云南就藩时,路过延安,由此北上出逃漠北。支持他的有不久前刚结束与察合台兀鲁思汗也先不花作战的钦察亲军大将脱火赤。⑤ 可见赵王阿鲁秃显然是站在仁宗一方,与周王为敌,在漠北与支持周王的军队脱火赤部作战过。而周王即后来的明宗,即顺帝之父。

(2) 赵王与英宗为姻亲,关系极为密切:赵王妃速哥八剌为英宗硕德八剌姊妹;⑥英宗正是在仁宗废兄弟之约逐出武宗二子的情况下被立为皇太子,后才得以登基的。

(3) 在两都之战中的立场:在泰定帝逝后爆发的"两都之战"中,赵王马扎罕的情况,前辈学者有过较为详尽的讨论。至和元年(1327)八月,在燕帖木儿迎立文宗之后,上都方面向大都调兵。周清澍先生注意到,山西方面泰定帝侄湘宁王"八剌失里及赵王马札罕、诸王忽剌台承上都之命,各起所部兵南侵冀宁,还次马邑"。⑦ 此年十月兵败,"至是被执其所俘男女千人"。⑧ 此战"元帅也速答儿(Yesüder)执湘宁王八剌失里

① 分别刊于《文史》第9辑—14辑,中华书局,1980—1982年;全部收于周清澍论文集《元蒙史札》,页48—184。

② 校勘记[一〇]:"(桑)〔速〕哥八剌,据本书卷二七《英宗纪》至治元年八月庚戌条所见改。林子良《王傅德风堂碑记》作'速哥八剌'。"

③ 《蒙史》卷十一下注此人"似即延祐二年十月封威宁郡王者,威宁为兴和路属县,因何为乱未详"。

④ 《蒙史》卷十一下注"以是知脱火赤为乱之地在兴和路汪古部和宁之间"。

⑤ 并于此事,参见党宝海《元朝延祐年间北方边将脱忽赤叛乱考——读〈大元赠岭北行省右丞忠愍公庙碑〉》,《西域研究》,2007年第2期。

⑥ 《元史》卷一〇九《诸公主表·赵国公主位》,标点本,页2759—2760。

⑦ 《元史》卷三十二《文宗纪》,标点本,页717。

⑧ 《元史》卷三十二《文宗纪》,同上页。周清澍先生的论述见《汪古部统治家族——汪古部事辑之一》,刊于《文史》第9辑;收于周清澍论文集《元蒙史札》,页84。

送京师”。

2. 有关马札罕与“两都之战”的考察

赵王马札罕在“两都之战”中的表现非常值得注意。顺帝即位后,对元朝中后期的帝系的认定有决定性的影响,成宗之后的武宗海山被视正统帝位继承人,仁宗逐出武宗二子立己子硕德八剌为皇太子,英宗被刺后泰定帝即位,均不被视为正统皇位继承,因此有关这两朝资料保存较少。而汪古部驸马家族势力由盛转衰也正是在这一时期。因此追查马札罕在“两都之战”中的立场,不仅有助于说明汪古部驸马为何在元统初年被列入赐田还官的名单,而且有助于说明,像汪古部驸马这样一些元初的老功臣家族,是如何在历朝历代的政治更迭中逐渐失势的。

直接记录马札罕在泰定帝逝后情况的史料数量不多,较为重要者是前面已经提到过的周清澍先生所提及的《元史》中有关湘宁王“八剌失里及赵王马札罕、诸王忽剌台承上都之命,各起所部兵南侵冀宁”及“元帅也速答儿(Yesüder)执湘宁王八剌失里送京师”两条史料。这两条史料所提到的与汪古部驸马马札罕一同进攻冀宁的,有湘宁王八剌失里与忽剌台,而与他们作战的则作也速答儿,因此考察忽剌台、八剌失里等人与也速答儿在“两都之战”中的情况,可从一个侧面反映马札罕的动向。以下将笔者收集的提及上述诸人在天历元年九月至此年底,特别是九月至十月两个月中活动的史料,按时间先后排列如下:

(1) 据《文宗纪》记载,天历元年九月丁卯(1328 年 10 月 11 日),“遣撒敦拒辽东兵于蓟州东流沙河,元帅阿兀剌守居庸关。上都军攻碑楼口,指挥使也速台儿御之,不克”。

两日后,即天历元年九月己巳(1328 年 10 月 13 日),“立行枢密院于汴梁,以同知枢密院事也速台儿知行枢密院事,将兵行视太行诸关,西击河中、潼关军,以折迭弩分给守关军士。上都诸王忽剌台等引兵犯崞州”。此时上都军兵分两路,一路进攻大都之北燕山要塞居庸关,另一路向山西进攻,与马札罕联兵的忽剌台此时已至山西。燕帖木儿所派的主要御敌将领是也速台儿,即上面提到的也速答儿(Yesüder)。他在居庸关御敌不力,继而被派往山西。

据《燕帖木儿传》,十日后(己卯,1328 年 10 月 23 日),上都将王禅率枢密副使阿剌帖木儿、指挥忽都帖木儿等勇将越居庸关而南,至榆河北,被燕帖木儿击败,上都军被迫退居红桥。在会战中,燕铁木儿斫伤阿剌帖木儿,而燕帖木儿部将和尚则击伤忽都帖木儿,燕帖木儿夺占红桥。“两军阻水而阵,命善射者射之,遂退,师于白浮南。命知院也速答儿、八都儿、亦纳思等分为三队,张两翼以角之,敌军败走。”①而据马祖常《太师太平王定策元勋之碑》,在白浮南之战中,“至夜,又命撒敦出其后,南向;八都儿脱脱木儿出其前,北向”。② 未提及也速答儿。《燕帖木儿传》称,次日,也速答儿等在昌北平再败王禅,夺回居庸关。《太师太平王定策元勋之碑》说,此时为九月乙酉日,即 1328 年 10 月 29 日。

① 《元史》卷一三八,标点本,页 3328。

② 《太师太平王定策元勋之碑》,《国朝文类》卷二十六,上海涵芬楼影印元至正杭州西湖书院刊本,四部丛刊。

(2) 此后,上都军继续围攻大都。《文宗纪》记天历元年九月"戊子(1328 年 11 月 1 日),上都诸王忽剌台等兵入紫荆关,将士皆溃,行枢密院官卜颜、斡都蛮(Othoman)、指挥使也速台儿将兵援之"。① 这里所提到的文宗方面参战的斡都蛮,乃回回人阿剌瓦而思后裔,其传中亦有关于此战的记载:赡思丁"子斡都蛮(Othoman)袭职。致和元年八月(1328 年 9 月 5 日—10 月 3 日),自上都逃来,丞相燕帖木儿任为裨将,率壮士百人,围灭里帖木儿等于陀罗台驿,擒之以献,特赐衣一袭,及秃秃马失甲、金束带各一,白金一百两,钞二百锭。天历元年九月(1328 年 10 月 4 日—11 月 1 日),充行院同佥。十月(1328 年 11 月 1 日—12 月 1 日),从击忽剌台、马扎罕等军于卢沟桥,败之,追至紫荆关,多所俘获,招降安童所将军一千五百人,复以功受上赏"。②

《阿剌瓦而思传》提供有关了此战重要的线索:即赵王马札罕也参与了上都军对大都的围攻。因此分析有关史料,对于理清此战的经过非常重要。

1)《文宗纪》所提供的第一个日子是天历元年九月戊子(1328 年 11 月 1 日)。

2)《文宗纪》又提到,二日后,即天历"九月庚申朔,燕铁木儿督师居庸关,遣撒敦以兵袭上都兵于榆林,击败之,追至怀来而还。隆镇卫指挥使斡都蛮以兵袭上都诸王灭里铁木儿③、脱木赤于陀罗台,执之,归于京师"。④

3) 前引《阿剌瓦而思传》称斡都蛮击败忽剌台、马札罕事在十月。

4)《文宗纪》在天历元年十月癸巳(1328 年 11 月 6 日)条下再记:

> 忽剌台游兵进逼南城,令京城居民户出壮丁一人,持兵仗从军士乘城,仍于诸门列瓮贮水以防火。燕铁木儿及阳翟王太平、国王朵罗台等战于檀子山之枣林,唐其势陷阵,杀太平,死者蔽野,余皆宵遁,遣撒敦追之,弗及。甲午(1328 年 11 月 7 日),命有司市马千匹,赐军士出征者。脱脱木儿、章吉与也先捏合击敌军于良乡南,转战至泸沟桥,忽剌台被创,据桥而宿。乙未(1328 年 11 月 8 日),燕铁木儿率军循北山而西,趣良乡,诸将时与忽剌台、阿剌帖木儿等战于泸沟桥,声言燕铁木儿大军至,敌兵皆遁。⑤

5) 关于燕帖木儿在此战中所起的作用,马祖常提到:

> 乙未(1328 年 11 月 8 日),诸侯王忽剌解、指挥使阿剌帖木儿、安童自紫荆口犯良乡。丙申(1328 年 11 月 9 日),我军循北山而西,士皆马上食,马以囊盛草粟系马口,且行且食。至卢沟,忽剌解兵溃,凯还。都人观者、拜者填道。入见天子,无矜容焉。上大悦。己亥(1328 年 11 月 12 日),进封答剌罕、太平王,以其地为食邑,降制褒美,功名炟耀,刻黄金为印章以宠,赉之珠,对衣宝带一具。答剌罕,华言世贷之

① 《元史》卷三十二《文宗纪》,标点本,页 713。

② 《元史》卷一二三《阿剌瓦而思传》,标点本,页 3026。

③ 《本证》卷四十,证名四:火里帖木儿,阿剌瓦而思传。

④ 《元史》卷三十二《文宗纪》,标点本,页 707。

⑤ 《元史》卷三十二《文宗纪》,标点本,页 713—714。

也。秃满迭儿(Tümänder)①复入虎北口,战檀州南,歼之。万户哈剌那海(Qara Noqai)②以戏下兵降,杀秃满迭儿,函首京师。诛忽剌解、阿剌帖木儿、安童、③朵罗解、搭(塔)海于国门之外。④

比对上述各种信息可知,《文宗纪》所提供的第一个日子天历元年九月戊子(1328年11月1日),当系因上都方面忽剌台、赵王马札罕兵临紫荆关,文宗方派斡都蛮赴前线增援的时间。而战事实际发生于二日之后。前线情况不容乐观,大都城作了最坏的打算,但因燕帖木儿等兵至,上都方面忽剌台受创而兵退向山西。因而《文宗纪》中下列记载当发生于此后:

湘宁王八剌失里引兵入冀宁(今太原),杀掠吏民。时太行诸关守备皆阙,冀宁路来告急,敕万户和尚将兵由故关援之。冀宁路官募民丁迎敌,和尚以兵为殿,杀获甚众。会上都兵大至,和尚退保故关,冀宁遂破。⑤

赵王马札罕也应当与忽剌台一同退往山西。《文宗纪》中天历元年十月条中下列记

① 这位秃满迭儿是泰定帝朝的宠臣,《水利集》中记载:"泰定元年(1324)十月十九日,也可(性)[怯]薛第一日,光天殿里有时分,火儿赤答失蛮(Qorči Dānišmand)、速古儿赤阿散火者(Hasan Khwāja)、阿思兰出(?)、月鲁帖木儿、伯要兀歹(Baya'utai)、宝儿赤兀奴忽等有来,旭迈杰右丞相、倒剌沙(Dawlat Šāh)左丞相、秃满迭儿(Tümänder)平章、善僧右丞、朵朵(Toqta)参政、塔剌海参政、章吉帖木儿尚书、买驴(Malik)郎中、脱脱(Toqta)员外郎、客省使钦察歹(Qïpčaqtai)、直省舍人捏迭千、蒙古必阇赤脱脱木儿(Toqta Temür)等奏过事内一件。……"——任仁发:《水利集》卷一,明抄本,上海师范大学图书馆藏。

"泰定元年(中)[十]月二十五日,旭迈杰怯薛事一日,嘉德殿后寝殿里有时分,速古儿赤怯烈该、锁秃、阿儿思兰出(?)、哈只火者、宝儿赤阿散秃忽鲁等有来,旭迈杰右丞相、倒剌沙左丞相、秃满迭儿平章、兀伯都剌平章、张平章、乃马歹平章、善僧右丞、泼皮左丞、朵朵参政、杨参政、章吉帖儿尚书、脱亦纳参议、塔剌海参议、李家奴郎中、忙兀歹都事、直省舍人捏迭千(?)、蒙古必阇赤脱脱木儿等奏过事内一件。"——《水利集》卷一。

无怪乎他在"两都之战"中站在上都方面。

② 东路蒙古军万户,与钦察贵族有密切联系。参见拙文《钦察亲军左右翼考》,刊于《元史论丛》第11辑,天津古籍出版社,2009年,页10—25。

③ 阿剌帖木儿与安童分别为驻札于河南行省北部的蒙古侍卫亲军首领,《元史》记载泰定四年(1327)"十二月,河南行省言:'所辖之地,东连淮、海,南限大江,北抵黄河,西接关陕,洞蛮草贼出没,与民为害。本省军马俱在濒海沿江安置,远者二千,近者一千余里,乞以炮手、弩军两翼,移于汴梁,并各万户府摘军五千名,设万户府随省镇遏。'枢密院议:'自至元十九年(1282),世祖命知地理省院官共议,于濒海沿江六十三处安置军马。时汴梁未尝置军,扬州冲要重地,置五翼军马并炮手、弩军。今亲王脱欢太子镇遏扬州,提调四省军马,此军不宜更动。设若河南省果用军,则不塔剌吉所管四万户蒙古军内,三万户在黄河之南、河南省之西,一万户在河南省之南,脱别台所管五万户蒙古军俱在黄河之北、河南省东北,阿剌铁木儿、安童等两侍卫蒙古军在河南省之北,共十一卫翼蒙古军马,俱在河南省周围屯驻。又本省所辖一十九翼军马,俱在河南省之南,沿江置列。果用兵,即驰奏于诸军马内调发。'从之"。——卷九十九《兵志》,标点本,页2550。

④ 《太师太平王定策元勋之碑》,《国朝文类》卷二十六,上海涵芬楼影印元至正杭州西湖书院刊本,四部丛刊初编集部。

⑤ 《元史》卷三十二《文宗纪》,标点本,页713—714。

载,应即此事:

> 甲寅(1328年11月27日),……元帅也速答儿执湘宁王八剌失里送京师。八剌失里及赵王马扎罕、诸王忽剌台,承上都之命,各起所部兵南侵冀宁(今太原),还次马邑,至是被执,其所俘男女千人,悉还其家。①

由上研究可知,赵王马札罕/速哥八剌公主的赐田还官,盖因汪古部贵族在"两都之战"中站在上都方面。

**(四)普安大万圣祐国寺**

《析津志》中提到了一所"普安寺",称其"在开远坊,敕翰林学士承旨程钜夫撰,翰林学士承旨荣禄大夫赵孟頫篆额,名敕赐弘教普安寺碑。河西杨氏自释教总统赠开府仪同三司太师宁国公慧辩永福。又云在旧城彰义门内,昔廉相花园"。② 笔者未查到这所大都的"普安寺"称为"普安大圣祐国寺"的记载。

当时除了普安寺之外,五台山有大万圣祐国寺,建于成宗初年。《佛祖历代通载》提到:

> 世祖尝以五台绝境,欲为佛寺而未果也。成宗以继志之孝,作而成之,赐名大万圣祐国寺,以为名山大寺,非海内之望不能尸之。③

程钜夫亦写到:"元贞元年(1296)建三皇庙于京师,又建万圣祐国寺于五台。"④五台山的这座"万圣祐国寺"亦见于清雍正《山西通志》:

> 大万圣祐国寺,在交口东山麓。元成宗元贞元年(1296)勅建,二年(1297)赐额,命仲华大师主席,大德六年(1302)入寂。勅建塔。仁宗皇庆元年(1312)赐慧印紫衣、香药,遣旌幢送至寺。英宗赐号弘教大师。至治二年(1322),幸台山,赐慧印币及玉文殊像、七宝念珠。⑤

《佛祖通载》记:

> 廿九壬戌故荣禄大夫、司徒、大玉山普安寺住持、幻堂严讲主卒。公康氏,成纪人,讳宝严,字士威,号幻堂。父某以罹丧乱,弃俗为僧。昆弟六人,公其季也。少以迈往之气,不乐处俗,与其弟金蕤染从佛,求出世之道。每逢名德启讲,必往

① 《元史》卷三十二《文宗纪》,标点本,页717。这位湘宁王八剌失里,《文宗纪》提到"火儿忽答等十三人从湘宁王八剌失里用兵,既伏诛,命皆籍其家赀"。标点本,页722。

② 熊梦祥《〈析津志〉辑佚》,北京古籍出版社,1983年,页77。原文见《顺天府志》,页41。

③ 释念常《佛祖历代通载》,元至正七年释念常募刻本,卷二十二。

④ 《雪楼集》卷四十七《凉国敏慧公神道碑》,洪武刊本。

⑤ 卷一七一,四库本。

听而问焉。尝谓:学而不思,思而不学,君子所忧。虽通其说,而不通其宗,是学而不思也,岂称达者哉!况文字之学,守株兔迹,惑于多岐,焉能涉同归之海,造圆顿之奥乎!听其说,固辩矣。观其所得,则末也。于是既问而学之,以博其趣,而益致其思焉。是其所以造诣,盖得之系表,故其讲说深,有宗通理味。后嗣真觉国师传,贤首宗教,以师承既高,见解益明,其方寸之地,湛如止水,莹若明镜,物我相形,辄影见于中。虽以天资之高,而德器之美,抑亦师友玉琢,兰薰而致。及真觉以诏居大白马寺,公与金从至洛,洎及居大万圣佑国寺。又从至台山,真觉殁,诏以公继其位。后公以太后①诏,居大普安寺,诏以金继公,居佑国寺。公于至治二年(1322)七月某日殁,年五十有一。诏复以金居普安寺。金以公之丧,葬东封谷之口,建塔以修祀事焉。②

同书还记“大德六年(1302)九月一日,五台山大万圣祐国寺真觉国师殁”。③ 及《元史·英宗纪》至治三年(1323)夏四月己卯“敕京师万安、庆寿、圣安、普庆四寺,杨子江金山寺、五台山万圣祐国寺作水陆佛事七昼夜”。④

虞集《大承天护圣寺碑》记:“三年寺⑤大成,于是召五台山万圣寺释师惠印,特赐荣禄大夫、司徒,主教于寺。有敕命臣祖常、臣集、臣法洪、臣惠印制文,以刻诸碑。”⑥

故而普安大圣祐国寺并非京师之大普安寺,当指五台山之大万圣祐国寺。此寺虽建于成宗时,但与仁宗与英宗关系密切,这或许是其赐田数量被削减的原因。

**(五)普纳公主**

普纳公主为宏吉剌氏鲁王家族贵族桑哥不剌之妃。据《元史》记载:

桑哥不剌者鲁王琱阿不剌之弟、阿里嘉室利之叔也。自幼奉世皇旨,养于斡可珍公主所,是为不只儿驸马,后袭统其本部民四百户。成宗时,奉旨尚普纳公主;至顺间(1330—1332)封郓安大长公主,授桑哥不剌金印,封郓安王,职千户。元统元年(1333)授万户。二年(1334)三月,加封郓安公主,号皇姑大长公主,加封桑哥不剌鲁

① 按,即武宗与仁宗之母。

② 释念常《佛祖历代通载》,卷二十二,元至正七年释念常募刻本。

此事在后世佛教文献中续有抄录,如[明]释大闻《释鉴稽古略续集》:“幻堂讲主,讳宝严,字士威,成纪康氏季子,因罹丧乱,与弟同薙发为僧。后参真觉,得传贤首宗旨,而嗣其道。为人淳朴无伪,方寸之地,湛若止水。值真觉三坐道场,师与弟皆从而佐之。真觉入灭,乃继其席。无何,奉诏住持大玉山普安、佑国二寺。是年七月□日逝世。”——集一,大正新修大藏经本。

又[明]释如惺《大明高僧传·玉山普安寺沙门释宝严传十一大林性》:“释宝严,字士威,幻堂其号也。成纪康氏季子,因罹丧乱,与弟同薙发为僧。后参真觉,得传贤首宗旨,而嗣其道。为人淳朴无伪,方寸之地,湛如止水。值真觉三坐道场,严与弟皆从而佐之。真觉入灭,乃继其席,无何奉诏住普安、佑国二寺最久,而与大林性公表裏,大弘清凉之教。至治二年七月入寂,世寿五十一。建塔于封谷之口。”——卷二,明万历刻径山藏本。

③ 释念常《佛祖历代通载》,卷二十二。

④ 《元史》卷二十八,标点本,页630;《佛祖统纪》卷四十八抄录此句。

⑤ 按,承天护圣寺。

⑥ 《道园学古录》,卷二十五,四部丛刊景明景泰翻元小字本。

王。以疾薨,年六十一。①

本段史料提到两个人,一是自幼抚养桑哥不剌的斡可珍公主,一是不只儿驸马。关于此二人,《特薛禅传》亦有记载,云:“有答儿罕者,亦特薛禅之裔孙也,以从军功,世祖亦赐以拔都儿作之号,……其子曰不只儿,从征乃颜禽其党金家奴,帝赏以金带。……火忽之不只儿,尚斡可真公主。”②由此可见,桑哥不剌的养母斡可珍公主,又作斡可真公主,而不只儿乃其驸马。上引《特薛禅传》中有关桑哥不剌一段文字“斡可珍公主所,是为不只儿驸马”,不能理解为桑哥不剌是不只儿驸马,而是指斡可珍与不只儿驸马为夫妇。张岱玉博士所见是。③

普纳公主的丈夫桑哥八剌又作相哥八剌,胡祖广撰有《相哥八剌碑》,碑中有相哥八剌“尚成宗皇帝主普纳,封郓安王,主再封郓安大长公主。元统二年(1334)三月,今上加封鲁王”句。④ 张岱玉据此证明上引《特薛禅传》所记不误。⑤

前文所引《特薛禅传》还提到,普纳公主于“至顺间封郓安大长公主”。此事亦见于《文宗纪》:至顺三年(1332)正月“庚子,封公主不纳为郓安大长公主”。⑥ 此处普纳又作不纳。

虞集所撰《郓安大长公主词头》,称:“皇家制礼,恩实重于懿亲;帝女正仪,体尤隆于尊属。……爰进加于长号,又增益于大名”。⑦ 普纳公主为成宗女,故称“帝女”;受封为“郓安大长公主”,即对应于此词头中“爰进加于长号”一语。所以此词头应撰于至顺三年正月。⑧

值得一提的是,普纳公主加封郓安大长公主事在文宗朝末期至顺三年(1332)正月,而前面已经提到《特薛禅传》记顺帝即位后于“元统二年(1334)三月,加封郓安公主,号皇姑大长公主,加封桑哥不剌鲁王”。而本文所关注之元统二年收回赐田还官恰在此后二个月。

应当注意的是,普纳公主丈夫桑哥八剌与文宗卜答夫里皇后乃同父姊妹,其父鲁王琱阿不剌也是卜答夫里皇后之父。《元史·后妃传》提到:“文宗卜答失里皇后,⑨弘吉剌氏,父驸马鲁王雕阿不剌,母鲁国公主桑哥(吉剌)〔剌吉〕。”⑩

---

① 《元史》卷一一八《特薛禅传》,标点本,页2917。

② 《元史》卷一一八《特薛禅传》,标点本,页2918。

③ 张岱玉《〈元史·诸王表〉补证及部分诸王研究》,内蒙古大学博士论文,打印本,2008年5月,页83。

④ 胡祖广《相哥八剌碑》,见《石刻史料新编》,第三辑,台湾新文丰出版公司影印出版,1986年,第324—326页。

⑤ 张岱玉《元朝公主忙哥台世系、爵号考》,刊于《元史及民族与边疆研究集刊》,第二十二辑,南京大学元史研究室/民族与边疆研究中心主办,上海古籍出版社,2010年9月,页65。

⑥ 《元史》卷三十六《文宗纪》,标点本,页800。

⑦ 《道园学古录》,卷二二,四部丛刊景明景泰翻元小字本。

⑧ 罗鹭《虞集年谱》(凤凰出版社,2010年3月),此年虞集所撰文中未有著录,页137—147。

⑨ 《考异》卷九十三:《特薛禅》作不荅失里。

⑩ 卷一一四,标点本,页2877。并见卷一〇六《后妃表》与卷一〇九《诸公主表》。《廿二史考异》卷九十三:《特薛禅》作祥哥剌吉。北人读“祥”如“相”,“相”“桑”声相近。吉剌当为剌吉。

因此,将普纳公主列入赐田还官名单的原因,当与鲁国大长公主祥哥剌吉列一致,是为了削减鲁王家族在文宗朝享有的过多特权。

## 七、清算政治旧账
### ——代结语

限于篇幅,上文只对元统二年(1334)年赐田还官事件涉案贵族与寺院中之最显赫者做了考察,但整个事件的端倪已经大致可见。现在我们可以回到本文开始时所提出的问题。从《至正条格》所录顺帝元统二年(1334)四月二十八日中书省官员与顺帝之间,有关将前朝拨赐于一些贵族与寺院的田产,重新收官问题的文字看,中书省与顺帝所讨论的是一项户部有关重新审查前朝赐地的提议。户部提议的目的是希望压缩朝廷开支,增加政府控制之下的土地与人口。但本文通过调查资料证明,中书省所提出的还官涉案事主名单,并未涵盖至元末至元统初四十年间所有接受过赐田的贵族与寺院。换而言之,收还赐田的政策,仅仅针对部分蒙元贵族与官寺,而非全体曾受赐田者。

那么,在具体拟定缩减朝廷钱粮支措施,选择收还部分赐田的贵族与官寺名单的依据又是什么?本文通过对中书省提出的涉案事主原有所拥有的赐田数、元统二年(1334)年要求收官赐田数与还官后所剩赐田数多寡排队,发现居于前五名者,在三种统计的结果中完全一致。因此将此五名涉案者列为此次赐田还官事件当事者中最典型者,他(它)们是:益里海牙(荅里海牙)公主、鲁国大长公主、赵王、普安大万圣祐国寺、普纳公主。

经过对上述五位典型涉案事主的分析,笔者以为,元统二年四月赐田收官事件,应当置于武宗逝后,武、仁交替,及其后泰定帝继位,最后皇权重归武宗之孙顺帝手中这一大背景之下考察。

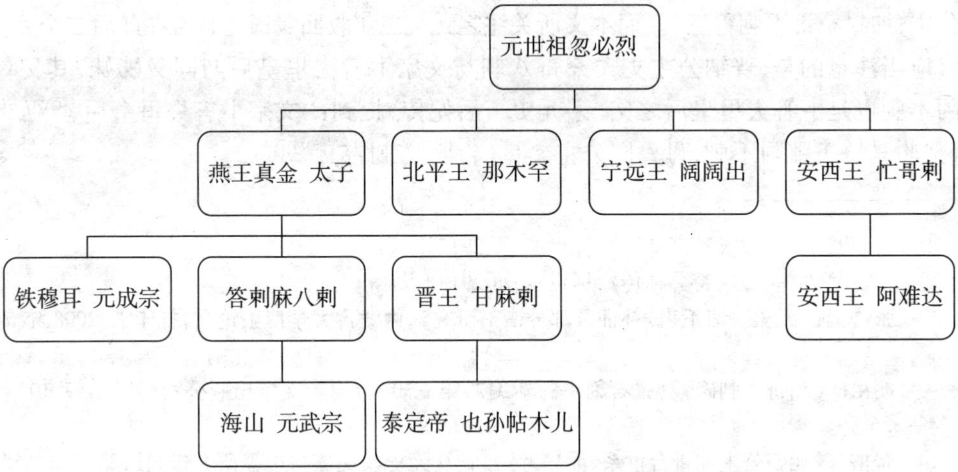


普纳公主受封为郓安大长公主事在文宗至顺末年,而夺还赐田距此不过几年。文宗的坚定支持者钦察氏燕帖木儿死后,顺帝开始逐步剪除其势力,并清算"武仁授受"后的既得利益集团仁宗父子及泰定帝的旧账。在这一点上,同属武宗家族的顺帝与文宗的残余势力之间仍有共同利益。

但将鲁国大长公主与普纳公主列入赐田还官名单说明,虽然此时扶持文宗上台者有伯颜与唐其势等人仍在位,文宗杀兄(明宗)自立的账尚未开始清算,但顺帝已经开始着手翦除文宗的势力。

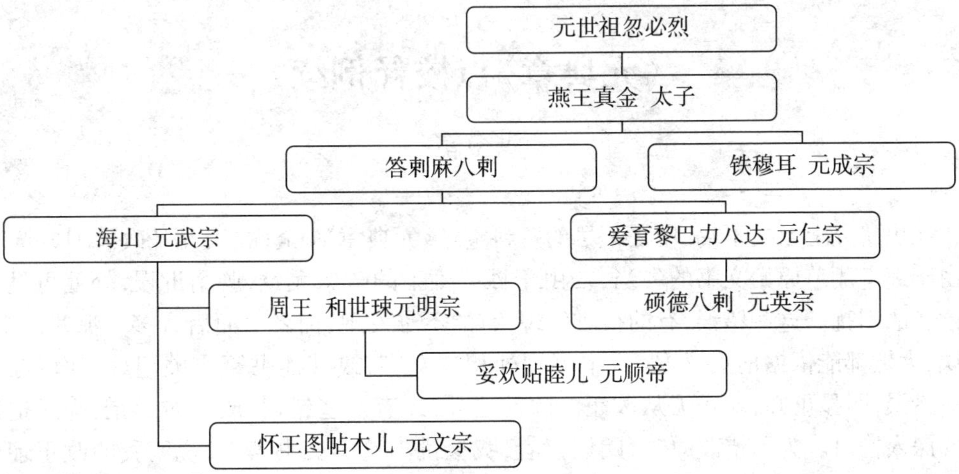


历朝历代新皇即位后,重新审视前朝的财务政策,压缩开支之事并不罕见。但压缩开支有各种途径,既可以采取相对“公平”的措施,即要求所有旧政的受惠者一体承担;也可以选择部分曾经的受惠者来承担代价。本文所讨论的元统二年(1334)顺帝所同意的收回部分贵族与寺院赐田名单,显然有政治考量的背景。

《至正条格》将上述有关元统二年将后妃、公主、驸马与寺院的赐田收官的敕令收入后,成为条格,有示法后人的作用。但究起起源,我们发现条格文字与背后含义之间却有很大的差异。因此,史学研究不仅要研究史料文本,也需要探究文字背后所反映的社会现实。

(本文作者为南京大学元史研究室/民族与边疆研究中心教授)

# 《元典章》点校释例续

洪金富

元史研究上取之不竭、用之不尽的资料宝藏《元典章》(全称《大元圣政国朝典章》),一由于编者删节原始文书的失当,二由于抄手刻工的疏忽大意,脱衍讹误,处处可见,造成读者的困扰。这些错误,有的很难发现,有的不难发现,前者少而后者多。那些已知的错误,大抵都能依据前后文义,或本书别处相应文字,或其他书籍有关记载,加以改正。有些错误,明显可知,却是无从改正。除此之外,还有一些错误,改的对或错,殊无把握,需要深入检讨。为恐错改原文,贻误读者,我拟挑出这类文书若干,说明我的改正理由,敬请指正。所以题曰"续"者,盖此文性质与数年前拙文《〈元典章〉点校释例》(《中国史研究》2005年2期)并无二致。惟应指出,旧作除校正原文之外,兼及文书内容所反映的时代意义,兹篇则以校正错误,疏通文义为主,殊少涉及文书的历史意义。

## 一

首先讨论的第一份文书是,《元典章》卷八《吏部·官制二·选格》内的一条,条目是《色目汉儿相参勾当》。兹先抄录该条全文如下。标点为笔者所加。人名加底线,其余专名不加。错衍字加圆括号"( )",补正字加六角括号"〔 〕"。条目后数字,冒号":"前为卷次,后为叶码、行次(如首份文书8:6a14—6b7,意即卷8,第6前半叶第14行至第6后半叶第7行。"故宫博物院"1972年据馆藏元刊本影印)。条文问题所在改用粗体字,以求醒目。改正理由,随后说明。

### 《色目汉儿相参勾当》 8:6a14—6b7

至元二十二年二月,江西行省:

准本省左丞伯颜咨:

至元二十二年二月十七日(1285.3.24),缙山有时分,奏过事内一件:

在先,"达达、回回、畏吾儿人、蛮子每,一处相参委付"。么道,圣旨了来。如今,蛮子田地里觑着呵,城子里(每),达达、回回、畏吾儿每里,一个家有底也有,无的也无。那田地里底事势,省得的上头,奏有。依着在先圣旨体例,相参委付呵,怎生?么道,奏呵,"在先也,安童根底说来了呵,也省底也者。成吉思皇帝,汉儿民户根底收复了呵,**(近)〔金〕都不〔只〕儿、(探)〔撒〕木呵**、**大西札发儿(和尚)〔火者〕**根底,也相参委付了来。火鲁火孙无头脑行了来。如今,不消商量,相参委付"。么道,圣旨了也。

条文内"有底也有,无的也无"云云,疑谓江南有些城里有蒙古或色目官员,有些城里则无一人。"那田地里底事势,省得的上头,奏有"云云,文意不完,疑有脱讹。"在先也……相参委付"一段,记世祖忽必烈说的话,即所谓圣旨。圣旨内自"近都"迄"和尚"共十四字,甚费解,必有误。据下文"也相参委付了来"云云,这十四字极可能为数人人名,但究竟若干人、人名为何,颇难确定。目前可以肯定的有两人:撒木呵和札发儿火者。至于前四字"近都不儿",以及中间的"大西",究竟是或不是人名,如何理解,很成问题。兹由易而难,分说如下。

一、"探木呵",应为"撒木呵"之讹,人名。《元史》卷1,《太祖纪》,太祖"九年(1214)六月,金乣军斫答等杀其主帅,率众来降。诏三摸合、石抹明安与斫答等围中都。帝避暑鱼儿泺。"(页17—18)十一年"秋,撒里知兀解(saljiut)三摸合拔都鲁率师由西夏趋关中,遂越潼关。"(页21)又,卷150,《石抹明安传》,"帝复命明安及三合拔都,将兵由古北口徇景、蓟、檀、顺诸州。"(页3556)卷153,《王檝传》,"甲戌(1214),授宣抚使,兼行尚书六部事。从三合拔都、太傅猛安(按即石抹明安)率兵南征,下古北口,攻蓟、云、顺等州,所过迎降,得汉军数万,遂围中都。"(页3611)《圣武亲征录》亦载:"上以契丹众将来归,遂命散只兀儿三木合拔都领契丹先锋将明安太保兄弟为向导,引我军合之,至则与斫荅等并力围中都。……上驻军鱼儿泺,命三合拔都帅蒙古兵万骑,由西夏掠京兆,出潼关,直趋汴梁。"(页84a、87a—b)纪、传、录所见"三摸合"与"三合拔都"、"三木合拔都"、"三摸合拔都鲁",无疑为一人。"拔都"、"拔都鲁"为蒙古语ba' atur"勇士"的音译。"三合"与"三摸合"、"三木合"应系同音异译,对音应为Samuqa。其人既来自蒙古"散只兀儿"(saljiul ~ saljiut)部,则其名Samuqa很可能是蒙古语。《元史》卷208《外夷·高丽传》见一人名"撒木合"(页4620),应是同名异译。《元典章》本条的"探木呵",应可确定为"撒木呵"之误。拉施特(Rashid al-Din)《史集》在介绍撒勒只兀惕部落(saljiut)时,特别提到他,说:"当时,这个部落有个名叫三木合(samuqeh)的异密(emir),尽管他并非军队长官,但成吉思汗曾数次授以军队,派他去办极重要的事。"(余大钧、周建奇中译本第一卷第一分册,页292)所谓极重要的事,包括围攻金中都。要之,《元典章》本条的"探木呵",应为"撒木呵"之误,人名,蒙古撒勒只兀惕部人,尝奉太祖命与诸将围攻金中都。

二、"札发儿和尚"内,"札发儿",人名,应为《元史》卷120有传的札八儿火者。传称:"札八儿火者,赛夷人。赛夷,西域部之族长也,因以为氏。火者,其官称也。"(页2960)杨志玖(1915—2002)《补〈元史札八儿火者传〉》(杨志玖《元代回族史稿》,页363—369)指出,穆斯林常用的男人名字Ja' far,转为蒙古语时,读作Ja' bar,汉译作"札八"、"札八儿",但是也有不经转换,径自波斯、阿拉伯语译作"劄法儿"的。《元典章》本条"札发儿",可为杨氏添一新证。札八儿归附成吉思汗甚早。他是1203年与铁木真"同饮班朱尼(Baljuna)河水",誓言死生与共的十九"伴当"(nökör)之一,忠心耿耿。成吉思汗肇建大蒙古国(1206)以后,他前后十次受命出使金朝,因而熟悉中原山川形势,最终引领蒙古骑兵间道绕过居庸关险,南下围攻中都,迫使金宣宗弃城南狩,迁都开封。《元史》本传说:"已而金人迁汴。太祖览中都山川形势,顾谓左右近臣曰:朕之所以至此者,札八儿之功为多。又谓札八儿曰:汝引弓射之,随箭所落,悉畀汝为己地。乘舆北归,留札八儿与诸将守中都。授黄河以北、铁门以南,天下都达鲁花赤,赐养老一百户,并四王府为居第。"(页2960—2961)札八儿与金都关系,极为密切,于此可见。至于人名"札发儿"之后"和尚"两字,其既非人名,亦非僧人之意,应可确定,盖前文撒木呵、札发儿,皆普通人名,突然出现以和尚为名的人,十分突兀。我疑"和尚"为"火者"之讹。元代文献偶见"火者"一词,为阿拉伯译语,伊斯兰圣裔、伊斯兰学者、伊斯兰贵族的尊称。札发儿为酋长,为贵族,故有"赛夷"(Sayyid)、"火者"(Khoja)之称。"火者"成为他的名字的一部分,故《元史》称他为札八儿火者。忽必烈说到此人,应当也是称他为札八儿火者。当初的奏事记录及其译文已不可见,写作"火者"或"和者",都有可能,辗转进入《元典章》时,变成了"和尚",应当是某一环节出了差错。要之,《元典章》本条的"札发儿和尚",应为"札发儿和者"之误,人名,西域人,屡奉成吉思汗之命出使金朝,引导蒙古人进攻中都,并与诸将留守中都,与中都关系至为密切。

三、"近都不儿"四字,不类人名,元代其他文献亦无所见。类似的人名见于《元史》者有乞都不花、拔都不花、忽都不花、虎都不花、兀都不花、大都不花、建都不花、成都不花等。这些名带"都不"两字的几个人,有记录的活动年代都晚于撒木呵和札发儿火者三数十年以上,而且事功都不及撒、札二人,因而"近都不儿"四字不太可能是这些人名的讹误。另一方面,与"近都不儿"四字读音相近的音译人名,同样无所见。职是之故,我疑此四字可能并非全是人名,质言之,"近都"疑为"金都"之误,谓金朝国都"中都",今北京;"不儿",疑为"不只儿"之误,人名。这是原先的假设。后读许正弘学棣提供的材料,觉得"近都不儿"四字也有可能是"拔都儿"(ba' atur"勇士")三字之衍误,连后读作"拔都儿撒木呵",意即勇士撒木呵。不悉何者为正解,故皆披露如下,以俟方家教正。

(1) 请从"不儿"说起。按:《元史》卷123有《布智儿传》,传云:"布智儿,蒙古脱脱里台氏。……从征回回、斡罗思等国,每临阵,布智儿奋身力战。身中数矢,太祖亲视之,令人拔其矢,血流满体,闷仆几绝。太祖命取一牛,剖其腹,纳布智儿于牛腹,浸热血中,移时遂苏。〔父〕纽儿杰卒,宪宗以布智儿为大都行天下诸路也可扎鲁忽赤,印造宝钞。赐七宝金带燕衣十袭,又赐蔚州、定安为食邑。"(页3021)按:《元史》卷3《宪宗纪》记蒙古帝国三大行省官员名单,有云:"以牙剌瓦赤、不只儿、斡鲁不、睹答儿等充燕京等处行尚书省事,赛典赤、匿昝马丁佐之。"(页45)卷4《世祖纪一》载:"岁壬子(1252),帝驻桓、抚间。宪宗令断事官牙鲁瓦赤与不只儿等总天下财赋于燕,视事一日,杀二十八人。其一人盗马者,杖而释之矣,偶有献环刀者,遂追还所杖者,手试刀斩之。帝责之曰:'凡死罪必详谳而后行刑,今一日杀二十八人,必多非辜。既杖复斩,此何刑也?'不只儿错愕不能对。"(页58)"不只儿"(Bujir)即"布智儿"。钱大昕《十驾斋养新录》有《不只儿即布智儿》条。布智儿追随成吉思汗甚早,一二〇六年蒙古国成立时,他受封为九十五千夫长之一(见《蒙古秘史》202节)。一二五〇年,宪宗即位,他成为蒙古帝国统治汉地的最高长官之一。他们的暴虐统治引起皇弟忽必烈的注意。《元史》卷124《孟速思传》载:"宪宗崩,孟速思言于世祖曰:'神器不可久旷,太祖嫡孙,唯王最长且贤,宜即皇帝位。'诸王塔察儿、也孙哥、合丹等,咸是其言。世祖即位,眷顾益重。南征时,与近臣不只儿为断事官。及诸王阿里不哥叛,相拒漠北,不只儿有二心,孟速思知之,奏徙之于中都,亲监护以往,帝以为忠。"(页3059)不只儿原先的"杀人"和后来的"二心",想必深植忽必烈心版,强化忽必烈对他的记忆。前引纪传材料,或称不只儿为"大都行天下诸路也可扎鲁忽赤",亦即"大断事官",或称"燕京等处行尚书省事"。按:世祖至元九年(1272),始改中都为大都。改名之前,只能称中都或燕京。布智儿头衔内的"大都行天下诸路"云云,显然是后来的追改。官称的混乱,乃是帝国初期普遍的现象,不足为奇。燕,燕京,大都,也就是金中都。忽必烈大概记得蒙古人不只儿尝与西域人牙剌瓦赤在燕京共事的往事。一二八五年,他高龄七十,与臣下讨论"相参委付"——亦即官员任用上的族群制衡问题时,举出几个人为例,包括不只儿在内,不是不可能的。我们知道,撒木呵和札八儿火者两人,其与金中都之密切关系,具发生在成吉思汗时代;而不只儿之出任汉地长官,留居中都,是在蒙哥汗时代,上距撒、札两人,已有三十多年。忽必烈把撒、札、不三人相提并论,以为太祖时代已然实行相参委付的例证,也许有时代错乱之嫌,但是,应当注意:第一,忽必烈此时年事已高,记忆模糊以致弄错,不无可能。第二,札八儿火者来自西域,撒木呵、不只儿虽然都是蒙古人,却是来自不同的部落(撒勒只兀惕、脱脱里台),三人出身各不相同,而都与金中都关系密切,基本符合相参委付的意思。因此之故,我疑"不儿"为"不只儿"之讹,脱一"只"字,"近都"为"金都"之误,涉"金""近"音近。惟何故称曰"金都",而不称之为"中都"或"大都",仍不得其解。要之,原文"近都不儿"四字有可能为"金都不只儿"之误。

(2) 谓"近都不儿"为"拔都儿"之误,与下文连读作"拔都儿撒木呵",可通。惟尊称ba'atur"勇士",一般皆缀于人名后,较少加在人名前。以此处所考撒木呵其人而言,前引文献所见译名皆为Samuqa Ba'atur的对音。反之,文献上尚未发见Ba'atur Samuqa或其对译的记载。职是之故,此处"近都不儿",谓为"拔都儿"之误,一如谓为"金都不只儿"之误,皆非十分妥当,了无疑虑也。

(3) 人名札发儿之前的"大西"两字,原疑为广大的西域之意。所以有此一疑,根本原因在于"大西"两字为人名的可能性微乎其微。它既出现在人名札发儿之前,则有可能表示此人所从来的地望。它也许与后来出现的语汇"太西"和"泰西"有些瓜葛,也未可知。基于这些悬想,联结并对照忽必烈谈话中前面提到的两人,即蒙古脱脱里台部的不只儿、撒勒只兀惕部的撒木呵,他们都是蒙古人,而札发儿则来自遥远的、广大的西域。职是之故,我推测忽必烈也许说过类似的话,而经过奏事记录者的记录与翻译者的汉文翻译,忽必烈原本的话语,辗转演变成了《元典章》本条的"大西"两字。这一推测,望文生义,迂回曲折,是非对错,毫无把握。后读许正弘学棣所提供材料,觉得"大西"两字,也有可能为"大哥"两字之讹,指契丹人石抹咸得不。按石抹咸得不父石抹明安,一二一二年叛金投降蒙古,转战山前山后,屡立战功。一二一五年,从撒木呵围攻金中都。"中都既下,加太傅、邵国公,兼管蒙古汉军兵马都元帅。丙子(1216),以疾卒于燕城,年五十三。""子二人:长咸得不,袭职为燕京行省。"(《元史》卷150,《石抹明安传》,页3557)一二二一年,赵珙随宋使至河北蒙古军前计议,归国后记其见闻为《蒙鞑备录》,书中《诸将功臣》有云:"又其次曰大葛相公,乃(纪家)〔乣军〕人,见留守燕京。次曰劄八者,乃回鹘人,亦在燕京同任事。"(页6b—7a)大葛相公即石抹咸得不,劄八即札发儿。一二三二年,彭大雅随宋使报谢蒙古,撰《黑鞑事略》,书中《其军马将帅》列有石抹明安,注云:"明安,契丹人,今燕京大哥行省憨塔不,其子也。"(页24b)大哥行省憨塔不,大葛相公咸得不,一人也。石抹咸得不与札发儿同为燕京行省高级官员一二十年,一为契丹人,一为西域人,与蒙古人撒木呵,不同族群,符合相参委付的原则,因而"大西札发儿"中的"大西",可能说的不是地望,而是指有"大哥"之称的一个人,即大哥行省石抹咸得不。他是长子,故有大哥之称。《蒙鞑备录》误以为是译语人名,故音译作"大葛"。忽必烈谈话中提到此人,以“大哥”称之,不无可能。原始文书最后进入《元典章》时,误“大哥”为“大西”,有可能的。

总之,“近都”迄“和尚”十四字,至少包含两个人名:撒木呵与札发儿;经校勘后或可读作:“金都不只儿、撒木呵、大西札发儿火者”,或:“拔都儿撒木呵、大哥、札发儿火者”。何者为是,有待高明。

## 二

第二份文书见卷四十二《刑部·诸杀·谋杀》的《船上图财谋杀》条。兹将该条前半文字抄录如下:

### 《船上图财谋杀》 42:4a7—4b8

至元十八年(1281)正月,行省:

准中书省咨:

临江路申:归问到黄子先等,为与在禁病死张狗仔并在逃刘大等五人,将孙千户、冷百户等八名杀死,又撇于河内,渰死七名一起公事。勘责得一干人各各招证词因。数内犯人身死张狗仔状招:系瑞州人氏,不合于至元十四年五月二十六(1277.6.28)夜三更前后,与梢工黄子先、周子友、李子富、刘大同谋,各把孙千户等舡上军器,觑得孙千户等睡着,有周子友用斧于孙千户头上斫讫一下,众人一齐下手,将孙千户、冷百户、**孙大(北)〔等〕军**二名并老小,通杀死八名,推下水渰死七名,却将舡上人口、财物,各各分张,被捉到官,罪犯是实。外,见禁犯人黄子先、周子友、李子富状招,各与张狗仔状招相同。按察司审复无冤。咨请照验事。准此。(下略)

条文内唯一费解处为“孙大北军二名”云云。前贤及时人对此六字的了解和句读应有商榷的余地。岩村忍、田中谦二《校定本元典章·刑部》(1964)将前后文字读作:

将孙千户、冷百户、孙大、北军二名并老小,通杀死八名……

注曰:

北抄本作比。(页114)

所谓抄本,指剑桥大学所藏 Thomas Wade 藏抄本。祖生利、李崇兴《大元圣政国朝典章·刑部》(2004),点校《刑部》时曾参考岩村忍、田中谦二的校定本,读前述文字作:

将孙千户、冷百户、孙大、北军二名并老小,通杀死八名……(页81)

按:台北故宫藏元刻本“北军”,Wade 藏抄本“比军”,皆非元时的军名(《元史》数见“北军”二字,为泛称,非军名),且“北军”、“比军”云云,文义含混。我疑有误。推测“北”为“等”字之误。按“等”字之俗写,笔画少,形似“北”,易致误。此其一。又,条文言及被杀之八人，首为千户，次为百户，再次应为一般军人，最后则为军属老小，由官而军而眷属，有其次序。其人数，千户一（孙），百户一（冷），军人二，老小四。军人二，一孙大，一未具名，故云“孙大等军二名”。此其二。据此二点，我改“北军”为“等军”。是耶非耶，不敢必也。

## 三

第三份文书见卷四十二《刑部·诸杀·戏杀》的《戏杀准和》条。兹将该条全文抄录如下：

### 《戏杀准和》 42：11a15—11b13

至元十年（1273）十一月，兵刑部符文：

太原路来申：

陈猪狗于至元七年十一月初一日（1270.11.15），与小舅赵羊头作戏相夺干麻，因用右拳将赵羊头后心头打了一拳，死了，救不得活，用背麻绳子拴了赵羊头项上，推称自缢身死，背来到家，问出前因。郭和等休和。陈猪狗休妻赵定奴（又）〔父〕赵旺，交讫陈猪狗父陈贵准折钞二十七两，至十六日（1270.11.30）休罢。二十四日（1270.12.8），赵羊头尸首埋殡了当，不曾初、复检。至闰十一月内，为争私和物折钞店舍，事发到官，捕到一干人招证完备，申乞照验。

得此。省部照得，先据大名府申：

徐斌殴死张驴儿，伊母告拦。不曾检尸，受讫私和钱物。

呈奉都堂钧旨：

既张驴儿母阿许自愿告免，不须理会，钱物亦无定夺。

今来本部公议得：

陈猪狗所招，与小舅赵羊头于河下撇麻，羊头与猪狗斗争作戏（赶）上，与赵羊头相争，用右拳于后心打了一拳，本人合面倒地身死，止是因戏致伤人命，私下要讫陈猪狗店舍地基、牛驴准折钱物，更令陈猪狗与赵旺做儿，写立文字，休罢，不曾检验尸伤，埋殡了当。在后因争私和店舍，事发追问，若将陈猪狗依已定断，却缘有徐斌殴死张驴儿体例，其陈猪狗所犯，与徐斌无异。以此参详，拟合依例拟准私和，是为相应。

呈奉都堂钧旨：

送本部，准拟施行。

条文内“背麻绳子”，解作捆绑干麻以便背负的绳子，可通；若改“背麻”为“苎麻”，亦可。无论如何，背麻也罢，苎麻也罢，对于文义，影响不大，可以不论。条文中文义不通、文理不顺的是这一段文字：

……陈猪狗休妻赵定奴又赵旺交讫陈猪狗父陈贵准折钞二十七两……

质言之,问题是:

一、“赵定奴又赵旺”的“又”字,如何了解?

二、赵旺,何许人也?与本案何干?

三、陈猪狗、赵定奴原为夫妻,赵定奴、赵羊头为姊弟,姊夫陈猪狗因戏要而打死舅子赵羊头,依情依理,应该是陈家赔偿赵家,而今却是反其道而行,被休的“赵定奴又赵旺”付出钞两给陈猪狗父陈贵,违悖情理,大有蹊跷。

我疑“又”字为“父”字之误,赵旺为赵定奴、赵羊头姊弟之父。通读上下文,可知命案发生后,陈、赵两家私和,不曾报官验尸。私和条件当然是陈家赔偿赵家若干钱物。推测陈家并无足够钱钞,或因赵家之要求,故协议将陈猪狗的店舍地基、牛驴准折钱物,并将陈猪狗过继为赵旺之子。也许店舍价值超过赔偿金额,故赵旺贴还全部或部分钱钞(二十七两)给陈贵。一个多月后,两家因为店舍的移交之类的问题,发生纠纷,事发到官。两年多后,中书省裁决准和定谳。条文内“赵定奴又赵旺”的“又”字,我疑为“父”字之误。

首先,条文不会无端冒出赵旺此人,他与赵定奴、赵羊头姊弟应有关系。

其次,赵定奴原为陈猪狗之妻,陈猪狗戏杀小舅赵羊头,陈、赵两家私和,陈猪狗做了赵旺的儿子,很可能就是与休妻赵定奴再续前缘。这就是说,赵旺就是赵定奴之父。“赵定奴又赵旺”当改为“赵定奴父赵旺”,条文文义方能通畅无碍。本条条文的抄写人或刻板者,大概疏忽了“又”“父”两字形似致误的可能性。

岩村忍等《校定本元典章·刑部》注意到了“陈猪狗休妻赵定奴又赵旺交讫……”云云文理不顺的问题。但他们并未怀疑“又”字有何问题,而是将句内“交讫”认定为“受讫”之误,读作:

> ……郭和等休和,陈猪狗休妻赵定奴,又赵旺受讫陈猪狗父陈贵准折钞二十七两……

“交讫”与“受讫”,一授一受,意义完全相反,值得注意。今按:岩村忍等人的这种句读和更改,并未能消除文理不顺的问题,反而引出更多问题。

第一,言句中文义,郭和等“休和”,赵旺“受讫”钞两,明确无疑,但是,赵定奴所为何事?

第二,言诸人关系,赵旺的身份依旧是个谜。他和赵定奴、赵羊头有何关系?他凭甚么“受讫”打死赵羊头的陈猪狗之父陈贵的钞两?他为甚么要收陈猪狗做儿子?

改“交讫”为“受讫”,疑问不减反增;改“又”为“父”,文理通畅,案情明白。比较而言,“父”误为“又”易,“受”误为“交”难。校订古书,不必尽向难处寻觅也。①

祖生利等《大元圣政国朝典章·刑部》句读本句,与岩村忍无异,注曰:“日校本曰:‘交当作受’,是。”(页113)

---

① 《元典章》中,“文”“又”“父”“交”诸字之间,交互错用,此为一例,不具。[附记:广州中山大学藏有曾钊(1793—1854)面城楼抄本《元典章》。2011年7月,该校历史所博士生孙江平代为查对《元典章》中部分条文的若干字句,知本条此处该本原作“赵定奴文赵旺交讫…”,“文”字朱笔校改为“父”,是。谨向孙同学敬致谢意。2012.7.4]

## 四

第四份文书见卷三十六《兵部·驿站·站户·站户别投户事》条。该条前半文字如下：

### 《站户别投户事》 36：13b11—14a6

大德二年(1298)正月,通政院：

准上都通政院咨：

据桓州至昌平(土)〔十一〕**站**达鲁化赤申：

照得各站额设车正贴人户,有近上富实有丁力站户,避重逐轻,或弟或兄,擅自将本户分房家口,一面呈献诸王位下隐占,或投充人匠、校尉等户,不肯当站,止靠见役人户应当。若不于本处相应户内,别行抽换,或依旧勾充元签站户当役,诚恐久而为例,转转投属别管官司,至日倒断站赤,事系利害。

按元代驿站有水站、陆站、马站、车站等,未闻“土站”之称。“桓州至昌平土站”云云,费解。查《永乐大典》卷19424《站赤九》引《元朝典章》,亦见《站户别投户事》条,亦作“桓州至昌平土站”(页18a)。按《元典章》本条所载富实站户规避站役事,《经世大典》亦载之,唯文字已经删削润饰,引见《永乐大典》卷19419《站赤四》(页12b)。《元典章》所见“桓州至昌平土站”云云,《经世大典》作“桓州、昌平等十一站”。又,大德五年,苗好谦受中书省委任为点站官,巡视站赤,回来后所上呈文内亦有“因差经由山后桓州等一十一站”云云,见《永乐大典》卷19424《站赤九》引《元朝典章·结揽站赤》条(页7b—8a。但今存故宫元刊本《元典章》实无《结揽站赤》条)。苗好谦的呈文,亦载《经世大典》,已经高度浓缩,其中有“省委点站官苗好谦言：桓州等处一十一站提领、百户人等”云云,引见《永乐大典》卷19419《站赤四》(页14a)。据上引史料可知,《元典章》木条所谓“土”站,肯定为“十一”站之误,这是抄手或刻工未将上“十”下“一”两字间隔开来,硬挤成为一个字所致。寺田隆信《校定元典章兵部》(1986—1990)失察,仍读作“桓州至昌平土站”;而下文“止靠见役人户应当”,文理通顺,并无脱讹,反注谓“‘止’字上当有‘不’字”(页124)。

《元典章》中,误将上下两字连写成一字,除上述“十”“一”误为“土”字一例外,我所知者,尚有四例。一见《新集至治条例·户部·钞法·伪钞·伪钞板未成遇革释放》条(新集不分卷：钞法3a8—3b3)。条文内有“刊雕到至元二贯伪钞面印�”及“刊成背印匡”云云。① 两处“匡”字皆文不成义。查该条全文已见卷二十《户部·钞法·伪钞·印造伪钞未完》条,文字稍异。彼条相应文字作“一片”,不作“匡”。钞面印板的单位是“片”。钞板“一片”误为钞板“匡”,显然是将“一”“片”二字连写所致。

第二例见《新集至治条例·兵部·军制·整治军兵·拘刷逃军及代替军役》条(军制6a13—6b12)。该条第二款规定,军官自军户中挑选军人应役,应拣选惯熟亲丁应役,不

① 此字原作外“匚”内“干”,“干”字竖笔与“匚”字下一横画垂直相连,形似“匡”。

得纵令他人代替。“若令子孙弟侄駈丁代替,三名者断四十七下,降散官一等;三四名者,断六十七下,解见任;五六名者,断八十七下,除名不叙。雇军钱物追纳没官。”据后文“三四名”、“五六名”云云,前头的“三名”显然为“一二名”之误。查本条之前的《军中不便事件》条(军制 1a6—5a14),载有前揭引文相对应的文字,曰:“替头里令兄弟孩儿躯丁每代替的,若有一二名呵,断四十七下,降散官一等;三四名呵,断六十七下……”这段文字证明前条肯定是把“一”“二”两字误连为一个“三”字。

第三例见卷五十七《刑部·诸禁·禁赌博·抹牌赌博断例》条(57:19b9—20a7)。条文内引一奏事记录,奏事日期记为:“至元二十三年三月初六日(1286.3.31)”。该条的前一条,即《刑部·诸禁·禁赌博·赌博流远断罪例》条(57:19a3—19b8),亦引用同一奏事记录,奏事日期则记为:“至元二十三年十二月初六日(1286.12.22)”。一作三月,一作十二月,必有一误。我以为作三月者误,盖相较而言,“十二”两字被误作“三”易,“三”被误作“十二”难,所以然者,因直书“十二”两字,若“十”字横画粗长而竖笔细短,则乍视之下彷佛若为“一”字,而与下一字“二”合计三横,遂被误视为“三”一个字。

第四例见卷四十二《刑部·诸杀一·杀亲属·又》条(《又》,意为前条《打死妻》的“又”一条。42:14a10—14a13)。条文内记载赵驴马打死其妻哇哇的供词大略,云:“不合于至元三年二月初九日(1266.3.17),因为妻哇哇藏着主面餸,骂本妇人,哇哇还骂,驴马用拄杖隔箔帐,将妻哇哇头上趯了一下,在后因洗头风搐身死。”“藏着主面餸”的“主”字可说文不成义,不好理解。谓“主”为衍字,则“藏着面餸”云云,文义顺畅,不成问题。但是,衍此一字,原因何在,却也不好回答。我以为与其以“主”为衍字,毋宁说“主”为错字。须知面餸是食物,有它的计数单位,可以是一个、一块,也可以是一片。赵驴马说其妻哇哇“藏着一片面餸”,合情合理,十分自然。前文证明“一片”两字误写成“�”,“十二”两字误写成“土”,证据确凿,此处谓“一片”误为“主”,虽无确证,应无穿凿之嫌。

## 五

《元典章》号称难读,原因不只一端。大量的蒙文直译体文章(或称硬译公牍、元代白话,例如本文第一件文书),对于没有蒙古语知识的读者而言,无疑是一大挑战。即使是纯粹的汉文文书,抄刻上的错误有时也让人伤透脑筋,无法应付。前贤校勘古书归纳出来的原则,有时而穷。多读元代官方文书,积累经验,多识元代典章制度,再三推敲,加上一点想象、一点运气,再困难的文件也有疏通读懂的一天。

(2010.6.25 一稿;8.16 二稿;9.27 三稿;2011.5.15 四稿;2012.3.19 五稿;7.4 六稿)

(本文作者为台北中研院史语所研究员)

# 《至正条格》中关于军事方面的资料初探

王晓欣

军事方面的资料,包括军制、军人生活、军事行动和战事、涉及军人的律法等内容。与前后朝代相比,元代军事史和军制研究的一个主要困难是许多相关资料不系统、不具体,元中后期资料也相对缺乏。《至正条格》的发现,使我们看到了不少以往所未见的新材料。《至正条格》新增史料,包括延祐之后补充《通制条格》的"条格"文件和英宗以后的"断例"文件,也有一部分在此前后其他史料未载的资料。初步统计,《至正条格》条格部分新增涉及军事方面的资料约36条,断例部分新增约71条,总计约107条。从新增条文看,元军制在中后期总体上并未有大的变动。但新增材料也有一些反映了元中后期的局部变化,使我们对一些以前不太清楚的情况有了更清晰的了解。

上述新补充的条文涉及怯薛、探马赤等军人羊马抽分,军人屯田及军人所属田地、投下、位下军人问题,军队参与催缴差发,军人应当杂泛差役问题,航海万户府与运粮军事宜,防盗捕盗事宜,对军官、军人失职、离职、不赴任、临阵逃脱等的处罚规定,禁止差占、私役军人、弓手的规定,对军官勒索、欺压军户、军人的处罚规定,对军官、军人讨虏、纵兵抢掠的处理办法,军器管理,军户婚姻管理,巡盐军及相关问题,管库军及相关问题,关于急递铺的规章,宫禁制度,关津制度等等。以上诸方面,记录在《至正条格》条格部分中的内容,有许多陈高华先生已经做了分析,如他指出:《至正条格·条格》所载元后期水上"盗贼"及元朝廷相应措施的材料增多,反映出元后期水上治安形势的严重化,①甚是。本文拟在陈先生研究基础上对"条格"所涉军事条文补充一些看法,并对"断例"所涉部分军事条文做初步简要探讨。

## 一

从"条格"和"断例"的条文中看,下列几个方面反映的元中后期军队和军制的问题值得注意。

(一)元军对民间的"讨虏"抢掠和"军人为贼"的现象始终无法禁止。"断例"卷一《卫禁》,第一条《阑入宫殿》,记载了一个江南"好投拜人户"被乾讨虏军人虏至陕州,后到都城偷闯宫殿告状事。乾讨虏军人的材料其他史籍中不少,但从这个角度记载的确实很新鲜。② 笔者以前曾发表过有关乾讨虏军的讨论文章,认为乾讨虏军人主要来自北方,后台很硬,其所作所为与朝廷旨意相冲突,但朝廷却对其无可奈何,③本材料即可印证这

---

① 参见陈高华《〈至正条格·条格〉初探》,《中国史研究》2008年第2期,第135~158页。

② 韩国学者亦将此条专门作为典型,指出当时这种现象的普遍性。见金文京《有关庆州发现元刊本〈至正条格〉的若干问题》,《至正条格》校注本,韩国学中央研究院2007年版,第482页。

③ 参见拙文《元代乾讨虏军刍议》,《内陆亚洲历史文化研究——韩儒林先生纪念文集》,南京大学出版社,1996年11月,第296~306页。

一点。此处"好投拜人"居然闯宫告状,还陈言"江南被虏人口,放令为民",表明民间亦明白掳掠江南人口与朝廷政策不符,这个矛盾让元廷很是头疼。元中后期独立于正规军之外的成建制的乾讨虏军不多了,但元廷正军掳掠百姓的现象仍一直存在,元军军纪败坏更是日益严重。如"断例"卷七《户婚》,第215条,记载了皇庆年间云南施州人王顺男在山中放牧,被军人掳掠作为撒花送与守镇千户,又送与万户为驱后被虐刺面挑筋事。"断例"卷三《职制》,第93、94条,均为军官领军、纵军抢掠事。"条格"卷二九《捕亡》,第239条,记益都所获强贼系蒙古万户府军人杀人越货,管军官则多方包庇。由此诸条看,元后期张宪"怯薛行"诗中"怯薛儿郎"白天值更,晚上去京城近郊打劫的事例①绝不是个别现象。官军的普遍败坏是元末社会矛盾的重要内容。

(二)"条格"和"断例"中关于处理军中各种违制现象的条文和案例相当多,大致有几个方面较突出:

1. 临阵逃脱,作战不力

如"断例"卷一三《擅兴》,第409、410、411、412、413条;"条格"卷二九《捕亡》,第247条等。

其中"断例"卷一三第412条《军民官失捕耗贼》条,与《元典章》卷五四《刑部》一六《违慢·搜捕不救援例》记的是同一件事,韩国学中央研究院校注本未就此标明。但《元典章》相应条只是简述了案情和刑部所拟处理意见,而《至正条格》此条则详述了事件的时间、地点、经过和犯案人的招状等。刑部处理意见中还有很重要的"合行处死"一句,《元典章》失载。显然《至正条格》此条比《元典章》相应条更为详细具体。

2. 军官擅离职守,诈避出征

如"断例"卷二《职制》,第12、14、15、16条;"断例"卷一三《擅兴》,第414、418、419条等。

3. 军官军人纵放私盐和私卖官盐

如"断例"卷一一《厩库》,第366、373、374、375条等。

其中第366条《私盐罪赏》颁布于至正二年,与《元典章》所载延祐元年《盐法通例》的规定比较,可以看作是《盐法通例》的补充。《私盐罪赏》中关于军人对私盐巡禁的一些赏罚规定更具体,定罪的各项标准也更细化。这也是研究元代盐法的重要资料。

4. 关于军官奔丧或出差违限超时

如"条格"卷三十二《假宁》,第305条;"断例"卷四《职制》,第113、140条等。关于官员奔丧违限,元廷在至元二十七年规定:祖父母、父母丧亡,奔丧假限30日,迁葬假限20日,"违限不到者勒停"。大德六年还确定:"除守把边远出征的军官外",其余军官"依着民官每的体例"。对民官的规定到元末基本未变。② 但对军官,《至正条格》条文中有了新的政策。"条格"第305条《奔丧迁葬假限》记,元统二年刑部认为:"今后诸官吏迁葬,已有常例外,据提调管军官员,本以防边御寇,比与民职不同,若欲迁葬,预由任所官

① 张宪《玉笥集》卷三《怯薛行》,《丛书集成初编》本。

② 参见《元典章》卷一一《吏部五·职制·假故·奔丧迁葬假限》,台北"故宫博物院"影印元刊本,1976年版;《通制条格》卷二二《假宁·奔丧迁葬》,浙江古籍出版社黄时鉴点校本,1986年版;《至正条格》卷三二《假宁》第303条。

司保勘,别无窥避,及有以次提调管军官员,方许给假离职。”也就是说,军官应该在确保不会借口规避军职并确认在离职时有代理官员负责的前提下才能给假。“断例”第113条《军官奔丧》记至顺元年枢密院与刑部商议后又提出:军官乃世袭之职,与迁转民官不同,“若比民官一体勒停,似涉太重”,故改为“违限俸禄,不须支给”,又拟定了专门的处罚标准“军官奔丧,违限一月至四月,笞二十七;五月至六月,笞三十七,标附;七个月之上至一年,决四十七,解由别仕”。这方面的变化以往有关元代军制的论著尚未涉及,研究元代军法时应该予以重视。

5. 军官勒索、盘剥军户,私役甚至打死军人

这方面内容“断例”中新增材料最多。如“断例”卷三《职制》,第83、86、95条;卷四《职制》,第97条《虚称被劫封装》;卷六《职制》,第157条、173、174条《盗用侵使封装》、175条《侵使军人寄收钱粮》、176、181、182、186、200条;卷十《厩库》,第324条;卷十三《擅兴》,第422、423、426、427条等等。其中第97、173、174、175、176条都是关于军官侵贪军户封装钱的,特别是第176条《冒易封装军数》颁布于后至元四年,规定了征取军人封装的更具体方法和对冒易、冒添等违法事例的具体处理办法,有的内容是以往资料所无的,是研究元代军户后勤制度的重要史料。

6. 军户逃亡及奥鲁瓦解

元末军户及奥鲁制面临越来越大的危机,涉及这方面的条文有“断例”卷七《户婚》,第209条;卷十三《擅兴》,第420条等。第420条《逃军赏罚》颁于后至元四年,定拟“今后各处亲临奥鲁正官,任内逃讫军户伍名之下,标附;伍名之上,壹拾柒下;拾名之上,贰拾柒下。每伍名加壹等,罪止肆拾柒,黜降”。按《元典章》及其他资料中都没有如此具体的关于奥鲁军户逃亡的惩治条例,反映了元廷对军户制的最后补救措施,对研究奥鲁制很有价值。

## 二

“条格”和“断例”中还有许多条文对我们以往研究中有争议或不太清楚的元代军种、军府情况和驿传交通情况提供了澄清和补充。

(一)兵员征集系列。如新附军的资料,有“条格”卷二六《田令》,第101条;“断例”卷八《户婚》,第260条等。“断例”第260条《妄嫁妻妾》记延祐年间刑部处理金復州新附军百户将已妾转嫁他人事。“条格”第101条《新附军地土》记录了至顺年间有关山西黄花岭地区新附军部队的组织和屯田安排。元中期以前的黄花岭新附军部队在《元史·兵志》及其他史料中已有记载,但至顺年间的记录,以往其他典籍中均未发现。元后期的新附军资料可谓弥足珍贵,除了至正年间陕西的一通石刻资料外,《至正条格》中这条记载是迄今我们所看到的元朝最晚的新附军资料了。本条记载中新附军的名号、后勤体系、编制均与元中前期新附军无二,这是新附军作为一种兵员征集系列和军种编制在元代始终存在的有力佐证。①

(二)地方镇守军府情况。“条格”和“断例”中先后出现的军府名称有:南安路万

① 笔者另有专文对此条史料引用和分析,详见拙文《元代新附军问题再探》,《南开学报》2009年第2期,第118~122页。

户、沿海万户、哈剌鲁万户、保定万户、均州万户、江西永安翼、江西益都淄莱万户、镇守蕲黄邓州新军万户、临清运粮万户、襄阳万户、瑞州万户、安东州万户、弩军万户等及一些地方和侍卫亲军的百户、千户等。其中有几支部队的记载值得注意。

1. "条格"卷二九《捕亡》,第245条《捕草贼不差民官》,记至元三十一年江西行省南安路万户要求路官与其一起捕贼事。关于江西行省的镇戍驻军,史卫民先生《元代军事史》列出了6个路的万户府,无南安路万户。① 笔者翻检史籍,江西前后当有13个路有戍军,②亦未见有南安路万户。此条材料证实南安路设有镇守万户,这是对江南镇戍体系研究的很好补充。

2. "断例"卷一三《擅兴》,第411条《军官遇贼不捕》,记至顺二年襄阳万户由湖广省差委,统兵收捕"猺贼",玩寇按兵不进,致使部将被杀事。襄阳万户府应是平宋后所设。至元二十二年,元廷将江淮、江西元帅招讨司所属部队定为三十七万户府。③ 襄阳万户府不在此三十七万户府之列。以往的元代军事史论著将襄阳万户府屯驻地列在襄阳本地,亦即在统属关系上属河南江北行省管辖。④ 由此条材料襄阳万户由湖广省"差委"可知,元后期襄阳万户府属湖广行省统领,其驻地可能在"猺乱"集中的湖南、广西一带。

3. "断例"卷一三,第418条《分镇违期》,记天历二年安东州万户府轮戍分镇海宁州,其达鲁花赤却违期半年不赴及其万户擅自离开部队返回老翼所镇之地事。安东州、海宁州均属河南行省淮东道宣慰司淮安路。淮安路平宋后设立了淮安下万户府,⑤后又设洪泽屯田万户府,⑥淮安下万户府是否调走或改为屯田万户府不详。其他资料亦无安东州和海宁州驻军的记载。从此条中"回还老翼所镇之地"一句判断,这个镇守万户是他处移镇来此,在此驻扎并非短期。这条材料也是对元淮安及两淮镇戍资料的补充。另外需要指出,本条原文中"轮该分镇海宁州推调违期半年之上"一句,韩国学中央研究院2007年校注本断句为"轮该分镇海宁州推调,违期半年之上"。按"推调"在元代硬译公牍文体中乃"借故、推诿"之意,此句应断为"轮该分镇海宁州,推调违期半年之上",韩国校注本句读有误。

4. "断例"卷三《职制》,第93条《纵军抢取民财》,记至顺元年均州万户府千户承万户府之差领军归州把截隘口,途中纵令军人抢取民财事。按《元史·成宗纪》,大德三年均州万户府调戍湖广行省常德、澧州。⑦ 归州乃位于离常德、澧州北面不远但处于河南行省地面内的湖广行省飞地,《元史·兵志》记归州有戍兵,⑧但具体名号不详。此条所记是否表明均州万户府亦兼管归州,或是至顺年间始负责归州?本条资料为我们提供了归

① 史卫民《元代军事史》第294页,《中国军事通史》第十四卷,军事科学出版社,1998年10月版。

② 这13个路为:隆兴路、吉安路、瑞州路、临江路、抚州路、江州路、赣州路、建昌路、潮州路、广州路、惠州路、袁州路、南康路,另省属州英德州也有万户驻军。关于这些地区军府的考察详情,当另文论述。

③ 《元史》卷九九《兵志二·镇戍》,中华书局点校本,1976年版。

④ 参见前揭史卫民《元代军事史》第291页。

⑤ 《元史》卷99《兵志二·镇戍》。

⑥ 《元史》卷100《兵志三》。

⑦ 《元史》卷二〇《成宗纪三》,大德三年十二月。

⑧ 《元史》卷九九《兵志二·镇戍》。

州驻军的一个线索。

5. “断例”卷五《职制》，第 139 条《军官承差不赴》，记至顺元年江西益都·淄莱万户府千户不亲身巡哨事。本条原文有“江西省镇守益都·淄莱千户”句，易引起误解，益都·淄莱万户府是南下镇戍的北方汉军万户，不能理解成江西省派出到益都·淄莱镇守的万户。益都·淄莱万户府镇守驻扎地在广州，有学者认为其后来改名为“镇守广州路万户府”了。① 从本条至顺元年材料的用词看，其军府以原北方最早的编成地或大部分士兵的原籍命名的名称在元后期仍在使用，只是有时因场合或强调镇戍地的需要也会用“镇守广州路万户府”之名，并非完全改名了。这种一个军府往往会有几个万户名的现象也是研究元江南镇戍万户需要注意的特点。实际上如果按最完整的标准名称，这个万户全称应为“江西行省镇守广州路益都·淄莱万户府”。

6. “断例”卷三《职制》，第 83 条《减价买马》，记天历二年镇守武昌路保定翼万户张武昌违制勒买军户马匹事。保定万户是湖广行省镇戍主力，一直屯驻武昌，《元史》记保定万户镇武昌的最晚年代是天历元年，②此条天历二年材料证实了这一点。另天历元年，原保定万户张景武在家乡保定率乡民抵抗两都之战中紫荆关溃卒的剽掠，因杀死了官军，景武及其兄弟、儿子被权臣擅杀并被籍其家。继承其保定万户职位的，《元史·文宗纪》记为张景武的侄子张昌，③从时间上看应该正是《减价买马》中的这位张武昌，两处记载何者为误？尚需考证。张昌或张武昌，台湾学者王德毅等编《元人传记资料索引》皆未收入。④ 此人是研究保定张氏家族最后结局必须注意的人物。

（三）关于急递铺的新材料。主要有“断例”卷五《职制》，第 145、146、147 条等。其中第 145 条《整点急递铺》颁于至顺三年，是关于急递铺兵出现误时、磨损、泄露等情况时对以往急递铺整治条画的补充。本条文对迟慢的里数和时间、磨损的程度等的处罚规定比《元典章》、《元史·兵志》及《经世大典序录》相关条文都更为具体。⑤ 第 146 条《设立邮长》，是关于设立邮长的最详尽原始文件，亦比《元史·兵志》、《经世大典序录》等更详细。第 147 条《禁扰铺兵》颁于泰定二年，提到急递铺还需承担为皇帝和“各枝儿”诸王后妃和“各衙门里官人每”速递果木的任务。后来禁止各枝儿贵族和各衙门里官人使用了，但“上位根底进送”仍继续。急递铺的这个职责以往论著似未见讨论，值得注意。以上三条对于研究元代急递铺可以说都是有用的新资料。

（四）关于驿站交通也有一条新资料。“断例”卷五《职制》，第 124 条《枉道驰驿》颁于延祐七年，记云南驿道中有军事专道，“本以通报军情紧急重事”，如有“闲慢使臣、回任人员”等一般事务官员行走，“以枉道例断罪”。目前学界研究元代驿站已注意到两都间皇室行走有专道，但如云南地区这样的军事专道，估计其他地区也应该存在，这方面的讨

① 前揭史卫民《元代军事史》第 294 页。

② 《元史》卷九九《兵志二·镇戍》，《元史》卷三二《文宗纪一》，致和（天历）元年十月。

③ 《元史》卷三二《文宗纪一》，致和（天历）元年十月。

④ 王德毅、李荣村、潘柏澄编《元人传记资料索引》第二册，第 1044～1174 页，中华书局影印台北新文丰出版公司版，1987 年。

⑤ 参见《元典章》卷三七《兵部四·递铺》；《元史》卷一〇一《兵志四·急递铺兵》；《经世大典序录·急递铺》，《元文类》卷四一，《四部丛刊初编》本。

论尚有空间。

除上述诸条外,“断例”卷七《户婚》,第218、219条《屯田赏罚》(颁于至治二年、后至元四年)、“断例”卷九《厩库》,第318条《漕运罪赏》(颁于至正三年)等都是元后期对原有屯田条画、漕运条画的补充,更为详尽,也需注意。

总之,除了在法制史领域所引发的新思考和讨论,《至正条格》在史料学上确实给元史研究开拓了新的资源,其价值值得重视,也还有许多方面需要我们进一步爬梳和整理。

(本文作者为南开大学历史学院教授)

# 《大元通制》、《至正条格》札记三则

杨晓春

## 一、黑城出土元代法律文献残片的归属问题及黑城本《至正条格》的行款估计

位于今内蒙古自治区额济纳旗的黑城，为元代亦集乃路路治所在，自清末以来，出土了大量的纸质文书，除了大量的写本，还包括一定数量的元代刊本书籍。1983 年和 1984 年内蒙古文物考古研究所进行的有计划的考古发掘中，出土了近 3 000 件文书，以汉文文书为主，其中有一些书籍残片被认为是元代的法律文献《大元通制》和《至正条格》。这些文书残片的图片（主要部分）和录文都已经得到了公布。①

被认为是《大元通制》的共 3 片，分别是 F14：W6、F14：W7（这两片为一叶纸的前后两个半叶）、F207：W1。被认为是《至正条格》的共 8 片，分别是 F19：W16、F209：W1、F210：W5、F20：W8、F20：W9、F20：W7、F20：W6、F247：W2，但最后两片仅仅残存二字，应是根据字体作出的判断。

这批资料公布后，广为学者所知，但少有学者对报告中比定的结果作更多的考虑。最近，随着韩国发现的《至正条格》残卷的公布，对比传世的《大元通制》残本（《通制条格》）可以清楚地认识到《大元通制》和《至正条格》的差异，这为我们重新审视黑城发现《大元通制》、《至正条格》残片的比定问题创造了条件。

通过重新考察，我们可以发现有些残片的比定，是可以再作考虑的。

F19：W16，为见于《元典章・圣政・肃台纲》的大德十年的一款诏书以及前面一款诏书最末一字，残存六行，内容为："……此……八日钦……御史廉访……邪询求……治功……赂……"按《至正条格》无诏制，但条格部分和断例部分都多处节引有诏书。不过，《至正条格》和《大元通制》条格部分引用诏书的用词，有着明显的差异，《大元通制》"钦奉诏书内一款"，《至正条格》作"诏书内一款"，无"钦奉"二字。则此残片或为《大元通制》。

F210：W5，文字同《通制条格》卷十六《田令》"理民"条至元二十八年中书省奏准《至元新格》第一至三款，此残片存有版心页码为"一"，正当《通制条格》此卷第一条。金文京先生还曾指出此残片为新发现《至正条格》残卷卷二十五《田令》"理民"条，但黑城残片"大设元立社长之意"没有"元"字。② 按《至正条格》残卷的条格部分相较《通制条格》多有调整③，并且此残片复原后每行为十六字，即使加上上面再空二格也只有十八字，而

---

① 李逸友《黑城出土的元代律令文书》，《文物》1991 年第 7 期。李逸友编著《黑城出土文书（汉文文书卷）》，科学出版社，1991 年，页 66—71、图版叁柒、肆贰。

② 金文京《有关庆州发现元刊本〈至正条格〉的若干问题》，载韩国学中央研究院编，李玠奭、金浩東、金文京标点校注《至正条格校注本》，（首尔）人文学（humanist）出版社，2007 年，页 476。

③ 参考陈高华《〈至正条格・条格〉初探》，《中国史研究》2008 年第 2 期。

前面的一件因为元统二年五月纪年而确定为《至正条格》的残片 F209：W1 复原后为每行十九字，则此残片为《大元通制》的可能性更大。

出土于同一房屋遗址 F20 的三件——F20：W7、F20：W8、F20：W9，其中 F20：W8 复原后确定为每行十九字，与 F209：W1 相同。从具体的出土地点的编号看，F20 和 F209 或许是位置靠近的。可惜黑城 1983、1984 年发掘的具体情况没有完全公布，只有一篇发掘纪要发表①，其中的平面图的标识不够详细，未见房址的编号。

F20：W8、F20：W9 两件最值得注意。这是一卷书中的前后两部分，F20：W9 是一页的最右侧。虽然并不直接相连，但据此可以推测原书的行款情况。按残片和原有复原如下：

F20：W8②

F20：W9

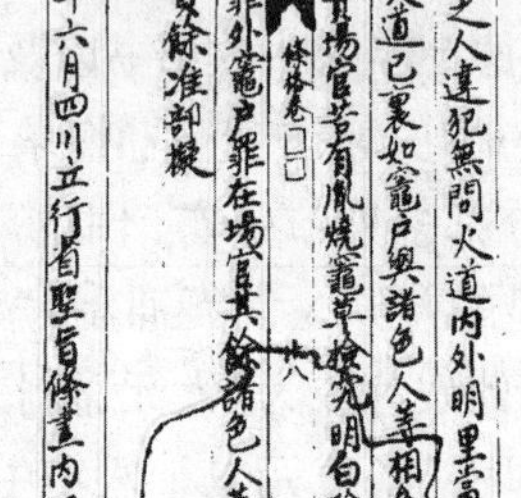
遞槳如此等之人違犯無問大道内外明里當罪
都省議得大道已裏如竈户與諸色人等相參住
坐似難專責場官若有風燒竈草撿究明白除依
條格卷□□ 六八
上陪償當罪外竈户罪在場官其餘諸色人等責
在管民官員餘准部擬
擾民
至元十六年六月四川立行省聖旨條畫内一款

F20：W8 复原

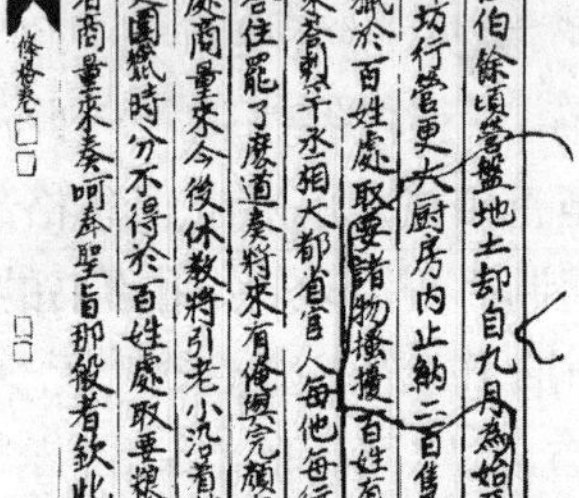
一萬一千陸伯餘頃營盤地土卻自九月為始至四
月沿着村坊行營更大廚房内止納二百隻野
物為名圍獵於百姓處取要諸物擾擾百姓有麼
道與文書來者剌干丞相大都省官人每他每行營
並圍獵的合住罷了麼道奏將來有俺與完顏大傅
右丞相一處商量來今後休教將引老小沿着村坊
擾擾百姓更圍獵時分不得於百姓處取要粮食
草料諸物者商量來奏呵奉聖旨那般者欽此
條格卷□□ □□

F20：W9 复原

现以《通制条格》③的内容为依据，按照半页八行行十九字的行款作完全的复原(黑体字为残片中保存的文字)：

① 内蒙古文物考古研究所、阿拉善盟文物工作站《内蒙古黑城考古发掘纪要》，《文物》1987 年 7 期。

② 《黑城出土文书(汉文文书卷)》图版肆贰把此件编号误写作 F210：W5，与左边一件混淆了。

③ 《续修四库全书》第 787 册影民国十九年北平图书馆影印明抄本。

以備春煎如違期不辦不將竈草搬運到竈或已
到竈並火道已裏胤火燒燃場官竈戶陪償當罪
火道之外巡禁不嚴及不依期治打火道到有野
火生發延胤竈草管民官當罪所據哈剌赤貴赤
探馬赤■人每失火一節既明里欽奉聖旨專一
巡禁如此等之人違犯無問火道內外明里當罪
都省議得火道已裏如竈戶與諸色人等相參住
坐似難專責場官若有胤燒竈草檢究明白除依
上陪償當罪外竈戶罪在場官其餘諸色人等責
在管民官員餘准部擬

廿八

擾民

至元十六年六月四川立行省聖旨條畫內一款
所在鎮守蒙古漢軍各立營所無故不得輒入人
家求索酒食及縱恣頭疋食踐田禾桑果違者罪
及主將
至元十九年十月欽奉聖旨條畫內一款鎮守軍

人並頭目及到任官員上司差去使臣多於人家安
下中間欺凌逼擾甚為民害今後軍人並頭目須要
各立營司屯住到任官員須要係官房舍內居止無
官房者以己錢就賃使臣須要於館驛內停歇皆不
得持勢強將新附官員士庶第宅奪占違者仰行省
行臺起遣究治
至元二十四年九月十四日尚書省奏過昔寶赤每
別箇行的每但外頭出去呵百姓每根底草料

廿九

茶飯鷹食要有俺商量得從今已後無俺文書呵不
揀誰根底不教與呵怎生奏呵是也休與者麽道聖
旨了也欽此
至元二十九年二月二十六日御史臺奏昔寶赤每
貴赤每合剌赤每探馬赤每放官頭口底每阿速每
放駱駝底每八兒赤每河西禿魯花每往來行的人
每上位底聖旨無底省家文字無底百姓根底使氣
力茶飯草料要有教百姓每哏生受有

奏呵如今依著在前聖旨體例裏有風雨晚了呵無
奈何生受往來底人每根底經過底百姓每他每根
底與了宿處有底茶飯與者這般道了也麼道因而
教百姓每生受行的人每根底休與者這般依本分
與了呵使氣力教百姓們生受底人每漢兒人休聚
來者近呵那般人根底拿將來者遠呵他名字寫將
來者這昔寶赤每貴赤每哈剌赤每探馬赤每放官
頭口底每阿速每放駱駝底每

卅

八兒赤每禿魯花每根底休與者這般人每根底監
察肅政廉訪司官人每體察者欽此
至元三十年十一月二十九日中書省奏過事內一
件在先御史臺官人每奏了昔寶赤每等休交搔擾
百姓者百姓每根底不揀甚麼休奪要者這般行了
聖旨來在後年時良鄉昔寶赤每因索鷹食呵廝競
來如今聽得又那般不與有今年因禾也收來飛放
的時節又似那般爭競去也遇着晚

呵教與宿睡處教與粥飯俺這般行文書呵怎生商
量來奏呵奉聖旨如今聽得索不得茶飯有再商量
者這般聖旨有呵只兒哈郎木八剌沙等奏如今也
那般不與俺有這般說將來奏呵既那般呵行文書
者聖旨了也欽此議得今後怯薛歹每昔寶赤每等
勾當裏去晚了呵宿處粥飯馬草料他每根底據有
的與者值着風雨信體例鷹食呵索與者依本分與
了分外無體例使氣力呵休聚

卅一

眾休廝打那人每的名字記了合屬官司陳告申覆
上司究治都省除外仰遍行依上施行
大德七年五月二十八日中書省奏屬八不沙大王
的一枝兒按赤每般陽等處住着營盤却每年自九
月為始至四月於益都為頭州城裏沿着村坊行營
更圍獵時分無上司文憑於百姓處取糧食草料雞
猪鵝鴨等物好生搔擾百姓的上頭姓宫的縣官題
說與文書呵俺差人體問去來這按

赤每叁伯柒拾捌戶占着一萬一千陸伯餘頃營
盤地土却自九月為始至四月沿着村坊行營更
大廚房內止納貳伯隻野物為名圍獵於百姓處
取要諸物搔擾百姓有麼道與文書來荅剌罕丞
相大都省官人每他每行營並圍獵的合住罷了
麼道奏將來有俺與完澤太傅右丞相一處商量
來今後休教將引老小沿着村坊搔擾百姓更圍
獵時分不得於百姓處取要糧食草料諸物者商
卅二
量來奏呵奉聖旨那般者欽此
大德七年十一月十八日欽奉聖旨節該中書省
官人每奏這幾年田禾不收百姓每生受的其間
各枝兒飛放圍獵的住冬的往來行的喂養馬疋
的人等將引老小村坊裏安下取要飲食草料教
百姓每生受有不教各枝兒搔擾百姓禁治的聖
旨麼道奏來今後打捕的昔寶赤八兒赤貴赤哈
剌赤拔都每阿魯渾阿速每放官頭疋的蒙古人

虽然与 F20：W9 不完全吻合，但差异的程度不大（“营盘”前面少去 10 字则恰好，《至正条格》的文字要更简洁，存在这样的可能），而且字体完全一样，可以认为确是一本书的前后两件残片。由此，则可知黑城本《至正条格》为半页八行行十九字，并且似无换行抬格。

F20：W7，见于《通制条格》卷二十八《杂令》，但刑部前不加中书省，为《至正条格》的一般做法，可以认为此残片原属《至正条格》。

韩国发现《至正条格》残卷条格部分半页十九行行二十七字，断例部分半页二十行行二十六字，换行抬格，条格抬二格，断例抬一格，板式接近《元典章》，字体也接近，所以学者认为是坊刻本，①这种见解是可取的。这大不同于黑城出土《至正条格》残片。黑城出土《至正条格》残片行款要宽松得多，很可能是官方刊刻的本子。

## 二、沈仲纬《刑统赋疏》“断例即唐律十二篇名令提出狱官入条格”一句的标点和理解

元人沈仲纬《刑统赋疏》引及《大元通制》的基本分目，其中有关断例的一句——“断例即唐律十二篇名令提出狱官入条格”，学者理解有所不同。早先，安部健夫先生认为应当标点作“断例即唐律十二篇，名令提出，狱官入条格”，为十一门；后来，黄时鉴先生认为应当标点作“断例，即唐律十二篇：名令，提出狱官入条格”。② 随着《至正条格》残卷在

① 金文京《有关庆州发现元刊本〈至正条格〉的若干问题》，载韩国学中央研究院编，李玠奭、金浩東、金文京标点校注《至正条格校注本》，（首尔）人文学（humanist）出版社，2007 年，页 476。

② 参考黄时鉴《〈大元通制〉考辨》，《中国社会科学》1987 年第 2 期；收入黄时鉴辑点《元代法律资料辑存》“附录”，浙江古籍出版社，1988 年。

韩国的发现,因其中完整地保留了断例部分的篇目,分为十一门,这当然可以明确地说明作为《至正条格》主要来源的《大元通制》的断例部分也是有着同样的分类的。其实,这也正是吴澄《〈大元通制条例纲目〉后序》所明确叙述的。①

并且,“名令提出,狱官入条格”可以视作注文。②

《刑统赋疏》的相关部分,似可以标点作:

通例条格:祭祀、户令、学令、选举、宫卫、军防、仪制、衣服、公式、禄令、仓库、厩牧、关市、捕亡、赏令、医药、田令、赋役、假盗、狱官、杂令、僧道、营缮、河防、服制、站赤、榷货。

断例:(即唐律十二篇,名令提出,狱官入条格。)卫禁、职制、户婚、厩库、擅兴、贼盗、斗讼、诈伪、杂律、捕亡、断狱。③

问题是,虽然《大元通制》的断例没有“名例”之名,但有“名例”之实。正如黄时鉴先生指出的,《事林广记》中引用的《大元通制》的五刑等内容,是传统的“名例”中的核心内容,这一点也是不能否定的。金文京先生也提到了这一点。对此,我想还可以从《刑统赋疏》中的“提出”一词的用词来理解。

《大元通制》将传统的律文分目中的“名例”部分“提出”,不再列于律文十二类中,但是并非删除,“提出”是单独对待,很可能列于卷首。而且,原属名例的狱官还作为一类存于条格之中。

《大元通制》的断例之所以没有名例一目,乃是因为断例已经从传统的律文形式主要转变为案例公文的缘故,这当然是不能容纳原有的“名例”一目了。

## 三、《通制条格》和《至正条格·条格》的分目与卷帙问题

《大元通制》和《至正条格》虽无完帙存世,但都可见残卷,而且其序文也有完整保留,不过并无显示两书卷帙的信息。过去,李逸友先生根据黑城出土的《至正条格》残片F20:W7存有版心的“条格卷四十一”字样,参照《通制条格》残卷的卷数,认为《至正条格》当在四十五卷以上。④ 最近,陈高华先生在关于韩国发现《至正条格》残卷的条格部分的研究中,认为《通制条格》应有35卷或更多,“《至正条格·条格》应为42卷甚至更多,是可以肯定的”。⑤ 在此,比较《大元通制》和《至正条格》条格部分分目的次序和残存各目的卷数,试就《至正条格·条格》的卷数问题再作些讨论。

有关《通制条格》分目和卷帙的史料有《通制条格》残卷和沈仲纬《刑统赋疏》。有关

① 《草庐吴文正公全集》卷十九;收入黄时鉴辑点《元代法律资料辑存》,浙江古籍出版社,1988年,页83。

② 也许,“条格”二字也可以视作注文,则更为整齐划一,后文多引“通例”。

③ 沈家本编《枕碧楼丛书》,中国政法大学法律古籍整理研究所整理标点,知识产权出版社,2006年,页172。查对原刊本,可知其中误“通例”为“通制”。

④ 李逸友编著《黑城出土文书(汉文文书卷)》,科学出版社,1991年,页70。

⑤ 陈高华《〈至正条格·条格〉初探》,《中国史研究》2008年第2期。

《至正条格·条格》分目和卷帙的史料有《至正条格》残卷和《四库全书总目》“《至正条格》”条提要。

《通制条格》残卷，涉及19门，系卷二至九、卷十三至二十二、卷二十九至三十共20卷。《刑统赋疏》有完整的27门的名称，已见前引。《至正条格·条格》残卷涉及9门，系卷二十四至三十二共10卷。《四库全书总目》“《至正条格》”条关于条格分目二十七类为：祭祀、户令、学令、选举、宫卫、军防、仪制、衣服、公式、禄令、仓库、厩牧、田令、赋役、关市、捕亡、赏令、医药、假宁、狱官、杂令、僧道、营缮、河防、服制、站赤、榷货。①

首先，可以比较《刑统赋疏》有关《通制条格》分目和《四库全书总目》有关《至正条格》分目的内涵和次序。

《刑统赋疏》：

> 祭祀、户令、学令、选举、宫卫、军防、仪制、衣服、公式、禄令、仓库、厩牧、<u>关市、捕亡、赏令、医药、田令、赋役</u>、假盗、狱官、杂令、僧道、营缮、河防、服制、站赤、榷货。

《四库全书总目》：

> 祭祀、户令、学令、选举、宫卫、军防、仪制、衣服、公式、禄令、仓库、厩牧、<u>田令、赋役、关市、捕亡、赏令、医药</u>、假宁、狱官、杂令、僧道、营缮、河防、服制、站赤、榷货。

总体来看，二十七目的数量和各目的名称都是一样的，《刑统赋疏》的“假盗”，当为“假宁”之误。因此，可以说这27门是现在复原《通制条格》分目的可靠依据。但是，中间有6门的次序不同（比较的部分用下划线表示），拿《通制条格》残卷与之对照，可知《四库全书总目》更为可靠。

学者以为《大元通制》条格部分和断例部分的分目来自金代的《律令》②，按《金史·刑志》所载泰和元年与《泰和律义》一起颁行的《律令》，其分目为：

官品令、职员令、<u>祠令、户令、学令、选举令</u>、封爵令、封赠令、<u>宫卫令、军防令、仪制令、衣服令、公式令、禄令、仓库令、厩牧令、田令、赋役令、关市令、捕亡令、赏令、医疾令、假宁令、狱官令、杂令、释道令、营缮令、河防令、服制令</u>。③

共29门，除去官品令、职员令、封爵令、封赠令4门的25门，全为《通制条格》所继承（即下部划线者）。这反过来也进一步说明《四库全书总目》所载《至正条格》条格部分分目顺序之可靠。《通制条格》所增为站赤、榷货二目，因而放置在最后。正如学者指出的，

---

① ［清］纪昀、陆锡熊、孙士毅等著，四库全书研究所整理《钦定四库全书总目（整理本）》卷八四，中华书局，1997年，页1125。

② 黄时鉴《〈大元通制〉考辨》，《中国社会科学》1987年第2期；收入黄时鉴辑点《元代法律资料辑存》“附录”，浙江古籍出版社，1988年。［元］拜住等修纂、方龄贵校注《通制条格校注》“前言”，中华书局，2001年。

③ 《金史》卷四五《刑志》，中华书局校点本，页1024。

其中的榷货一目已见金之《新定敕条》,而仅有站赤一目是适应元代社会新增的。①

其次,黑城F20:W7,可以确定为《至正条格》,根据版心,知其属于《至正条格》卷四十一。此条见于《通制条格》"杂令",也就是说,《至正条格》卷四十一为"杂令"。按假宁门以上《至正条格·条格》大约为《通制条格》卷数的1.5倍,而至杂令门的卷数41/27—28大约也是1.5倍,这应当也是可靠的估计。

再次,比照上述27门,《通制条格》残卷所显示的是缺少其中的8门。方龄贵先生认为今存《通制条格》缺8门,适符合所缺八卷。② 即以为《通制条格》共三十卷。其实这一估计的基础,《通制条格》共三十卷并无法得到确认,而且从《刑统赋疏》和《四库全书总目》最后一致的分目看,《通制条格》残卷"营缮"之后还有河防、服制、站赤、榷货四门,则应超过三十卷。此外,《通制条格》残卷不同于《刑统赋疏》、《四库全书总目》,选举后为军防而非宫卫。这样的矛盾该如何理解呢？我想,现在能读到的《通制条格》明初写本,未必是保留了《大元通制》原书形态的条格部分,或许调整了原书的分目次序。这么看来,方龄贵先生的猜测有其合理性。陈高华先生的猜测则是立足于营缮之后尚有河防、服制、站赤、榷货四目的常规次序,也有其合理性,但是在解说依照常规次序之下的宫卫一目不能安排在原有位置方面却有其困难。如果把今本《通制条格》河防、服制、站赤、榷货四目的次序理解成最后的话,狱官一门的卷数将会非常巨大。

至于《至正条格·条格》的分目和分卷,利用前述《四库全书总目》可靠的记录,加上《至正条格》残卷和黑城F20:W7残片,可以得出比较确定的意见。

综合以上所述,可以得出如下一表:

| 《通制条格》 | | 《至正条格·条格》 | |
|---|---|---|---|
| 分目 | 分卷 | 分目 | 分卷 |
| 祭祀 | | 祭祀 | |
| 户令(存) | 2—4 | 户令 | |
| 学令(存) | 5 | 学令 | |
| 选举(存) | 6 | 选举 | |
| 宫卫 | ? | 宫卫 | |
| 军防(存) | 7 | 军防 | |
| 仪制(存) | 8 | 仪制 | |
| 衣服(存) | 9 | 衣服 | |
| 公式 | ? | 公式 | |

① [元]拜住等修纂、方龄贵校注《通制条格校注》"前言",中华书局,2001年,页15。

② [元]拜住等修纂、方龄贵校注《通制条格校注》"前言",中华书局,2001年,页9。

（续表）

| 《通制条格》 | | 《至正条格·条格》 | |
|---|---|---|---|
| 分目 | 分卷 | 分目 | 分卷 |
| 禄令（存） | 13 | 禄令 | |
| 仓库（存） | 14 | 仓库（存） | 23 |
| 厩牧（存） | 15 | 厩牧（存） | 24 |
| 田令（存） | 16 | 田令（存） | 25、26 |
| 赋役（存） | 17 | 赋役（存） | 27 |
| 关市（存） | 18 | 关市（存） | 28 |
| 捕亡（存） | 19 | 捕亡（存） | 29 |
| 赏令（存） | 20 | 赏令（存） | 30 |
| 医药（存） | 21 | 医药（存） | 31 |
| 假宁（存） | 22 | 假宁（存） | 32 |
| 狱官 | | 狱官（存） | 33、34 |
| 杂令（存） | 27—28 | 杂令（黑城） | 41？ |
| 僧道（存） | 29 | 僧道 | |
| 营缮（存） | 30 | 营缮 | |
| 河防 | ？ | 河防 | |
| 服制 | ？ | 服制 | |
| 站赤 | ？ | 站赤 | |
| 榷货 | ？ | 榷货 | |

由此，我们可以估计《通制条格》约30卷或34卷。《至正条格·条格》按杂令最后一卷为卷四十一，以下六门各一卷计算，则为47卷。从假宁以上《至正条格·条格》大约为《通制条格》卷数的1.5倍看，则《至正条格·条格》约为50卷的模样。

当然，这正是《至正条格》相较《大元通制》内容大大增加的总体上的表现。

（本文作者为南京大学元史研究室/民族与边疆研究中心副教授）

# 忽必烈的高丽政策与元丽关系的转折点

陈得芝

## 一、蒙古对高丽的军事侵略

成吉思汗建国后,不断向四方扩张,从掠夺财富转变到征服和占领。高丽与蒙古中间隔着据有辽东的契丹和女真地方势力,最初没有进入蒙古扩张的视线。1216 年(高丽高宗三年),反蒙契丹势力在辽东不能立足,窜入高丽,攻城略地,肆行杀掠。1218 年,蒙古派元帅哈臣(又译哈真)、札剌率军进入高丽追击契丹叛部,高丽西北面元帅赵冲、兵马使金就砺奉国王之命配合蒙古军合击之,退踞江东城的契丹流寇势蹙投降。于是丽、蒙双方"约为兄弟"。① 其实蒙古统治者是把高丽的结好视为臣属,从此不断遣使到高丽索取贡物,诛求无厌。成吉思汗西征期间,其幼弟铁木哥斡赤斤留守本土并统管东部地区。《元史·高丽传》记载,太祖十四年(1219)九月皇太弟国王(即斡赤斤)与元帅哈臣、札剌各以文书遣宣差大使到高丽"趣其入贡";十五年(1220)九月蒙古"大头领官堪古苦、着古与等复以皇太弟国王书趣之"(督促纳贡);十六年(1221)八月、十七年(1222)十月着古与连使高丽;十八年(1223)八月,宣差山术歹等"复以皇太弟国王书趣其(高丽)贡献"。②《高丽史·高宗世家》记载了八年(1221)八月蒙古使者着古与等来"传皇太弟钧旨",索取数量巨大名目繁多的贡品(包括獭皮一万领、细䌷三千匹、细苎二千匹、绵子一万斤、纸十万张,等等)。据李奎报撰《蒙古国使回上皇大弟书》,斡赤斤曾多次派使者到高丽索贡,除《高宗世家》所列诸物外,还索要女孩儿、会汉儿文字言语人及诸般名手匠人。③ 如李奎报《上皇太弟书》中所说,"每枉钧旨,征索无既,小国其何以堪之!"此外,还有这可、喜速不花、扎古也等蒙古使者不断到高丽索取诸物,附蒙的东真国也乘机不断向高丽要索贡品。1224 年,着古与再使高丽,次年初携带贡物北归,途中被人劫杀,蒙古认为是被高丽人所杀,派人责问,又在边

① 按《高丽史》卷 103《赵冲传》载,哈真遣通事来牒元帅府,令高丽"资粮是助,无致欠缺。其辞甚严。且言帝命破贼之后约为兄弟";高丽使者至蒙古军营,东真元帅邀宴,称"两国结为兄弟,当白国王受文牒"云云。后来高丽人讲到高丽与蒙古关系,或谓共灭契丹流寇时"两国约为兄弟",但多数只是说高丽从此时归附蒙古。《元史·高丽传》则仅载蒙古元帅札剌与赵冲"约为兄弟",而不是两国约为兄弟。李齐贤《在大都上中书都堂书》亦谓灭丹寇后,"于是两元帅(指哈真、札剌)与赵冲等誓为兄弟";其《金公行军记》所载也是金就砺、赵冲和蒙古元帅哈真、札剌结为兄弟。见《益斋乱稿》卷六。

② 《元史·高丽传》。按"皇太弟国王"是斡赤斤称号,见《元史·宗室世系表》。中华书局点校本将"国王"与"皇太弟"断开,非是。

③ 《李相国文集》卷二十八。此文可能是回应 1223 年蒙使山术歹所传斡赤斤"钧旨"。《元史·高丽传》记载斡赤斤至少三次遣使到高丽要索,在李奎报此文中得到证实。

界上被射却,高丽与蒙古的交往遂告断绝。①

1231年,蒙古大汗窝阔台遣撒礼塔等统领大军,以讨伐"杀使"罪名侵入高丽,"取四十余城,…设官分镇其地"(按:即置达鲁花赤)。② 蒙古军不仅对抵抗者实行屠城(如铁州、平州),而且到处烧杀掳掠,"所过无不残灭","焚烧庐舍,杀掠人民不可胜计"。蒙军进屯开京城外,传旨迫高丽国王亲身入朝,并索取数量惊人的物资、男女(军服一百万套、上好水獭皮两万领、大小马各一万匹、官宦之家男女孩儿各一千人,等等)。1232年,高丽一方面遣使与蒙古周旋,"上表称臣",同时辩解著古与被杀事非高丽所为,并据理说明无法满足其漫天勒索;一方面迁都江华岛(七月),进行抵抗,杀蒙古所置达鲁花赤。撒礼塔再度统兵入高丽,攻打处仁城时被射死(十二月),蒙军退还。③ 1235至1240年,蒙军连年侵掠高丽,深入到南部的东京(庆州)、全州一带,并不断遣使索贡,逼迫国王亲朝。1241年,高丽王以族子永宁公谆称己子入质蒙古,侵掠稍解。1247—1248年,又有蒙军入屯高丽,派兵以捕獭为名深入山川僻处,百姓藏匿者尽被驱掠,"鲜有脱者"。④

1251年蒙哥即位,仍遣使责令高丽王出陆还京和亲朝,不然即"发兵致讨"。⑤ 从1253年起,蒙古以高丽"逆命",侵略战争进一步升级。宗王也古、元帅札剌儿带(《高丽史》作车罗大)先后统军侵入高丽,连年攻掠不休,多处城池被破。札剌儿带厉言:"[高丽]君臣百姓出陆则尽剃其发,否则以国王还,如一不从,兵无还期。"高丽未能满足其要求,各地军民常有守土抵抗者,蒙军果然按蒙哥"若有拒命,朕必无赦"的旨意肆行杀掠,仅1254年"所虏男女无虑二十万六千八百余人,杀戮者不可胜计,所经州郡皆为煨烬,自有蒙兵之乱未有甚于此时也"。⑥ 1255年后,札剌儿带又一再统军进入高丽,仍立营屯驻,纵兵四出抄掠,并提出国王出降、太子入朝作为退兵条件。1258年札剌儿带以兵屯高丽旧京,纵游骑掠人民、财物,"诸道禾谷尽为蒙兵所获"。屯兵西京(平壤)的蒙古军还修城、屯田为久驻计。1259年(高丽高宗四十六年)三月,高丽使者觐见蒙哥,表示愿意出陆还都,太子入朝,同时请求撤军。蒙哥竟称:"尔等既欲与我同心,何惮我兵驻尔境。且西京以外尝为我兵驻处,尔国若速出岛,第勿令侵扰耳。"⑦明白表示要在高丽长期驻

① 蒙古将著古与被杀归罪于高丽,但高丽辩解说,著古与不取常行的经由东真境路而走婆速府路,被当地贼人所杀;蒙古派来质问人员在边境遭射击事,则是东真人欺骗来人说高丽已背叛,又穿着蒙古服装进入高丽境射击蒙古来人,意图所以拒之(见李奎报《蒙古行李赍去上皇帝表》,《李相国文集》卷二十八;《高丽史》卷二十三《高宗世家》十九年十一月《上皇帝陈情表》)。高丽与蒙古断交之事与东真有关。《高丽史·高宗世家》十一年(1224)正月条载,东真国使者赍文牒二道来,其一云:"蒙古成吉思师老绝域,不知所存,讹赤斤贪暴不仁,已绝旧好。"东真向高丽通报此事,显然是促使高丽停止进贡蒙古,意欲取代蒙古从高丽获取利益。当时成吉思汗因征西夏而无暇东顾,东真则乘机不断侵掠高丽,遣使要索诸般物品,就是明证。

② 《元史·太宗本纪》。

③ 以上见《高丽史·高宗世家》十八年(1231)八月至十二月记事。

④ 同上,三十四年八月。

⑤ 据《高丽史·崔怡传》,高宗三十九年(1252)高丽使李岘至蒙古,答应本年六月出陆。蒙哥遣使核实,如国王出陆迎使即可。但高丽王按权臣崔沆之意不出迎,蒙使怒其逆命。"识者谓[崔]沆浅智误国,蒙古必至"。不久蒙军果然大举入侵,"屠灭州郡,所过皆为煨烬"。

⑥ 以上见同上书,四十一年七月至十二月记事。

⑦ 《高丽史·元宗世家》高宗四十六年八月条。

兵实行军事占领。四月,高丽太子倎代父入朝,以换取蒙古承诺的“入朝即罢兵”。此时蒙古已在辽东集结军队准备再次大举侵入高丽,因太子入朝而暂缓出兵,派官员到高丽督责其尽毁江华岛新京城;屯驻高丽境的蒙古军兵仍继续在各处“驱掠人物”,出陆的高丽兵“尽为蒙兵所虏”。①

蒙古前四汗时期侵略高丽的战争延续近三十年,给高丽人民带来严重灾难。高丽文献反映了时人的悲愤之情,如李奎报《答东真别纸》谓蒙古“猜忍莫甚”,背信弃义,“横行远近,残暴寇掠”,“有吞啖之志”,高丽人被迫与之对战是正义的。金坵《过西京》诗云:“悲词辄欲吊江山,恐有神灵潜下泪。”哀叹昔日全盛的西都(平壤)在蒙古侵略之后,“而今往事尽如扫,可怜城阙空青草。锄犁半入英雄居,麻麦遍生朝市道”;《过铁州》诗指斥撒里塔所统入侵蒙古军为“寇”为“虏”,赞颂州官李元祯英勇抗敌、全家自焚就义的壮烈。② 当时中原士人非常同情高丽人遭受的苦难,谴责蒙古军的野蛮侵略,郝经诗《高丽叹》可作为代表:

> 高丽立国千余年,跨山连海东北偏。文物制度慕汉唐,衣冠礼乐如中原。……自被天兵都破碎,称臣纳质兵弗退。残灭掳掠五十年,穷蹙无聊竟何罪!尽将生口卖幽燕,年年探借高丽钱。肌肤玉雪发云雾,罗列人肆真可怜。前年令公辅太子,钓鱼山前见天子,掩面过市众皆哭,哭声痛入燕人耳。几回事宋事辽金,不似今番冤苦深。甘心曲股浑不信,要把高丽都杀尽,呜呼哀哉何时免此杀戮运?!③

## 二、忽必烈的高丽政策

高丽高宗四十六年(1259)四月,太子王倎入朝蒙古,前往四川觐见大汗。行程大致是东京(辽阳,五月十七日至)——燕京④——潼关——京兆,因大汗蒙哥已于七月死于钓鱼山,遂前往蒙古行营所在之六盘山。此时正处在蒙古政局变动的关键时刻,鄂州攻宋前线的忽必烈和留守和林的阿里不哥都在谋取帝位,都要争取官员、将领们的拥护,而驻六盘的蒙古军多数站在后者方面。十一月,忽必烈得报阿里不哥已派亲信来汉地征兵并准备接收燕京行省权力,于闰十一月辛未(初二)即从鄂州班师北还。王倎在蒙古皇室两派剑拔弩张争夺帝位的复杂形势下,居然能作出了明智抉择,奔赴汴梁迎候从江汉北上的忽必烈,于“梁、楚之郊”衣朝服执象笏,随臣亦皆品服排列,拜见道侧。忽必烈惊喜曰:“高丽万里之国,自唐太宗亲征而不能服,今其世子自来归我,此天意也。”遂“大加褒奖,与俱至开平府”。(按:此段见《高丽史·元宗世家》元年三月丁亥条记载忽必烈即位事之后,是追叙前事,但说忽必烈与倎“俱至开平府”是错误的,应该是“俱至燕京”。详

① 《高丽史·元宗世家》高宗四十六年七月、十一月记事。

② 金坵《止浦先生文集》卷一。

③ 《郝文忠公陵川集》卷十。此诗当作于1260年郝经奉召使宋前(见苟宗道撰《郝经行状》)。

④ 《高丽史·元宗世家》高宗四十六年十一月癸卯条:“[太子从行者]李世材偕蒙使于散等四人来,初世材在燕朝,洪子使人诉于帝曰:‘高丽出降非真也。’世材知之,先告也速达曰:‘闻有谗者,愿勿听。’也速达即收福源子,遣于散偕世材来审出陆之状。”据此知太子一行途中到过燕京。

下文)谙熟史事的李齐贤讲到这次至关重要的拜见:"皇帝返旆江南,我忠敬王知天命之有归,人心之攸服,跋涉六千余里,迎谒于汴梁之地";①"世祖文武皇帝观兵襄阳,阿里孛哥扇变漠北,诸侯虞疑,各怀去就。我忠敬王时为世子,蒙犯霜露,直至汴梁以迎于道。世祖望见,惊喜曰:'高丽荒远之邦,今我北归,将继大统,彼其世子自来归我,天赞我也。'"②这段话生动表现了急于争取各方拥戴的忽必烈此时的喜悦心情。要知道忽必烈是非常相信象数征兆的,在谋取帝位还未成定局时,高丽国太子来朝无疑被认为是吉兆。也许可以说这次会见成为他改变对高丽政策的契机。③

王倎于汴梁附近拜见忽必烈,大约是在闰十一月初十前后,二十日,忽必烈一行(携同王倎)就到达燕京,从鄂州到燕京只用十九天,足见其匆迫。他立即着手处置阿里不哥党羽,掌握中原汉地军政力量,驻燕京三个多月,次年(庚申,1260)三月初一才到达开平。在燕京期间,其藩府近臣赵良弼建议说:"高丽虽名小国,依阻山海,国家用兵二十余年尚未臣附。前岁太子倎来朝,适銮舆西征,留滞者二年矣。供张踈薄,无以怀辑其心,一旦得归将不复来。宜厚其馆谷,待以藩王之礼。今闻其父已死,诚能立倎为王,遣送还国,必感恩戴德,愿修臣职。是不劳一卒而得一国也。"廉希宪也提出相同意见。忽必烈立即提高对王倎的接待规格,不久即遣之回国继承王位。《元史·世祖本纪》把此事记在庚申年三月二十四日忽必烈即帝位记事之后,实误。《高丽史·元宗世家》载,此年二月"壬戌(二十四日),王在京兆府,闻讣服丧三日而除,受忽必烈大王之命乃还"。按此时王倎实是从忽必烈留驻燕京而不在京兆,④本条所记应是忽必烈遣他回国继承王位的时间。同书载当月乙丑(二十七日)王倎与随臣及蒙古护送人员已到西京(平壤,此时在蒙古军占领下);⑤三月甲申(十七日)至开京,丁亥(二十日)度海至江华。先是,忽必烈听说王倎在西京停留八九天,疑有变故,遣使给他下达了一道详细说明其高丽政策的"令旨",敦促他从速就国继承王位。使者荆节于四月丙午(初九)到达,《高丽史·元宗世家》该日条下全文收录了使者所传令旨,兹摘录其要点如次:

尔初以世子奉币纳款,束身归朝,含哀请命,良可矜闵,故遣归国,完复旧疆,安

---

① 《在大都上中书都堂书》,《益斋乱稿》卷六。

② 李齐贤《上征东省书》,《东文选》卷六十一。又见其《益斋乱稿》卷六《在大都上中书都堂书》,文为:"己未年,世祖皇帝班师江南,忠敬王知天命之有归,人心之攸服,跋涉六千余里,迎拜于汴梁之地。"及《同崔松坡赠元郎中书》:"世祖皇帝南征而返,将继大统,时有介弟扇变于朔方,诸侯忧疑,道路甚梗。我忠敬王率群臣拜迎于梁楚之郊,天下于是睹远人之悦服,知天命之有归。"

③ 《高丽史·元宗世家》三年十二月乙卯条载,忽必烈颁历高丽诏书中说:"卿自东隅,臣属上国,适我家之有难,越其境以来归。特侈新封,俾还旧服,凡有所奏,无不允从。如不易衣冠,班收军戍,去水而就于陆,在虏者听其归,若此甚多,难于具悉。"说明忽必烈之所以对高丽特别优待,就是因为在他"有难"(应指阿里不哥和他争位)时,王倎越境来归。

④ 按王倎于高丽高宗四十六年(1259)四月入朝,五月至东京(辽阳),后经燕京、潼关、京兆(西安)至六盘山,获悉蒙哥死讯。这一段的具体日程失载,但可以判断到达京兆必在蒙哥病死(七月)、入川蒙古军主力撤回六盘山之后。高宗于该年六月亡故,朴天植奉命赴蒙古告丧,九月就回到本国,则当是到达燕京报信后即归国(与蒙古使者同行)。据此,王倎不可能迟至次年二月才"闻讣服丧"。

⑤ 按:王倎一行从燕京出发,第四天就到西京,行程不可能如此之速。疑记日干支有误。

尔田畴,保尔家室,弘好生之大德,捐宿构之细故也。用是已尝戒饬边将,敛兵待命……重念岛屿残民,久罹涂炭,穷兵极讨,殆非本心……申命边阃,断自予衷,无以逋逃间执政,无以飞语乱定盟,惟事推诚,一切勿问。宜施旷荡之恩,一新遐迩之化。自尚书金仁俊以次,中外枝党、官吏、军民,令旨到日已前,或有首谋内乱,旅拒王师,已降附而还叛,因仇雠而擅杀,无所归而背主亡命,不得已而随众胁从,应据国人但曾犯法,罪无轻重咸赦除之。世子其趣装命驾,归国知政,解仇释恨,布德施恩。……亟正疆界,以定民心,我师不复踰限矣。大号一出,予不食言。

这道令旨虽然是忽必烈即位前夕所发,实际上等同圣旨,奠定了元朝对高丽政策的基础。其要点有三:一是许其"完复旧疆","正疆界以定民心",并允诺蒙古军不再越界入境;二是对以往曾经抵抗蒙古或降而复叛等各种"犯法"者,"罪无轻重"一律赦免,不予追究;三是示世子嗣王位,"恭承丕训,永为东藩,以扬我休命"。《元史·高丽传》也收录此件全文于中统元年三月记事之下,称为"制",将"令旨"改为"圣旨",忽必烈自称的"予"改为"朕"。这和《世祖本纪》将遣王倎归国置于即帝位记事之后一样,是史臣有意将时间前后倒置。

《世祖本纪》载中统元年四月己亥(初二),"诏谕高丽国王王倎,仍归所俘民及其逃户,禁边将勿擅掠"。辛酉(二十四日),诏书送达,《高丽史·元宗世家》收录有诏书全文:

朕祗若天命,获承祖宗丕烈,仰惟覆焘,一视同仁,无遐迩大小之间也。以尔归款,既册为王,今得尔与边将之书,因知上下之情,朕所悯焉。凡所启禀,区处于后:一、出水就陆以便民居事,此朕所喜也。今时方长育,不可因循自误岁计,更当劝课农桑以阜残民。一、请罢军士事,若留军压境,不无骚动,已敕将帅即日班师,其体朕兼爱之心,毋自疑惧。一、前年春被虏逃来人民乞放还事,已下有司遍行刷会自言约之后逃虏人等,放令还国,到可收系存恤。一、凡尔国中应有作过犯罪,钦依前来已降赦文施行;军人擅掠人物一丝者,具以实闻,依条断罪。①

同年六月,高丽永安公王僖来贺即位,忽必烈让他带回颁给国王的封册、虎符及圣旨三道,其一宣告依照中原制度建元中统元年。其二宣布对高丽政策:"衣冠从本国之俗,皆不改易;行人惟朝廷所遣,余悉禁绝;古京之迁,迟速量力;屯戍之撤,秋以为期;原设达鲁花赤孛鲁合反儿拔睹鲁一行人等俱敕西还。其自愿托迹于此者十余辈,来使亦不知定在何所,事须根究;今后复有似此告留者断不准从。"其三曰:"卿自册世封,再遣使传方物之献,诚意以将。今闻寺社之祈,益见肺肝之沥。凡所陈乞,已诏施行。来价言还,特颁宠命。苟裕民而利国,当适便而随宜。"②迫高丽国王速离江华岛还都旧京,是以前蒙古

① 上述四项措施中将遣返被虏及逃民的年限上推到"言约之后",笔者理解这是指1219年蒙丽共灭契丹流寇后的"约为兄弟",忽必烈下令"遍行刷会"(普查)多年来被掳掠的或逃亡来的高丽人,放他们回国。

② 《高丽史·元宗世家》元年八月壬子。王恽《中堂事记》载中统二年八月十日赐高丽国王倎手诏,其辞曰:"……可封高丽国王,仍统治东方诸国如故。"(《秋涧集》卷82)这是因高丽有权臣擅权而再次赐封诏。

统治者最关切最严格的要求,忽必烈则采取了灵活态度,听取高丽王所诉旧都遭毁修复费时的意见,许其量力而行(至元七年处置林衍废立事件后才还都);以前蒙古贵族或大臣、将领往往径遣使者到高丽肆意要索,是对高丽人民的严重骚扰,忽必烈对此加以禁止;蒙古军在高丽屯驻实同军事占领,危害更甚,忽必烈即位后就下令撤回"西京屯兵",诏书又宣布限期撤军。此外,忽必烈还下令"禁女直侵轶高丽国民","禁……女直人入高丽界剽掠"。① 东真军队以及邻境女真贼寇的侵掠,对高丽一直是仅次于蒙古入侵的严重危害,忽必烈的禁令无疑缓解了高丽人民的部分灾难。当然,实行这些优惠怀柔政策的条件是,高丽必须"永为东藩",履行国王亲朝、子弟入质等藩属国的"六事"。王倎(不久改名禃)即位并接受国王封册后,次年即亲身入朝,其后又两次亲朝,世子谌(愖)也多次入朝。至元十一年,忽必烈应允王禃的请婚,以幼女忽都鲁揭里迷失嫁世子谌,通过联姻结成更密切的"甥舅之好"关系。②

忽必烈作为世界征服者成吉思汗之孙、大蒙古国的大汗,具有乃祖那样要当世界之主的强烈意向,例如,直到晚年还遣军远征爪哇,失利后仍不甘心,就是一个最典型的事例。③ 他对高丽内政也时常进行干涉,督责其履行藩属义务,向高丽派监督官,出现动乱或有离心迹象时甚至派军队入境处置。如至元六、七年间高丽权臣林衍废王禃,立其弟安庆公王淐,忽必烈即命国王头辇哥率大军压境准备征讨;并接受高丽叛臣的投献,将西京(平壤)五十余城置为东宁路,实同占领(直到至元二十七年才归还)。王禃复位后入朝,乃命头辇哥率东京行省军护送其回国,进驻西京,又改命行省入其王京(开城),并置达鲁花赤监国,置安抚使、经略使领军、屯田于高丽南境,征讨逃入珍岛(后又逃到耽罗)的林衍余党。不过,忽必烈对高丽采取的政策,与前四汗时期的征服政策和残暴杀掠毕竟有明显区别,其基本点是通过怀柔安抚使高丽成为恭顺藩属。

忽必烈对高丽的优惠怀柔政策,除上述诏书所许各项外,还有一些事例。如藩属国应履行的置驿、籍户、出军、输粮等事,高丽未能履行,他虽然严词督责,但能顾及实际困难,不予强迫。在处理相关问题时(特别是高丽内政),能采纳高丽人意见和尊重高丽国王的自主权。如中统二年高丽使者田文胤回国,忽必烈派上年曾护送王倎回国的达鲁花赤束里大同去高丽,文胤奏曰:"束里大以前年敕还屯兵事,意小邦所谗,愤愠而还,反诉小邦诪张为幻。今若伴臣以去,未知他日造何言以诬陛下。敢请勿遣。"忽必烈接纳其言,不再派遣。④ 至元十一年王禃去世,世子愖在朝已尚公主,忽必烈依王禃遗言遣之回国嗣位(后改名昛,是为忠烈王),以黑的为达鲁花赤。黑的倨傲,不满驸马国王对他的抑制,回朝后奏告高丽政事诸多不当,忽必烈不纳其言,反诏谕王愖:"黑的来言尔国事非一,并不听许,尔其知之。"⑤因攻打耽罗和日本而屯驻高丽的元军统领忻都和洪茶丘,常

① 《元史》卷五《世祖本纪》中统三年六月乙未条、至元元年十一月己丑条。

② 关于元朝与高丽王室联姻,参见萧启庆《元丽关系中的王室婚姻与强权政治》,《元代史新研》页231—262,台北,1983年。"甥舅之好"语见虞集《大庆寿寺大藏经碑》,《道园学古录》卷五。

③ 至元二十九年(1292)元朝出兵侵略爪哇,三十年年三月爪哇国王伪降。四月,元军遭其伏击,大败,撤兵回国。忽必烈对爪哇得而复失极不甘,说"此事犹痒在心",准备再出兵十万征讨之。见许有壬撰《刘平章[国杰]神道碑》,《至正集》卷四十八。

④ 《高丽史·元宗世家》二年五月丁丑条。

⑤ 《高丽史·忠烈王世家》元年七月甲午条,十月庚戌条。

干预高丽政事,王賰以驸马国王身份与之抗争,忽必烈一般都能给予支持,如至元十四、十五年(1277—1278)的金方庆案以及相关危害高丽主权事的处理。忻都、洪茶丘借奸人诬陷之言逮捕和残酷拷问高丽名臣金方庆,王賰以其诬枉释之,忻都、洪茶丘仍坚持审讯金方庆并将他流放。茶丘还乘机奏请添军三千,其二千五百人已经渡鸭绿江,忽必烈采纳王賰意见,命罢归;茶丘又奏请于全罗道置脱脱禾孙,忽必烈也不许。① 至元十五年四月,王賰奉旨同公主入朝,忻都派人对他说:"我居王国七年,于今未有一善,恶则已多,惟望王善奏。"王賰奏对时则力辩金方庆之冤,诉忻都专擅。忻都被召回后又奏"高丽宰相多占匿民户,免避赋役,请禁之"。又请罢诸领府为军。忽必烈问他是否与国王商议过后来奏,忻都回答说"否",遂不允许。② 王賰乘机奏告洪茶丘本应只管所部元军,却越权干预高丽政事,诬陷金方庆谋叛,③虚妄奏告高丽国政,表示茶丘在高丽,"臣之为国不亦难哉!"请求召还茶丘军。忽必烈准奏,下令召洪茶丘及驻丽诸军还,并驳回他请在高丽南部置军防戍和设置各州郡达鲁花赤的意见,同时严令禁止回军掳掠。王賰又奏请派皇帝亲信的蒙古人任达鲁花赤,忽必烈说:"何必达鲁花赤！汝自好为之。"④其时得宠于忽必烈的高丽人李大顺,乘机请求忽必烈命令高丽国王任其兄为别将,忽必烈说:"官人有法,朕何预焉!"让他自己去请求国王。⑤ 忽必烈对高丽国王自主权的尊重,自然有此时王賰已经是他女婿的因素,但是,与其他元朝驸马的地位比较,高丽驸马国王地位显然更高,可以说有质的区别。上述诸事例说明,忽必烈是基本上能兑现让高丽"完复旧疆,安尔田畴,保尔家室",不再越界侵扰的承诺的。尽管他在位期间,高丽曾发生林衍废立、三别抄军变等重大事件,以致元朝派大臣入境处置,出兵平乱,但最终没有乘机实行占领和改变高丽国的地位。至元十七年设行省专征日本,北路军在高丽集中出征,遂授王賰为行省左丞相,与丞相阿剌罕同事,并接受他的请求在任命书官衔上加"驸马"二字以重其权威。至元三十年(1293)賰改名昛,又加授功臣称号。元人常称忽必烈对高丽有"再造之恩",⑥就是指他停止了以前每年侵掠高丽、残害其国民的战争,⑦高丽从而避免了蒙古马

① 《高丽史·忠烈王世家》,四年四月戊辰条。

② 同上,四年六月丁丑条。

③ 洪茶丘、忻都借奸人诬陷之言拷问金方庆,残酷用刑,终不能屈。茶丘遣人入朝诬奏:"金方庆积谷造船,多藏兵甲以图不轨,请于王京以南要害之地置军防戍,亦于州郡皆置达鲁花赤,方庆及子壻家属悉送京师以为奴隶,收其土田以充兵粮。"后以藏甲罪判方庆流放大青岛,高丽国王派印侯入元报告,忽必烈问"方庆藏甲几何",对曰:"四十六副耳。"忽必烈说:"方庆恃此谋叛乎？高丽州县之租皆漕输王京,造船积谷又何足疑。又方庆起第王京,如谋叛何必起第!"乃饬令茶丘还朝。国王王賰也应召入朝,上书辨明金方庆之冤,遂得释复官。详见《高丽史》卷一〇四《金方庆传》。

④ 以上并见《高丽史·忠烈王世家》四年七月甲申、丙子、戊戌诸条。

⑤ 李齐贤《栎翁稗说》前集一。

⑥ 魏初《贺正表》(未载上表年代,据文中"襄樊可得而不迫以力"句,可推断应在大举攻襄樊的至元五年之前不久),《青崖集》卷四;王恽《御史台上贺正表》(至元八年),《秋涧先生大全文集》卷六十八。

⑦ 姚燧《牧庵集》卷二十四《转运盐使曹公神道碑》:"初高丽自太祖世纳款,而国王穆呼哩(木华黎)方总兵,岁东征不休,虔刘人民,而臧获其子女。高丽患之,弃王城,迁其民江华岛。世祖哀其首服,为罢岁征,使复王城。"按:碑文谓木华黎国王总兵时侵掠高丽,误。木华黎1223年亡故,侵高丽事与他无关。

蹄所及诸国那样的灭亡结局,维持了历来与中国皇朝所谓"事大"贡赐关系下的本国主权地位。

忽必烈之所以对高丽采取优惠怀柔政策,鄙见以为有三个方面原因。其一是大蒙古国从草原游牧帝国转型为中原皇朝,忽必烈虽然仍保留有乃祖那样的征服欲望,但重点已经转移到中原皇朝传统的希冀"万国来朝"思想(他给日本国的诏书就宣示了这种意向),因而很乐意采纳赵良弼所说无须用兵就能服人之国的建议。其二,高丽自古是"诗书礼义之邦",①崇尚儒学和佛教,这符合忽必烈"遵用汉法"的政策,因而接见高丽君臣会有亲和感。例如,他常喜用孔夫子的话教导高丽驸马,称赞高丽文臣的学问文采,对他们十分尊重。② 其三,高丽国王和臣僚对元朝一再表明谨守作为藩属国的身份,加上联姻关系,能以灵活姿态来保持其很大程度上的国政自主。

## 三、从行省改置事件看高丽的地位

从忽必烈到元顺帝,元与高丽关系出现过若干次"危机",而以高丽为征日基地,大量动用高丽人力物力,是对高丽最严重的伤害。至元十七年(1280),因用兵日本需要设置征东行省(又称征日本行省),高丽国王王賰提出应命他为行省丞相,"行省大小军情公事,必与我商量而后施行",得到忽必烈允准,遂授"开府仪同三司、中书左丞相、行中书省事、驸马高丽国王"。③ 次年,征日之役以失败告终,行省罢。忽必烈不甘心,于至元二十年五月再置征东行省,仍以高丽国王与大臣阿塔海为丞相同掌行省事,但未能再次出兵。后来又两次复置征东行省(1285、1288 年),④虽下令造船征兵"备征日本",实则不了了之。

日本之役告终,征东行省建制则被保留,实际只是名义上的高丽统辖机构。高丽国王独任行省丞相(后来其他行省丞相皆罢,只设平章政事为最高长官,惟高丽国王担任的征东行省丞相不罢),可以自己任命官员,高丽原来的政权机构和各项制度都保持不变。元朝不派行省长官,行省一般属员虽有朝廷派任者,于政事无大影响。元人姚燧将当时高丽的地位与蒙元宗王封邑作了比较,指出高丽国王是异姓王,与蒙元宗王本应有别,但地位却优于宗王:"宗王虽受封大国,同升虚邑。何也?未尝祖别子于庙,人民则天子使吏治之,其府虽得置监郡与府属,皆请而命之朝,而刑人、杀人、动兵,何敢越津。其民五家赋丝,为斤才一,犹不听下令擅征发其地,皆输之天府,岁终颁之。其网亦密矣。遇高丽氏则不然。有宗庙蒸尝以事其先也,有百官布列以率其职也,其刑赏号令专行其国,征赋则尽是三韩之境,惟所用之,不入天府。……万国独一焉。"⑤这段文字是对元代高丽

---

① 程钜夫:"东南海滨之国高句丽,古称诗书礼义之邦,奉佛尤谨。皇元之有天下,闻风来附。世祖皇帝结之恩,待之礼,亦最优异。父子继王,并列贰馆。"见《雪楼文集》卷十八。

② 先在蒙为质的高丽永宁公王淳言本国有五万军队,忽必烈命发四万从征南宋,李藏用入朝力辩战乱后兵数已大减,愿与王淳对质。忽必烈闻其言,称赞他为"阿蛮灭儿干"(蒙语 aman mergen,"善言者")。见《高丽史》卷102《李藏用传》。

③ 《元史·世组本纪》至元十七年十月癸酉条;《高丽史·忠烈王世家》六年八月辛卯、十二月辛卯条。

④ 《元史·世祖本纪》至元二十二年十月、二十五年二月。

⑤ 《牧庵文集》卷三《高丽沈王诗序》。

具有相对独立地位的较完整表述。宗王虽是黄金家族,其封邑是大元版图,而高丽则被视为藩属关系下的外国。元人虞集也说:“高丽于国家有甥舅之好,是以王国得建官拟于天朝,他属国莫之敢也。”①在大元朝廷和本国都做过官的高丽名士李谷对高丽国地位也有类似的表述:“本京虽置省,惟国王丞相独领之。又其寮采之命于朝者,皆所自辟;其余内外百司,并依本国之旧。”②

征东行省虽然只是虚名,但毕竟让蒙元朝廷和某些官员得以借此加强对高丽政事的干预,甚至企图吞并之。其震动大者有两次。一次是元成宗大德三年至五年(高丽忠烈王二十五—二十七年,1299—1301)的增置行省官事件。③ 大德元年齐国大长公主忽都鲁揭里迷失去世,世子王謜(公主所生,蒙古名益智礼不花)从元都回国奔丧,认为其母是被父王昛(賰改名)爱妾、宦官等所害,请求予以处死,王昛遂上表请让位世子。次年王謜嗣位,不久就被成宗指斥为“颇涉专擅,处置失当”,④召还元都,命王昛复位,派平章阔阔出、左丞哈散赴高丽“伴议国事”。三年,哈散回朝奏王昛不能服其众,朝廷宜遣官共理,元成宗遂任命阔里吉思为征东行省平章政事,耶律希逸为左丞,赴高丽理政。王昛则上表陈情,请求“使小过不替祖风”。四年二月,阔里吉思奏高丽设官冗杂,礼仪逾制,不报民籍,横征暴敛,刑罚不一,称“若只依本俗行事,实难抚治”。⑤ 同年夏,王昛入朝,成宗命他“有所言即闻奏”,并命右丞相完泽传旨:“高丽国王所奏风俗百事,许令依旧。”阔里吉思又奏请革其奴婢之法,王昛再度上表并移文中书省,说明世祖至元年间就达鲁花赤欲改高丽本俗体例事,中书省下文指示“合从高丽王依本俗施行”;大德四年七月中书省也奉旨:“奴婢的勾当,依本国体例行者。”中书省依高丽国王王昛陈言上奏:高丽蒙世祖皇帝圣旨“休改本俗,但换官名”,今全都改换,不宜也者。成宗准奏,罢增置征东省官,召还阔里吉思及其僚属。⑥ 至大元年(1308)王昛死,世子王謜嗣位(改名璋)。其后洪茶丘子重喜(洪万)上书中书省,欲在高丽立行省,被仁宗驳回,皇庆元年(1312)降旨道:“高丽田地立省的,不拣是谁休题奏者!”⑦上述发生在元成宗至仁宗初年的事关高丽自主权的变故(其起因一是高丽世子倚皇亲地位擅权,二是朝臣欲将权力扩展到高丽,三是高丽降臣欲侵夺王权),都以世祖定制为准妥善解决,说明元成宗对姑母亲子又是妹夫的王謜并不姑息,尊重姑父高丽国王的主权;元仁宗更干脆批驳洪重喜,宣布不许任何人再提高

① 《道园学古录》卷五,《大庆寿寺大藏经碑》。

② 李穀《送白云宾还都序》,《稼亭集》卷九。

③ 按《元史·成宗本纪》和《高丽传》作“复征东行中书省”、“复立征东行省”,不确,因为世祖时设置的征东行省未曾废罢。由此可见元朝廷和时人没有把仅有虚名、朝廷不设官的征东省看成国内行政区。

④ 《高丽史·忠烈王世家》二十四年八月癸酉条;《元史·高丽传》载丞相完泽奏王謜嗣王位后诸多错误。

⑤ 《元史·高丽传》。

⑥ 《高丽史·忠烈王世家》二十六年七月、十月、二十七年三月记事;李齐贤《在大都上中书都堂书》,《益斋乱稿》卷六。

⑦ 《高丽史·忠宣王世家》四年六月;李齐贤《在大都上中书都堂书》。李齐贤《光禄大夫平章政事上洛府院君方公祠堂碑》载“至大间,辽阳重喜诉忠宣王钻(积聚)甲事”(《益斋乱稿》卷七),当与此有关。

丽立省之议。

另一次是至治三年至泰定元年(1323—1324)的改置行省事件,其起因是高丽王室和群臣间错综复杂的内争。大德二年(1298)高丽国王王昛禅位于世子王謜,遂称太上王(元授"逸寿王"号)。当年八月,元廷命王昛复位,召王謜与其妃宝塔实怜公主(晋王甘麻剌女)入朝,从此王謜宿卫宫廷十年,参与了成宗死后发生的宫廷政变,以与爱育黎拔力八达(仁宗)一起拥立武宗之功封沈阳王。至大元年(1308)七月王昛亡故,王謜回国嗣高丽王位(改名璋),元廷按例授征东行省丞相高丽国王,并保留驸马都尉沈阳王封号。当年十一月他又赴元都,而命齐安公淑权署征东省事。皇庆元年(1312),仁宗和太后促王璋归国主政,他仍托词不肯动身,次年干脆请求将王位传给世子王焘(蒙古名阿剌纳忒失里,是为忠肃王),自己留居大都;后来又将沈王封爵让给其侄王暠。王暠利用与元英宗私交甚厚谋夺王位,屡在元廷指控王焘。至治元年(1321)王焘入朝,因王暠及其党羽"捏合虚词,冒告朝廷",被扣留多年,剥夺其国王印信。其反对派在本国内也进行请求元廷罢黜王焘而立王暠的活动,王暠即以沈王名义行"钧旨"于高丽。至治三年,王暠党羽柳清臣、吴潜等为谋取权力,上书中书省请在高丽设立同于内地的行省。于是"朝廷议罢征东省,立三韩省,制式如他省"。英宗命中书省商议,王璋从臣李齐贤上书中书省陈诉,称世祖皇帝将公主下嫁忠烈王,世为驸马,故高丽得以"不更旧俗,以保其宗社,惟世祖圣旨是赖。当其立天下各处行省,独于小邦不置。后因东征日本,虽有名额,不拘常选。……今闻朝廷欲于小邦立行省,比诸路,若其果然,其如世祖皇帝圣旨何!其如列圣存恤之意何!……又其如中统、至元之体何!"①元集贤大学士、商议中书省事王约在都省商议时提出:"高丽去京师四千里,地瘠民贫,夷俗杂尚,非中原比。万一梗化,疲力治之,非幸事也。不如守祖宗旧制。"丞相拜住同意他的建议,奏罢立省之议不行。② 陕西行省平章政事康里回回也提出不应该"废其国(高丽)为郡县"。③《高丽史·柳清臣传》记载,清臣与吴潜上书中书省请立省高丽比内地,元通事舍人王观即上书丞相,详论其不可行的六条理由。兹仅摘录其头两条:"伏闻朝廷[议]建立征东行省欲同内地,恐论者不察以致崇虚名而受实弊。何则,高丽慕义向化,归顺圣朝百余年矣,世世相承不失臣节。世祖皇帝嘉其忠恳,妻以帝女,位同亲王,宠锡之隆,莫与为比。其在本国,礼乐刑政听从本俗,不复以朝廷典章拘制。故……自辽水以东濒海万里赖以镇静,为国东藩,世著显效,累叶尚主,遂为故事。此盖高丽之忠勤,祖宗之遗训也。今一朝采无稽之言以隳旧典,恐与世祖皇帝圣谋神筭似有不同,其不可一也。本国去京师数千里之远,风土既殊,习俗亦异,刑罚爵赏婚姻狱讼与中国不同,今以中国之法治之,必有捍格、枝梧不胜之患,其不可二也。"其第三条至第六条,主要论立省得不偿失,与《元史》所载王约之议略同(但远为详细)。因元廷诸臣及李齐贤上书反对,"立省之议遂寝"。④ 当年八月英宗被

① 李齐贤《在大都上中书都堂书》。

② 《元史》卷一七八《王约传》。

③ 宋濂《陕西行省平章康里公神道碑》,《宋文宪公全集》卷四十一。

④ 王观生平、仕履不详,其上书事未见《元史》及其他史料记载。元通事舍人为礼部侍仪司从七品属员,有可能其所上中书省书是通过王约(集贤大学士、商议中书省事,从一品)呈递或报告的,史籍只记载了位高望重的王约的议论。

弑,泰定帝即位。泰定元年(1324)正月,命王焘还国,复赐国王印章使袭王爵依旧行事,但王暠党羽仍捏告不休,以致中书省、枢密院、御史台差官到高丽审问。① 直到次年五月,王焘与所娶公主(元魏王阿木哥女)才回到高丽。据载,辽阳行省左丞亦辇真奉旨护送王焘还国,"具宣德意,以告其人,阖境之内,无不悦服"。②

从上述两次侵害高丽相对独立地位事件之所以得以化解看来,忽必烈对高丽的既定政策是高丽能够维持在"永为东藩"条件下本国自主权的法理基础。

## Qubilai Qan's policy towards the Korea and the critical point of the Mongol-Korean relationship

Chen Dezhi, Nanjing University

**Abstract**: The Mongol Empire used to raid and conquer the Korea. Since Qubilai Qan became the emperor, the Mongol-Yuan Empire turned to allow Korea in a comparative independence with certain conditions. The Mongol allowed Korea to remain its territory, sent back the captured people, and prevented Mongol armies into Korea. The changes of the Province of "Conquering the East" is a sign of Qubilai's policy. The only condition was the Korea should be the loyal tributary state of the Mongol Empire forever.

(本文作者为南京大学元史研究室/民族与边疆研究中心教授)

① 李齐贤《光禄大夫平章政事上洛府院君方公祠堂碑》载:"倒剌沙之为左相也,主立省之议甚力。平章白中宫喻辅臣如前意,倒剌沙议诎,事遂寝。"按倒剌沙任左相在泰定元年,如所载属实,立省之议于至治三年被否定后,泰定元年又被提起,再次未成。

② 黄溍《辽阳等处行中书省左丞亦辇真公神道碑》,《黄金华文集》卷二十四。

# 元代科举与"唐宋八大家"

吴志坚

自韩愈以来,随着古文运动的发展,逐渐形成"古文"典范作家和作品谱系。最后固定为"唐宋八大家"。八大家观念在明、清以后可谓深入人心。《唐宋八大家文抄》等广泛流布,是这种文学观念的结果,反过来又加强了这种观念。

文学观的形成和确定既有内在的理路,也有外在的因素。"八大家"之目形成的内在理路是文统观,外在因素则主要是科举。其形成与确定有一个相当长的过程。南宋是这个文学观念初步形成的时期,元代是确定的关键时期。科举在其形成与确定过程中起关键作用。这既是元代文学史上的重要问题,也是科举与文学关系的重要问题。这里就南宋以来科举与文统观的变化及其与八大家名目之形成和确定之间的关系,略加阐述。

## 一、南宋的古文家谱系

四库全书所著录集部总集类收有如下几种南宋关于古文的总集：王霆震《古文集成》、楼昉《崇古文诀》、吕祖谦《古文关键》、谢枋得《文章轨范》、真德秀《文章正宗》。

《古文集成》在编排体例上,详尽胪列当时实用古文的各种体裁,从"序"到"戒",甚至"图说",无所不包,用意主要在提供辨体写作古文的范例,故其特点在详备,而非精选,可以不论。关于其他几部古文总集,四库馆臣评论说:"宋人多讲古文,而当时选本存于今者不过三四家。真德秀《文章正宗》以理为主,……持论不为不正,而其说终不能行于天下。世所传诵惟吕祖谦《古文关键》、谢枋得《文章轨范》及昉此书(《崇古文诀》)而已。"①《古文关键》、《文章轨范》、《崇古文诀》二部古文总集最能体现当时的文学观,影响也最大。下面将这三部总集所选唐宋古文作家及选文篇数,从多到少,排列前十家。

《古文关键》收韩愈文十三篇,苏轼文十四篇,欧阳修文十一篇,柳宗元八篇,苏洵文六篇,曾巩文四篇,苏辙文二篇,张耒文二篇。

《文章轨范》收韩愈文三十一篇,苏轼文十二篇,柳宗元文五篇,欧阳修文五篇,苏洵文四篇,杜牧文一篇,元结文一篇、范仲淹文一篇,王安石文一篇,李觏文一篇,李格非文一篇,辛弃疾文一篇,胡铨文一篇。

《崇古文诀》收韩愈文二十五篇,欧阳修文十八篇,苏轼文十五篇,柳宗元文十四篇,苏洵文十一篇,张耒文十一篇,王安石文九篇,陈师道文七篇,曾巩文六篇,司马光、李清臣、唐庚文各五篇,苏辙、胡铨、胡寅文各四篇。

以上列成表格(表内大写数字表示篇数排名,阿拉伯数字表示所选篇数。):②

① 【清】纪昀等《〈崇古文诀〉总目提要》,文渊阁四库全书本。

② 《文章轨范》所收杜牧、元结文各一篇未列入表中。

| | 韩愈 | 苏轼 | 欧阳修 | 柳宗元 | 苏洵 | 曾巩 | 苏辙 | 张耒 | 唐庚 | 陈师道 |
|---|---|---|---|---|---|---|---|---|---|---|
| 古文关键 | 二 13 | 一 14 | 三 11 | 四 8 | 五 6 | 六 4 | 七 2 | 七 2 | | |
| 文章轨范 | 一 31 | 二 12 | 三 5 | 三 5 | 五 4 | | | | | |
| 崇古文诀 | 一 25 | 三 15 | 二 18 | 四 14 | 五 11 | 九 6 | 十三 4 | 五 11 | 十 5 | 八 7 |

**(续上表)**

| | 范仲淹 | 王安石 | 李觏 | 李格非 | 辛弃疾 | 胡铨 | 胡寅 | 司马光 | 李清臣 |
|---|---|---|---|---|---|---|---|---|---|
| 古文关键 | | | | | | | | | |
| 文章轨范 | 六 1 | 六 1 | 六 1 | 六 1 | 六 1 | 六 1 | | | |
| 崇文文诀 | | 七 9 | | | | 十三 4 | 十三 4 | 十 5 | 十 5 |

从上表看,后世所谓“古文八大家”都已在入选之列。其中韩愈、柳宗元、欧阳修、苏洵、苏轼五人入选篇数在前五位。但从第六位始,与后世所谓八大家的排列有一定的差异。

差异主要表现在,三苏及苏门弟子张耒、陈师道等入选篇目多,在作家谱系中占有重要地位。同时,李觏、李格非、胡铨虽被选篇数不多,但被选作品在南宋被认为是政论名篇,而在必选之列。相应地,被后世列入“八大家”之列的曾巩、王安石地位还不突出。

从被选文章的体裁上分析,三种文集所选政论文比例最高,论体尤多。这也是苏门尤其擅长的。

可见,南宋的古文大家谱系主要特点是:后世所谓“八大家”尚未最终固定;而三苏及苏门弟子占有特别重要的地位。

南宋的这个古文家谱系首先与科举有关。

陆游《老学庵笔记》曰:“建炎以来尚苏氏文章,学者翕然从之,而蜀士尤盛。有语曰:‘苏文熟,吃羊肉;苏文生,吃菜羹。’”①“吃羊肉”云云指科举中程,士子跻身肉食者。这就点出苏文为考场利器的特点。因为苏文有这个现实的优点,宋代辑有专门的《苏门六君子文粹》收黄庭坚、张耒、晁补之、秦观、陈师道、李廌文。《四库总目提要》谓此书“大抵议论之文居多。盖坊肆所刊以备程试之用者云云。盖风会所趋,并其从游之士亦为当代所摹拟矣”。②

苏文为什么会成为科场利器呢?这与南宋的科举制度有关。宋代科举考试三场或四场,无论词赋科、经义科,论策必考;太学月试,以经义为主,兼习论、策。所以论体的应用远较它体为普遍。就其在科举中的重要性而言,南宋人吴琮说:

---

① 【宋】陆游《老学庵笔记》卷八,中华书局,1979 年。

② 【清】纪昀等《〈苏门六君子文粹〉总目提要》,文渊阁四库全书本。

省闱多在后两场取人。谚云“三平不如一冠”,若三场皆平平,未必得。若论策中得一冠场,万无失一。至如方州试,固以第一场为主,至于定去留时,亦多以后两场参考,盖有第一场文字不相上下,则于此辨优劣也。①

可见南宋科举诸科目中,策、论最为普遍而重要。词赋、经义两科,都必考论、策;且三场中,策论做的好坏,常常起决定作用。三苏及苏门弟子最长于“议论之文”,自然在古文选集中入选比例最高。这是宋代科举特点决定的。②

同时,我们注意到,南宋崇尚苏文,除了苏文为科场利器这个现实原因外,还有文统观的原因。文统观念的起源很早,但明确提出,并将之与道统相联的是韩愈。此后古文家对文统皆有很强的自觉意识。对文统最明确详细的表述似乎是苏辙《欧阳文忠公神道碑》,③这篇文章颇为重要,此后人们述及文统时,差不多总是要把它重复一遍。苏辙所陈述文统的关键人物是孔子、韩愈、欧阳修。欧阳修之后,苏门及苏门弟子以文统继承者自居,且在很大程度上得到当时社会上的认可。在南宋,苏文取得文章正统、文统殿军的地位。

南宋评点派的古文选目既出于科举的考虑,也是南宋文统观的反映。

## 二、“古文八大家”定型

入元后,科举先是长期停废,恢复后,又有若干新变化。变化之一,是在考试内容中废除“论”。尽管左榜举子三场考试中,经义和经史策与论关系颇为密切,但论在科举中的地位降低已成定局。反映在古文选本上,以论体特出的苏门地位随之下降自是不可避免。④

变化之二,也是更为重要的,朱子理学被确定为科举标准,朱子对唐、宋古文家的评价也随之获得“官方权威”,不可避免地影响元人对古文家的去取,从而成为修订南宋古文家谱系的“指南”。

朱子对苏学基本取否定和排斥态度:

某观之,只有荆公修《仁宗实录》言老苏之书大抵皆纵横者流。⑤

两苏既自无致道之才,又不曾遇人指示,故皆鹘突无是处。⑥

苏公早拾苏、张之绪余,晚醉佛老之糟粕。谓之知道,可乎?⑦

---

① 【宋】魏天应编《论学绳尺·论诀》,文渊阁四库全书本。

② 祝尚书研究指出,四川长期实行类省试,相较省试而言,蜀中类省试论体更重要。这又使擅长议论的苏文在蜀中格外受重视。

③ 见【宋】苏辙《栾城集后集》卷二十三《欧阳文忠公神道碑》,四部丛刊初编本。

④ 续修四库全书收入元人著《欧阳论范》,从内容看为经史策,书名当为明人误起。这也说明论、策较为相近。

⑤ 【宋】朱熹《朱子全书》卷五十九,上海古籍出版社,2002年。

⑥ 【宋】朱熹《朱子全书》卷五十九,上海古籍出版社,2002年。

⑦ 【宋】朱熹《朱子全书》卷五十九,上海古籍出版社,2002年。

如果说朱熹对东坡尚未完全否定,还有"东坡天资高明,其议论文词自有人不到处"之类的评论,①那么他对苏门弟子则全盘否认:

其徒如秦观、李廌之流,皆浮诞佻轻,士类不齿。相与扇纵横捭阖之辩,以持其说,而漠然不知礼义廉耻之为何物。虽其势利未能有以动人,而世之乐放纵、恶拘检者已纷然向之,使其得志,则凡蔡京之所为未必不身为之也。②

相形之下,朱子虽然对王学也取否定态度,但在否定程度上,尚不及苏学之甚。《朱子语类》载:"蜚卿问荆公与坡公之学。曰:'二公之学皆不正,但东坡之德行那里得似荆公。东坡初年若得用,未必其患不甚于荆公。'"③

以上是朱熹对苏门学术的态度。他对三苏及苏门文学,也按照文道合一的态度一并加以否认排斥。朱子的这个态度表现在书信《答汪尚书》中。④

朱子是理学家中文学修养很深、又喜爱评论文学的一个。他在论及宋代古文家时说:

欧公文字敷腴温润。曾南丰文字又更峻洁,虽议论有浅近处,然却平正好。到得东坡,便伤于巧,议论有不正当处。……老苏尤甚。……自三苏文出,学者始日趋于巧。⑤

他(指王安石——引者按)却似南丰文,但比南丰文亦巧。⑥

江西欧阳永叔、王介甫、曾子固文章如此好,至黄鲁直一向求巧反累正气。⑦

显然,在朱子评价中,欧阳修最高,曾巩次之,王安石又次之,三苏议论不正而伤于巧,又在王安石之下。其高下排序是欧、曾、王、苏,至于苏门弟子则等而下之,不入法眼。

朱子观点影响很大。在南宋后期,朱子学说逐步成为主流,而成为科举标准,一方面形成理学家的文统,如真德秀《文章正宗》。⑧ 同时,文学家的文统也被按照朱子的观点修改。程端礼转述其乡先贤史蒙卿果斋先生的观点说:"名家之文,曰韩、柳、欧、苏、曾、王。"⑨史蒙卿是史弥巩孙子,"立言一以朱熹为法",⑩他所说的"名家"之目,已经是后世

① 【宋】黎靖德编《朱子语类》卷一百三十《本朝四 · 自熙宁至靖康人物》,中华书局,1999 年。

② 【宋】朱熹《晦庵先生朱文公文集》卷三十《答汪尚书》,四部丛刊初编本。

③ 【宋】黎靖德编《朱子语类》卷一百三十《本朝四 · 自熙宁至靖康人物》,中华书局,1999 年。

④ 【宋】朱熹《晦庵先生朱文公文集》卷三十《答汪尚书》,四部丛刊初编本。

⑤ 【宋】黎靖德编《朱子语类》卷一百三十九《论文》,中华书局,1999 年。

⑥ 【宋】黎靖德编《朱子语类》卷一百三十九《论文》,中华书局,1999 年。

⑦ 【宋】黎靖德编《朱子语类》卷一百三十九《论文》,中华书局,1999 年。

⑧ 真德秀词科出身,但其选编《文章正宗》不重文学性,因此被后人诟病。不过,真德秀的偏颇主要表现在诗歌词赋等体裁上,其古文选目还是相当精当的。《文章正宗》在南宋就被当作最重要的古文范本之一而广泛使用,入元以后,仍然如此。

⑨ 【元】程端礼《程氏家塾读书分年日程》卷二,四部丛刊续编本。

⑩ 【元】脱脱等《宋史》卷四百二十三《史苏巩传》,中华书局,1977 年。

所谓的“八大家”。

入元之后，朱子之学被悬为功令，其上述观点势必影响元人古文选本的去取。

元代古文选本今已不存，我们只能从元人别集中残存的选本序跋中考察其特点。朱右《白云稿》卷五《新编八先生文集序》云：

> 邹阳子右编《八先生文集》总一十六卷：唐韩昌黎文三卷六十一篇，柳河东文二卷四十三篇，宋欧阳子文二卷五十五篇，曾南丰文三卷六十四篇，王荆公文三卷四十篇，三苏文三卷五十七篇。①

《八先生文集》最显著的特点就是其题目所揭示的所谓“八先生”。《〈白云集〉提要》说：“（朱右）选韩、柳、欧阳、曾、王、三苏为《八先生文集》，八家之目实权舆于此。”②将始创“八大家”名目的功劳记在朱右名下。这部文集的编订者朱右，号邹阳子，天台人。至正二十一年曾诣阙献《河清赋》，不遇而归。入明与修《元史》，授翰林编修，四库列为明人。朱右在元代文学史上是被忽视但又颇为重要的一个人物，他的文学史观在元代具有代表性，他按照这个文学史观选取自春秋直至元代的文选。《八先生文集》是其中的一部。这部文集在当时没有付梓，后散佚。从《文集》的序看，三苏丧失了其在宋代的重要地位。不仅苏门弟子一个也没入选，三苏合在一起仅选三卷五十七篇，而曾巩一人入选三卷六十四篇。苏门地位下降，曾巩、王安石地位上升，“古文八大家”之目由此确定。

当然，八大家名目真正家喻户晓、深入人心还是在明代以后。在这个过程中，茅坤《唐宋八大家文抄》起了重要作用。这里值得探讨的是茅坤《八大家文抄》与朱右《八先生文集》的关系。二书卷帙相去十倍，一为十六卷，一为一百六十二卷。二书体例也不同，《文集》大概以人为纲，《文抄》以文章体裁为纲。但除所选八大家名目一致外，茅坤序例主旨与朱右序基本同出一辙，两相比较，如果不考虑茅坤叙中针对时弊的内容，则茅叙实不及朱序。因为朱点出了“载道之文”③这个关键词，而茅叙虽然也是这个意思，却只是说“六艺之遗”，④不及朱序醒豁。将唐宋文归于“六艺之遗”终究有些勉强。茅坤大概是想以此抬高唐宋文，将其置于秦汉之上，以压过李梦阳的秦汉派。但我们可以看出朱右、茅坤共同的文学史观，这个文学史观的关键在于树立一个始自六经，续以唐宋古文的文统，唐宋八大家在这个文统内占据关键地位。在这点上，二序与前所引苏辙《欧阳修神道碑》一致。只是《欧阳修神道碑》所述文统至欧阳修止，言外之意是苏氏继承欧阳文公的文统。朱、茅则固定为八大家。文统观的承袭和变化由此可见。

茅坤无一语提及朱右。我们不能肯定茅坤一定受朱右影响，但我们似乎可以推断，即使茅坤未见朱右所选《八先生文集》，其与朱右的文学史观也基本相同。这个文学观始于唐代，成形于宋代，确定于元代，而通行于明、清。

文学史观的形成有复杂的过程。“唐宋八大家”作为文统观的一部分，其形成、变化

① 【明】朱右《白云稿》卷五《新编六先生文集序》，文渊阁四库全书本。

② 【清】纪昀等《〈白云稿〉总目提要》，文渊阁四库全书本。

③ 【明】朱右《白云稿》卷五《新编六先生文集序》，文渊阁四库全书本。

④ 【明】茅坤编，高海夫等校注《唐宋八大家文钞校注集评》卷首《叙》，三秦出版社，1998 年。

和确定受科举影响,又影响科举。二者互为影响,密不可分。如前文所揭示,在古文八大家之目的形成与推广过程中,指导程文写作的南宋古文评点派起了重要作用;元代古文选家在继承南宋的基础上,根据科举的新特点,按照朱子的文学观,对古文大家的选目作了调整,正式形成"八大家"之目;明、清两代沿袭元代的古文文统观。而后世士子研习八大家的古文,大部分也是出于科举实用的目的。茅坤的《八大家文抄》有评论,有圈点批抹,与南宋的评点派同出一辙。四库馆臣指出:"今观是集,大抵亦为举业而设。"①可谓一语破的。

元代的古文创作在文学史上地位不高,被认为有佳作而无传世名作,这是事实。但事实还有另一面:元代是古文八大家文学谱正式确立的关键时期,这或许是元代留给后世最重要的文学遗产之一。而正是在这点上,元代科举与文学之间密不可分的关系也得以充分体现。

## "the Eight Great Writers" and Keju-Examination of Yuan Dynasty

Wu Zhijian, Zhejiang Library

**Abstract**: The famous pedigree of ancient writers, "the eight great writers", begun in South Song Dynasty and was established in Yuan era. Su shi and his followers were more important in the former pedigree. *The collected works of the eight great writers* [*ba shinshen wenji*], edited by Zhu You, as we know, was the first book that named after "the eight great writers". This was caused by the policy of keju (Imperial Examination) and lixue (Neo-Confucianism). The pedigree of "the eight great writers" was carried on in Ming and Qing era.

(本文作者为浙江省图书馆古籍部馆员)

① 【清】纪昀等《〈八大家文抄〉总目提要》,文渊阁四库全书本。

# 从诗看“龙香”墨在元代的新发展

林　欢

“龙香”墨是中国制墨史上一个久负盛名的墨名之一。在故宫博物院的清宫旧藏中，迄今为止年代最久的墨品便是制造于明代“宣德元年龙香御墨”。然而学术界关于“龙香”墨的研究成果并不多见。遍查近60年来已出版的著作中，述者寥寥。然而，任何事物都有一个萌芽、成长、成熟、衰亡的过程，故宫博物院所藏的这批明代“龙香御墨”制作精良，工艺水平高超，已经处于中国制墨史上的成熟阶段。至于其在宣德以前的起源与发展问题，从未有人进行过专门论述。因此，针对“龙香”墨进行专题性溯源研究，对于了解中国古代制墨工艺的选料问题，宋、元、明、清四代墨品的流传与使用问题有一定的参考作用。为此目的，本文就“龙香”墨在元代的流传及其分期特点等问题进行一番考察，恳请方家指正。

## 一、“龙香”之名的缘起

墨与其他文房用具一样，是中国传统的手工艺制品之一。随着2 000多年以来儒家伦理思想为核心的社会意识形态在中原地区的确立与传播，再加上科举制度的完善、书画艺术的发展，使得墨被赋予了浓厚的儒家文化色彩。所谓“龙香”，即中原传统制墨工艺中流传千年之久的“龙香剂”配方。故而所谓“龙香”御墨，也就是以制墨煤烟为主，与“龙香剂”诸药品相互混合，由动物胶配制粘合而成的具有独特香气的高级药用墨品。就总体使用情况来说，宋代科技、特别是民间工艺技术的发展为“龙香”墨的不断完善创造了新的条件，并且得到了广大文人的称赞。正是社会上士大夫阶层对于“龙香”之妙感触至深，因此文人们开始将“龙香”作为墨品的代表性称呼。尽管有无张遇“供御墨”之事尚待考证，但是“龙香”墨的使用已经成为一种社会风气。因此在宋元时代，“龙香”几乎成为墨的代称，甚至成为汉民族国家、儒家文化的一种象征。例如姚勉有《和松窗主人荐墨客诗》：

> 久不欹眠听说诗，心茅又塞介然蹊。那能蚕雨鸣窗叶，徒自鸡天舞瓮醯。诗态笑看云霭霭，客怀唤醒晓凄凄。龙香惠我真安用，君有佳篇好自题。①

## 二、“龙香”墨配方技术在元代的重大转变

元朝的建立促进了世界多元文化交流的空前繁盛，也为传统的儒家文化，特别是文房制作工艺的提高提供了新的发展环境。据马明达先生的研究，有元一代，著名的制墨工匠有朱万初、潘云谷、魏元德、吴善、李文远、侯务本等46人。此时的制墨技术在继承了唐、宋时代的流风余韵之后，有所改进和创新，进而形成了自己的特点。但是非常遗憾

① ［宋］姚勉《雪坡集》卷15，《和松窗主人荐墨客诗》，文渊阁四库全书，第1184册，第109页。

的是,元代墨品没有多少流传下来。综合元代文献,特别是元代文人赠与墨工的诸多诗文,我们可以看出元代“龙香”墨配方有以下特点:

首先,桐油烟得到了广泛的应用,进而成为后世制墨的主料。

元代“龙香”墨的主料使用与前代相比有所变易,一改唐宋以来制墨业以松烟为主料的特点,突出表现为油烟,特别是桐花烟、桐油烟的使用。这是整个元代制墨业的一种特色与创新,并且为明清两代制墨业开辟了新天地。而谈到桐油烟墨乃至桐花烟墨的制作,就不得不提到墨工吴善。吴善,字国良,苏州人。伶人出身,善吹箫。后得制墨法,善于以桐花烟制墨,成为元末南方最著名的墨工之一。孔齐的《至正直记·墨品》记载:

> ……至元间,姑苏一伶人吴善字国良者,以吹箫游于贵卿士大夫之门。偶得造墨法,来荆溪,亚于李(文远),亦可用也。①

吴善本人同文人士大夫阶层交往甚广,当时文人多有诗文赠予,如倪瓒(1306—1374)、郑元佑、泰不华(1304—1352)等。其中以倪瓒、郑元佑赠予尤多。倪氏乃画界“元四家”之一,其文记:

> 荆溪吴国良,工制墨,善弄萧,好与贤士大夫游。张贞居每馆寓其家,舣舟篱旁,兴尽便返,故国良得贞居翰墨为多。今年夏,予以事至郡中,泊舟文忠祠后。国良便从溪上具小舟相就语。为援萧作三五弄,慰予寂寞,并以新制桐花烟墨为赠。予嘉其思致近古,遂写《荆溪清远图》遗之。实至正十年(1350)四月廿一日也。②

除此之外,倪瓒还创作了大量的诗歌来表达自己对于吴善赠墨的感激之情,如:

> 岩谷春风起,桐花落涧红。隔水轻烟发,收煤石灶中。豹囊秘玄玉,鹅池生白虹。汤生法潘谷,千载事还同。③
>
> 吴生制墨变潘法,住近义兴山郭中。洗玉巧当前涧水,采花还觅古时桐。照夜虹光灯隐壁,拂云鸾尾谷生风。长年圭璧富润屋,我善养生那有穷。④

江南名士郑元佑则赞曰:

> 张公洞中芝草春,帝藏宝书更几尘;中有龙香烧墨法,古苔溜雨松肤皴。木公窃窥试造后,至今法行溪水滨;吴生妙解不求似,独造万古工何纯。玄霜夜捣玉兔白,黑琼晓剥苍蛟鳞;制成比之犀截角,研罢顿似鸾凭茵。姿如青铜色如漆,并潘便见亦相亲;老奚父子委世久,潘李竟谁追后尘。嗟生一朝遇赏识,会同南琛贡紫宸;愿宝

① [元]孔齐《至正直记·墨品》,中华书局,1991年,第28页。
② [元]倪瓒《清閟阁全集》卷九《题荆溪清远图》,文渊阁四库全书本,第1220册,第303页。
③ [元]倪瓒《清閟阁全集》卷三《赠墨生》,文渊阁四库全书本,第1220册,第179页。
④ [元]倪瓒《清閟阁全集》卷六《赠墨生吴善》,文渊阁四库全书本,第1220册,第238页。

龙香古圭璧，明月清光长照人。①

桐始华，桐花开向荆溪之水涯。溪声长绕孝侯庙，桐阴尽覆吴生家。吴生家藏烧墨法，传自李潘久益嘉。瓦沟爇膏火，蕴炧穗结葩。日扫桐花之烟三万石，鬼物守护无疵瑕。千杵万杵白兔臼，麋鹿捣胶无夜昼。制成龙香古圭璧，玉刚金精石同寿。奚老然松松化石，潘痴坐井井裂甃。二子却扫桐花烟。生也与之谁后先。墨成飞上通明殿，红云一朵捧宫砚，试之漆黑劳磨研，吴生姓名等潘李，肯让诸蒲先着鞭。②

至于元代著名书家泰不华的《桐花烟为吴国良赋》一首，在各家赠诗中亦可称代表之作：

吴郎骨相非食肉，朝采桐花洞庭曲。洞庭三月桐始花，千枝万朵摇江绿。吴郎采采盈倾筐，宝之不啻瑗膏栗。真珠龙脑吹香雾，夜夜山房的玄玉。墨成谁共进蓬莱，天颜一笑金门开。河伯喷香飞木叶，太守嘘气成楼台。龙宾一二吾何有，不意龙文入吾手。芙蓉粉暖玻璃匣，云蓝色映彤墀柳。玉堂退食春昼长，挑花纸透冰油光。�管时时濡秀石，银钩历历凝玄霜。君不闻易水仙人号奇葩，落纸三年光不灭。又不闻唐生乌玉块，坡老当年书柿叶。惜哉唐李不复见，吴郎善保千金诀，呜呼吴郎善保千金诀！③

元代淮西名儒潘纯也有一首《桐花烟为吴国良赋》：

常闻吴刚上天去，手斫嫦娥宫中树。调向人间作散仙，阳羡州中水边住。曾见玉兔捣玄霜，三生悟得烧墨方。墨成得钱即酤酒，那知世有白玉堂。百年生计万虑息，身不求知名四集。卧吹长笛看青天，岁扫桐烟三百石。周郎昔斩长桥蛟，腹中有白凝如膏。石床暖倾玉髓滑，竹屋夜捣山月高。江南李墨人共借，安得今人不如昔。君看郁郁歙州山，山上青松尽千尺。④

自北宋以来，由于松树资源的大量开采与使用，以松烟作为制墨原料已属不易，有人开始探索新的制墨原料。例如，墨工张遇将油烟作为新的制墨原料，这便是对于制墨原料的新探索。而吴善使用桐花、桐木做烟，则可以看作是人们除松烟外，在制墨材料上的另一种创新。无独有偶，文献上关于桐烟制墨的例子比比皆是。又如当时江苏宜兴墨工李文远也与大画家倪瓒有深厚的交往，倪瓒曾有诗赞曰：

义兴李文远，墨法似潘衡，麋角胶偏胜，桐花烟更清，紫云腴泛泛，玄璧理庚庚，

① ［元］郑元佑《侨吴集》卷二《龙香行赠吴国良》，文渊阁四库全书本，第1216册，第439页。

② ［元］郑元佑《侨吴集》卷三《题桐华烟卷》，文渊阁四库全书本，第1216册，第454页。

③ ［明］偶桓《乾坤清气(集)》卷八，文渊阁四库全书，第1370册，第347页。

④ ［元］潘纯《桐花烟为吴国良赋》，［元］顾瑛编《草堂雅集》卷六，文渊阁四库全书，第1369册，第315页。

安得龙香剂,霜枝写月明。①

潘衡墨法老坡传,承晏昆仍又几年。独依山室烧桐子,赠与仙人写内篇。石灶霞光存活火,夜帷云影炫晴烟。要知文字遗不朽,犹向诗中咏墨仙。②

郑东另有《赠墨工魏元德之京》一诗,赞曰:

昔年广陵有魏翁,隐居不出玉山中。朝汲山下泉,暮采山上桐。手操玉杵不计工,一日煮麋三日舂。墨成包以锦十重,色如犀角坚如铜。魏郎传家墨逾好,我始得之如至宝。喜闻学士延阁中,驱车欲向都门道。为君抱墨三叹息,虞公目昏揭公老。③

有元一代,桐烟墨的制作似乎已经成为一种趋势。然而搜集桐花并不容易,诗文中多见其墨制作精细,恐难以大量生产,所以吴善等人的供应对象应主要是倪瓒、泰不华等这样的知名书画家。更为常用的普通墨品,则属于油烟墨体系的桐油墨。到了明代,采集桐油烟与漆油烟制墨方法得到更广泛地采用。由于其墨色黑润,加上"龙香"之独特的馨香气味,从而为明、清两代"徽墨"盛世的来临打下了坚实的基础。

其次,"龙香"等香料的使用,完整继承了宋代以来制墨配方的精华。

元代"龙香"墨继承了宋代以来"龙香剂"的传统配方,在香料的选择与加工、用胶材料的选择方面有所成就。纵观元代诗文,其中能够引起我们注意的除了桐烟的使用之外,便是以"龙香剂"为主的香料的使用。此时的"龙香剂",依然与宋代成分相似,为冰片与麝香的结合。但是由于加入了目前所不知的其他成分,从而使得这种香气更加浓烈。例如元末墨工魏元德的"龙香"墨气味还得到了元惠宗妥欢帖睦尔的赏识。魏元德,名景仁,以字行,本大名人。如宋褧在《赠墨工魏元德序》中记载:

至正五年(1345)六月庚午,皇帝御慈仁殿。中书右丞领宣文阁臣达世贴睦迩进魏景仁所制墨。朱户敞晃,锦囊启封,玄光溢目,芳香袭左右。上嘉赏之……④

宋褧还有一首《赠墨工魏元德》记道:

煤麝捣鱼胞,居然品格高。剂传龙髓记,香出豹囊韬。讵呆饰照应,唯将录楚骚。多君远持赠,诗句少酬劳。⑤

① [元]倪瓒《题墨赠李文远》,《清閟阁全集》卷三,文渊阁四库全书,第1220册,第186页。

② [元]倪瓒《李文远制墨次吴寅甫次韵》,[元]顾瑛编《草堂雅集》卷6,文渊阁四库全书,第1369册,第311页。

③ [元]郑东《赠墨工魏元德之京》,[元]顾瑛编《草堂雅集》卷七,文渊阁四库全书,第1369册,第318页。

④ [元]宋褧《燕石集》卷一二《赠墨工魏元德序》,文渊阁四库全书,第1212册,第485页。

⑤ [元]宋褧《燕石集》卷五《赠墨工魏元德》,文渊阁四库全书,第1212册,第406页。

由此可以看到,魏元德在传统的制墨技术上加入了自己的某些特色,因而达到了“芳香袭左右”、“香出豹囊韬”的效果。

不过,元代的制墨家们对用药有着深刻的认识,他们已经意识到了用药的适度性。例如元末明初人沈继孙在《墨法集要・用药》中认为用药是必需的,但并非越多越好:“用药之法,非惟增光、助色、取香而已。意在经久,使胶力不败,墨色不退,坚如犀石,莹泽丰腴,腻理可爱。此古人用药之妙也。”而是各有各的用处,应依据药性及相互关系作辩证使用。他认为最好的香料是“蔷薇露”,取其香经久不散。而要制出高级墨,也绝不仅仅靠药。概括起来,“一须烟淳,二须胶好而减用,三须万杵不厌,此不易之法,不可全籍乎药也”。① 这个理论的诞生,为日后中国制墨业的发展奠定了坚实的基础。

再次,元代制墨用胶有着明确的时代特点。

元代“龙香”墨在用胶方面有自己的特点,特别是麋鹿胶、鱼胶得到了广泛的使用。煮胶和墨是制墨的又一关键。关于胶的作用,明人方瑞生说:“制墨在烟胶均适,适则契,契则愈久愈坚,堪敌水性。”②这种方法的运用似乎起源于南北朝时期。至于煮胶的原料,北魏时期的《齐民要术》记载用沙牛皮、水牛皮、猪皮为最好,唐代有专门用鹿角煮胶的祖敏。宋代则有鲤鱼鳞、马皮、鹿皮、驴皮、鼠皮、犀皮等。特别是宋代张遇之孙张处厚使用了鱼胶,颇有新意。到了元代,制墨工匠用胶的材料继续沿袭过去的做法,突出表现在使用鹿角胶与鱼胶上。如元末明初人袁华在《赠刘宗永》一诗中谈到:“……胶煮鹿角松花烟,剑脊小饼双龙骞。坚能削木黑点漆,好事宝藏今尚传。……”③又如前者所引《赠墨工魏元德》记载:魏元德的“煤麝捣鱼胞,居然品格高。”《至正直记・墨品》则记:“至顺后,或用鱼胶者,甚好。”④除此之外,元代制墨还沿袭了北魏使用梣汁的做法:“……却扫烟煤开瓮牖,梣汗和胶审时候,丹砂紫沈脑麝金,万杵春雷鸣铁臼。……”⑤

生活在元末明初的苏州墨家沈继孙在自己的著作《墨法集要・溶胶》中说:“予旧时,荆溪吴国良所造牛胶墨,至今五六十年,俨如古墨。何言牛胶之墨不善耶?”⑥由此可见,吴善造墨用牛胶也是一个特点。然而使用牛胶的做法并没有在元代得到广泛运用,只能作为一种特例而展现。尽管沈继孙在自己的著作中提到了这一点,但是他的生产过程依然遵循了传统的使用麋角胶的方式。这种情况一直沿袭到了明代。如倪瓒在赠给他的诗中写道:

> 沈学翁隐居吴市,烧墨以自给,所谓不汲汲于富贵,不戚戚于贫贱者也。烟细而胶清,黑若点漆,近世不易得矣,因赋赠焉:桐烟墨法后松烟,妙赏坡翁已久传。麋角胶清莹玄玉,龙文刀利淬寒泉。山廨唯珍白鹅帖,云窗谁录古苔篇。爱尔治生吴市隐,收煤一室数灯燃。⑦

---

① [明]沈继孙《墨法集要》,文渊阁四库全书,第843册,第690页。

② [明]方瑞生《墨海》,桑行之等编《说墨・烟胶契》,上海科技教育出版社,1994年,第1106页。

③ [明]袁华《耕学斋诗集》卷六《赠刘宗永》,文渊阁四库全书,第1232册,第312页。

④ [元]孔齐《至正直记・墨品》,中华书局,1991年,第28页。

⑤ [明]袁华《耕学斋诗集》卷六《赠刘宗永》,文渊阁四库全书,第1232册,第312页。

⑥ [元]沈继孙《墨法集要》,文渊阁四库全书,第843册,第688页。

⑦ [元]倪瓒《清閟阁全集》卷六《赠沈生卖墨》,文渊阁四库全书,第1220册,第238页。

## 三、民间"龙香"墨走向宫廷的基本状况

元代"龙香"墨是通过民间墨工与朝中大臣相交的媒介,才得以真正进入宫廷,从此成为元明两代宫廷的首选御墨。从现有史料来看,关于民间墨品进入宫廷,并将其作为御墨,大体上源于易州墨工奚超、奚廷珪父子之墨的传说。而有确切记载的宫廷制墨,就目前所知晓的相关文献材料,仅限于清代。由奚氏墨"丰肌腻理,光泽如漆",因而得到南唐后主李煜的赏识,遂令奚廷珪为"墨务官",并赐国姓李作为奖赏。然而,关于李墨进贡的具体情节,遍翻史籍,并无详述。这样的情况同样出现于前文所引宋代墨工张遇的"供御墨"之事。到了元代初年,这种传说依然没有变成事实,但是有迹象表明,当时宫廷中已经出现了"龙香"墨的痕迹。如元人王恽有《宣和宝墨歌》中有:"万笏细捣和龙香"①的诗句。而张仲深写道:"唐家宫殿重因循,铭刻坚珉自法真,一代文章超述作,千年翰墨愈精神。龙香浸润驼油滑,兔颖分明玺色新,为向晴窗每临写,从今不数卫夫人。"②

不过,就目前关于民间"贡"墨较为可信的材料,出现于元代中后期。元朝最高统治集团在坚守北方草原游牧文明和波斯——伊斯兰商业文明传统的同时,对于中原儒家农耕文明表示了极大的尊重。特别是在仁宗爱育黎拔力八达、英宗硕德八剌、文宗图帖睦尔、元惠宗妥欢帖睦尔等人统治时期,儒家文化得到了迅速恢复与发展。此时,开科举、崇理学,乃至尊奉孔子为"文宣王"等系列政策的推广,使得广大儒生乃至墨工们看到了希望。而与儒生息息相关的民间墨品、特别是"龙香"墨成为御墨的详细情况被记录于诸多文献之中,这对于我们了解中国古代贡墨制度不无裨益。例如元代大学士虞集的《道园学古录·赠朱万初四首》,既记载了其友江西墨工朱万初传奇般的人生经历,又是十分珍贵的墨史资料之一。这有助于我们了解大历、至顺时期元文宗与奎章阁的一些情况。现引片断:

> ……其二:珥貂鸣珮入明光,新墨初成进御床。草野小臣春梦短。犹怀染翰侍君王。(天历己巳,天下大定,中外艾安,天子始作奎章之阁于宫庭之西,是亲御翰墨。时荣公存初、康里公子山,皆近侍阁下。以朱万初所制墨进,大称旨,得禄食艺文之馆,其名籍甚。邈在草野,岂胜千古之思乎!)
>
> 其三:延阁晨趋接珮声,又纡朱绂向江城。丹心要似东阳水,酿作官壶彻底清。(朱万初以艺文直长,以年劳恩赏,出佐帅幕南海,转承东阳。东阳文物之邑,俗第以名酒归之,岂其山川之望哉!韩文公讥丞不负余余负丞,今丞凡邑之风俗,教命刑狱科斌无不得言,言之当无不可,行存乎其人而已,万初勉之。)……③

明人杨慎也在《升庵集》中谈到:

> 元有朱万初,善制墨,纯用松烟,盖取三百年摧朽之余,精英之不可泯者,用之非常松也。天历、乙巳开奎章阁,拣儒臣亲侍翰墨。荣公存初、康里公子山皆侍阁下。

---

① [元]王恽《秋涧集》卷九《宣和宝墨歌》,文渊阁四库全书,第1215册,第98页。

② [元]张仲深《子渊诗集》卷四《九成宫法帖》,文渊阁四库全书,第1215册,第343页。

③ [元]虞集《道园学古录》卷二九《赠朱万初四首》,文渊阁四库全书,第1207册,第428页。

以朱万初所制墨进，大称旨，得禄食艺文馆。虞文靖公赠之诗曰：“霜雪摧残涧壑非，深根千岁斧斤违。寸心不逐飞烟化，还作玄云绕紫微。”盖记兹事也。又曰：“万初之墨，沉着而无留迹，轻清而有余润，其品在郭圯父子间。”又跋其后曰：“近世，墨以油烟易松烟，姿媚而不深重。万初既以墨显，又得真定刘法造墨法于石刻中。以为刘之精艺深心尽在于此。必无误后世。因覃思而得之。余尝谓：松烟墨深重而不姿媚，油烟墨姿媚而不深重。若以松脂为炬，取烟二者兼之矣。”①

元文宗天历二年(1329)三月，奎章阁正式创立，成为元朝文化建设史上的一件大事。奎章阁于是成为元代统治者网罗中原内地人才，进行文化建设的一个标志，并为日后“三史”的修撰打下了坚实的基础。到了元惠宗至元六年(1340)十一月，奎章阁改为宣文阁。据上文，墨工朱万初入京并因为所进墨“大称旨，得禄食艺文之馆”。文宗赐其官为“艺文直长”，即奎章阁下属机构艺文监的直长。尽管以品阶言，他不过是个九品属官，但由一个身处社会低层的墨工一下子变成朝廷命官，这个跨越程度很大，在中国墨史上实乃罕见②。

与宋代不同，由于中国古代各民族之间社会经济基础导致的社会意识形态差异，元代官员的选拔制度以门第出身为主要依据，注重血缘与军功，同时兼顾有特殊技艺的工匠。虽然后期也曾开科取仕，但是依然改变不了后代儒生对于元朝选官制度的诟病。因此，朱万初的人生转变与其说是元文宗对朱万初好友虞集的倚重及其对于儒家文化的深爱，不如说成是元代选官制度的延续。他的经历在一定程度上刺激了其身后元代制墨业的发展，同时也在一定程度上反映了元代手工业工匠社会地位的相应提高。后来，朱万初“以年劳恩赏，出佐帅幕南海，转丞东阳。”所谓“出佐帅幕南海”，应是出任广州路总管府的照磨。按照元制，总管府的照磨秩九品，主管文版档案的收发保存。虽然从级别上说，朱氏的外放并没有提升，但毕竟是由技术官员转为行政官员，并为日后的升迁创造了机会。行前，虞集赠诗与朱万初，既表达了他们之间的深厚友谊，同时又肯定了朱万初献墨的贡献：

圣主多清暇，临池爱日长；天章垂凤彩，云气动龙香。进谏惭簪笔，争书敢近床；承恩君最早，服玉向炎方。③

据马明达先生的研究，朱万初后任东阳丞、建宁幕长等职，官运亨通且有所作为。④ 自朱万初进“龙香”墨于元廷之后，献墨于内廷的活动成为后代墨工的一种人生向往，元末明初的袁华有诗赞曰：“近代西江朱万初，龙香上贡奎章里……”⑤而元代臣工也将使用“龙香”墨当作是一种时尚，“龙香”墨与奎章阁(宣文阁)从而为元代文化事业的开展，特别是为中原书画的流传做出了巨大的贡献。

---

① [明]杨慎《升庵集》卷六六《朱万初墨》，文渊阁四库全书，第1270册，第646页。
② 马明达《元代墨工考》，《西北民族研究》，2003年第1期。
③ [元]虞集《道园学古录》卷二《送朱万初之广东照磨》，文渊阁四库全书，第1207册，第22页。
④ 马明达《元代墨工考》，《西北民族研究》，2003年第1期。
⑤ [明]袁华《耕学斋诗集》卷六《赠刘宗永》，文渊阁四库全书，第1232册，第312页。

龙香暖脱青螺髻,麝剂光凝生漆点,玉台迎晓画眉残,紫砚新磨玄兔染……①

棘围粉署隔重墙,校艺分官属正郎,五夜风帘烧蜡烛,九天冰树剂龙香。周旋接武尚书履,供帐留茵御史床,胪唱阁门春色曙,侍臣应奏庆云章。②

而当时的翰林学士们纷纷与墨工交结之时,也乐意将其作品进行全力推荐。例如元代翰林学士吴当曾有《赠墨工侯务本次虞学士韵》,直接替墨工侯务本的表达了心声:

御床玄璧进龙香,奎阁当年诧豫章。此日侯家新制作,采烟凝液总仙方。窗下云英透纸香,白头惭愧恋文章,玉堂天上成春梦,珍赐何时出尚方。③

又如墨工魏元德,名景仁。本大名人,在江西上饶的玉山制墨。魏元德是继朱万初、潘云谷、侯务本以后到京城寻求发展的又一墨工。同朱、潘等人一样,他的目标是通过奎章阁臣工把墨进献给皇帝,以求取赐赏和恩荣。宋褧在《赠墨工魏元德序》中记载:

至正五年(1345)六月庚午,皇帝御慈仁殿。中书右丞领宣文阁臣达世贴睦迩进魏景仁所制墨。朱户敞晃,锦囊启封,玄光溢目,芳香袭左右。上嘉赏之,敕崇文少监臣明理藏于阁,命赐内帑币帛。景仁拜辞下。臣褧是日进讲,亦与观焉。明年春,景仁将南归,别造新墨以献,大夫赋歌诗赠之,予序其事。……呜呼!墨,小物也,景仁布衣也,上被恩宠,下收善价,其技之精有足以动人者如是。……④

与宋褧同时欣赏到魏元德墨的元臣纳新亦有诗曰:

锦袭玄圭莹,龙香秘阁浮,渍毫春黛湿,拂楮翠云流,绣绮颁宫掖,琼浆出殿头,小臣沾雨露,千载荷恩休。⑤

尽管由于当时时局的动乱,以及元惠宗的个人兴趣爱好的转向,诸位墨工没有如愿以偿,但是他们的墨品与文人之间的友谊依然在元代书画界留下了美名。

## 结　论

一、中原历代工匠为了增加墨品的香味,于"龙香"墨的成分上进行了多次变革:在唐代以荷花为香料,以松烟为主料;在宋代以龙脑香(冰片)、麝香为香料,以松烟为主料;

① [元]张翥《题玉山所藏魏国夫人赵管墨竹》,[元]顾瑛编《草堂雅集》卷4,文渊阁四库全书,第1369册,第269页。

② [元]马祖常《试院书事》,[元]苏天爵编《元文类》卷7,文渊阁四库全书,第1367册,第100页。

③ [元]吴当《学言稿》卷六《赠墨工侯务本次虞学士韵》,文渊阁四库全书,第1217册,第307页。

④ [元]宋褧《燕石集》卷一二《赠墨工魏元德序》,文渊阁四库全书,第1212册,第485页。

⑤ [元]纳新《江东魏元德所制齐峰墨于上都慈仁殿,赐文锦马湩以宠之。既南归,作诗以赠云》,[清]顾嗣立编《元诗选初集》卷四一,文渊阁四库全书,第1469册,第115页。

在元代以龙脑香(冰片)、麝香为香料,以桐烟为主料。

二、以“龙香剂”为主料的“龙香”御墨的出现,本是唐代中期前北方制墨技艺发展到顶峰的产物。进而由于最高统治集团的政治斗争和舆论需要,随后成为专供最高统治集团使用的御用品。

三、“龙香”御墨的制造地点在从唐代到明代的漫长发展过程中,经历了由北(山西、河北)到南(江苏、江西、安徽)的转变过程。这个变化既反映了中国古代制墨中心的迁移过程,同时也从另一个角度映证了中国古代经济重心由北方向南方转变的历史大趋势。而这个转变的关键时期,是在元代。

四、就制墨技术而言,有元一代,不仅产生了一些新的工艺流派和大批优秀工匠,而且还出现了诸如《墨史》、《墨法集要》等总结性、指导性著作。从总体上说,元代的文房制作工艺,不仅对元代蓬勃发展的书画创作提供了有力的支持,而且对明清时期笔墨生产地域格局的基本形成铺垫了基础。① 清宫旧藏明代“龙香”御墨的大量出现,标志着“龙香御墨”制作技术已经完全成熟,更表明在明代以歙县、休宁为代表的“徽墨”生产已经成为当时中国的制墨中心。

五、元代制墨家散处各地,还不像后来那样集中到安徽皖南一带。② 由于宽松的社会环境,使得他们可以积极的发挥主观能动性,主动交接社会名流。而其社会地位的空前提高,又促使以前“供御墨”的传说真正变为现实,这种活动最终促成“龙香”墨在明代转变成为宫廷专属的“龙香御墨”。

## The development of *Longxiang* Ink sticks production in the Yuan Poetry

Lin Huan, Department of Objects and
Decorative Arts, the Palace Museum

**Abstract**: High-quality personal ink products with a unique fragrance, the imperial *Longxiang* ink sticks were produced primarily from soot, with the addition of an herbal medicine called "*Longxiang* agent" and animal glue. The ink sticks with the longest history and most definitive dates are the imperial *Longxiang* ink sticks made in the Song period. The *Longxiang* ink sticks in the collection of the Yuan palace are finely made with perfect craftsmanship, and represent the mature stage of the ink production history. This paper focuses on research into the origin, formulae, lineage, and status of the *Longxiang* ink sticks in the Yuan poetry, their special characteristics and changes of *Longxiang* (dragon fragrance) is a type of ink-stick with a long-standing reputation in the history of ink-stick production.

(本文作者为故宫博物院古器物部馆员)

---

① 马明达《元代墨工考》,《西北民族研究》,2003 年第 1 期。

② 张伯元等《文房四宝》,上海文化出版社,2000 年,第 112 页。

# 《元代笔工考》校补*

朱友舟

清人梁同书《笔史》,专门设有一章《笔之匠》,其中介绍元代笔工17人。清末胡韫玉《笔志》在《笔史》的基础上增补元代笔工2人。① 马明达先生又增补近30人,将研究推进了一大步。然而,白璧微瑕,马明达《元代笔工考》引文错误不少,笔者不辞浅陋,一一加以补正。又马文对梁同书、胡韫玉所辑录的笔工未加区分。是故,笔者对此两家所辑录的笔工做了区分。② 在此基础上,笔者搜罗文献,又补得元代笔工9人。

**元代笔工辑录表**

| 笔工姓名＼出处 | 梁同书《笔史》 | 胡韫玉《笔志》 | 马明达《元代笔工考》 | 朱友舟 |
|---|---|---|---|---|
| 冯应科 | √ | | | |
| 陆 颖 | | √ | | |
| 陆颖贵 | | | √ | |
| 王文用 | | | | √ |
| 陆文豹 | | | √ | |
| 陆文俊 | | | √ | |
| 范君用 | √ | | | |
| 沈君实 | √ | | | |
| 王伯纯 | | | √ | |
| 陆文桂 | | | √ | |
| 沈君宝 | | | √ | |
| 沈日新 | | | √ | |

* 文化部文化艺术科学研究项目,08DF28。江苏省文化厅科研项目,11YB11。

① 胡韫玉所补,直接加注。出《笔志》见何藻辑《古今文艺丛书》,江苏广陵古籍刻书社,904页。

② 本编体例如下:一、凡见于梁同书《笔史》者均以*号标注。二、订正梁文错误之处,并作按语。三、马明达所补以▲号标注,对马文的订正置于注释之中。四、对梁文引用文献加注并补充相关资料,同时为马文补充了相关资料。五、笔工排列借鉴马文结构,按地区排序,略加调整。

（续表）

| 出处<br>笔工姓名 | 梁同书《笔史》 | 胡韫玉《笔志》 | 马明达《元代笔工考》 | 朱友舟 |
|---|---|---|---|---|
| 王　纯 | | | √ | |
| 温子敬 | | | √ | |
| 范养素 | | | | √ |
| 毛隐上人 | | | | √ |
| 杨均显 | | √ | | |
| 吴　升 | √ | | | |
| 姚　恺 | √ | | | |
| 陆　震 | √ | | | |
| 杨　鼎 | √ | | | |
| 温　生 | √ | | | |
| 陆文宝 | √ | | | |
| 陈重实 | | | √ | |
| 陆用之 | | | √ | |
| 徐原珪 | | | √ | |
| 陆继翁 | | | √ | |
| 王古用 | | | √ | |
| 施廷用 | | | √ | |
| 钱　瑞 | | | √ | |
| 张江祖 | | | √ | |
| 凌子善 | | | √ | |
| 许文瑶 | | | √ | |
| 黄子文 | | | √ | |
| 潘又新 | √ | | | |
| 杨茂林 | √ | | | |

(续表)

| 出处<br>笔工姓名 | 梁同书《笔史》 | 胡韫玉《笔志》 | 马明达《元代笔工考》 | 朱友舟 |
|---|---|---|---|---|
| 杨日新 | | | √ | |
| 顾秀岩 | | | √ | |
| 张蒙轩 | | | √ | |
| 顾　辅 | | | | √ |
| 倪文宝 | | | | √ |
| 童　生 | | | √ | |
| 严　应 | | | √ | |
| 严子英 | | | √ | |
| 胡　氏 | | | √ | |
| 刘　远 | √ | | | |
| 张进中 | √ | | | |
| 李子昭 | | | √ | |
| 王子玉 | | | √ | |
| 李思温 | | | √ | |
| 林君实 | | | √ | |
| 王明远 | | | √ | |
| 罗惟巽 | | | | √ |
| 杨　君 | | | | √ |
| 张　蒙 | | | √ | |
| 沈　生 | | | √ | |
| 沈秀荣 | √ | | | |
| 陈文用 | | | √ | |
| 周文举 | | | | √ |
| 黄伯容 | | | | √ |

# 一、南 方 笔 工

## (一) 吴兴笔工

冯应科 *

笔者补:〔元〕方回《赠笔工冯应科》:“世言善书不择笔,此物岂可不精择。空弓难责养由射,快剑始堪孟贲击。多钱而贾长袖舞,工良器利贵相得。文房四宝拟四贤,最不易致管城伯。乍可微钝勿太尖,又恐过肥宁少瘠。一兔仅足成一枚,奈何攟束动□□。毻毛乱毳纷交加,醉人蓬首发不栉。落腕当如画铁椎,顾乃萎弱欠筋力。山谷道人昔有取,诸葛鸡距异枣核。长句哦赠林为之,余子徐偃似无骨。上党华陵君家孙,苦心隐艺造玄极。买非其人拂袖行,但取赏音不论直。二毫三副及散卓,随意真行作波磔。……惟有毛锥真强项,不受折简屡太息。善书今谁第一人,冯应科笔今第一。”①

〔明〕董斯张撰《(崇祯)吴兴备志》载:“智永禅师结庵琏溪,往来永兴寺,笔工萃于②此乡。北取兔毫于溧之中山,南取绿管于越之文山,故其制独精。元冯应科、陆大宝俱善琏人,其乡旧祀蒙恬,至今有瘗笔塚,蒙家漾古迹。见《归安新志》。”③

陆颖▲④

〔明〕龚学《赠吴兴陆颖笔花轩》:“吴兴制作天下奇,笔花名轩谁与题。霜毫插架千万枝,枣心兰蕊⑤芳菲菲。固知文房有至宝,雨露涵渐⑥为谁好。自是春风笔下生,时人只道花开早。”⑦

按,笔者补:〔元〕沈梦麟《花溪集》载:“当时笔家争效技,陆颖一出超群工。”⑧

陆颖贵▲

〔元〕杨维桢《赠笔史陆颖贵序》:韩子为笔作颖传,颖莫贵中山之毫。汉制:天子笔皆用兔;蒙恬以鹿毛为柱,羊毛为被;欧阳通以狸毛为主,覆以兔毫。则知颖颖独贵于兔也。(略)笔其笔床曰颖,擅名于馆阁诸公者久矣,至其孙,遂以“颖贵”名焉。常以丰狐⑨之毫或麝毛须制以遗我,且曰“已⑩铁史铁心颖”也。予用之劲而有力,圆而善仕,⑪使舍其制而用它工,则不可书矣⑫。故铁心之颖,人罕得之,而人亦不能用也。其以颖自贵,何

---

① 〔元〕方回撰《桐江续集》卷二十,文渊阁四库全书本。

② “萃于”,马明达文误为“率多”。见《元史及民族史研究集刊》第15辑,南方出版社,2002年8月,第一版,36页。以下“马明达文”简为“马文”,出处与此同,皆略。

③ 〔明〕董斯张撰《(崇祯)吴兴备志》卷二十六,文渊阁四库全书本。

④ 〔清〕胡韫玉《笔志》已著录,马文未注明。

⑤ “蕊”,马文误为“芷”,36页。

⑥ “涵渐”,马文误为“洒淅”,36页。

⑦ 〔明〕龚学撰《鹅湖集》卷一,文渊阁四库全书本。

⑧ 〔元〕沈梦麟撰《花溪集》卷三,民国枕碧楼丛书本。

⑨ “狐”,马文误为“城”,37页。

⑩ “已”,马文误为“史”,37页。

⑪ “圆”,马文误为“园”;“仕”,马文误为“任”,37页。

⑫ “不可书矣”,马文误为“不能用也”。37页。

以异于唐诸葛首奇士哉?予舍其颖之可贵而又能自贵,不以轻信于人也。故为序以赠,使世之大手笔知其自负所贵,非吾溢美之也。至正甲辰夏五月朔序。①

《画沙锥赠陆颖贵笔师序》:吴兴陆生某,有才学而隐于笔工,其仲氏颖贵,美髯②善容止,尤有才气。可仕乱世而识几不受聘,则慨然曰:以弓刀窃禄,孰愈吾世守毛锥之为贵也。袭名颖贵,而制之精者,标其号曰:画沙锥。尖圆遒劲,健可与古韦昶争绝,晋人。余用笔喜劲,故多用之,称吾心手,吾书亦因之而进。颖贵亦自贵,虽势要求之而不可得。别褋③之以锦,……徒为祝锥辞:于乎,锥乎,锥乎……④

王文某

〔清〕卞永誉撰《式古堂书画汇考》卷十六载:"往从白门市中见此册叶,书凡十八纸,画有其半。今又遗其二矣。云是顾清甫氏藏本。当时笔工王文某者,时时从文敏所拾得之,随短长阔狭作数册,子孙世世宝护。"⑤

陆文豹 ▲

陆文俊 ▲

〔元〕沈梦麟《赠笔生陆文俊》:"苕霅东来水如练,溪上涵山出孤巘。山下人烟如井邑,家家缚兔供文苑。吴兴阁老松雪翁,书法直与钟王同。当时笔家争效技,陆颖一出招⑥群工。呜呼,颖也⑦收声久,诸孙文豹昌其后。承恩玉几天回光,怀宝东吴不轻售。同宗文俊艺更精,论工⑧与豹相抗衡。宣毫拔萃雾雨湿,越管入手风云生。世间驽骀杂汗血,孙⑨阳不遇谁旌别。羊柔肯写黄庭经,啇重难临青⑩李帖。金花煌煌封两头,紫毫价重珊瑚钩。客来寄我茅屋底,贫居岂有琼琚酬。老夫今年九十九,目昏手颤书何有。工耶拙耶且莫论,请过华溪酌春酒。"⑪

范君用 *

沈君实 *

张伯雨有《赠笔生沈君实》诗。⑫ 按,"沈君实",梁同书误为"范君实"。

温国宝父子⑬▲

〔明〕童冀《题笔工温国宝诗卷》:"古笔以竹资简牍,椎朴迟钝古所服。后人制颖乃神速,工巧有余拙不足。书契而下篆籀续,鲁壁汲冢光煜煜。张钟嗣兴尚圆熟,妙用允属

---

① 〔元〕杨维桢撰《东维子文集》卷之十,四部丛刊景旧刻本。

② 马文漏"髯",37页。

③ "褋",马文误为"补",37页。

④ 〔清〕卞永誉撰《式古堂书画汇考》卷十九,文渊阁四库全书本。

⑤ 〔清〕卞永誉撰《式古堂书画汇考》卷十六,文渊阁四库全书本。

⑥ "招",马文误为"超",37页。

⑦ "颖也",马文误为"陆颖",37页。

⑧ "工",民国沈碧楼丛书本作"立",37页。

⑨ "孙",马文误为"阴",37页。

⑩ "青",马文误为"表",37页。

⑪ 〔元〕沈梦麟撰《花溪集》卷三,民国沈碧楼丛书本。

⑫ 〔明〕董斯张辑《吴兴艺文补》卷六十九,明崇祯六年刻本。

⑬ 据揭奚斯文可知,温国宝父子为吴兴笔工。马文归入杭州籍,不妥。

中山族。吴兴作者首冯陆,温氏父子踵其躅。翰林雄文联巨轴,重之①不啻连城玉。纷纷末工②事角逐,文犀象管炫凡目。吁嗟温生老而秃,世无具眼甘退伏。百金不售久韫椟,安得一用古制复。呜③呼,安得一用古制复④,书契载睹羲皇俗。”⑤

按,马文称在《揭奚斯集》中未找到有关诗文,故笔者补之如下。〔元〕揭傒斯《赠笔工温国宝序》:“吴兴多名笔,温国宝其最后出者。天历至顺间,余在奎章阁,有以其笔献余者,视之,毫短而过肥。余曰:是令人书善痴而多肉。试之,信然。继有献者,无不尽然。余告之如初,人往往习闻余说,遂不敢复献。既而叹曰:彼献者且非善书,徒取价廉而费约,聊藉以随俗作人情耳,恶能得其善笔哉?其后二三年,颇复有献者,其制作既异,其病亦无复前日。献者其数愈少,其笔愈善,且献而善者必其能书者。自是凡有自吴中来者,余必求温氏之笔,而愈不可多得矣。今年春,余以使事过钱塘,始识其人。与之坐,以前言告之。温作而曰:“吾一笔工耳,岂不欲极其材之良,尽其艺之精,以取名声于天下哉?而凡来求吾笔者,惟欲其价之廉,数之伙。夫价欲其廉,数欲其伙,而又求吾善笔,虽国工,不能为已。且吾非有先世之资,负郭之田,所以隐忍而为此者,庶得自食其力,其身安,其志平,上无忝于祖考,下无累于妻子,终吾生而已耳。吾非欺世而盗名者,人不求吾之善笔也。且吾笔之价有倍之者,有五之者,有十之者,而一视之,是以疲牛之价而求千里之马也,其可乎?天下非无善笔,求之者不以其道也。”因献其善笔,且进曰:“此犹未也,此特所谓倍之五之者。”然视京师最后之所得者,又有间焉。由是言之,天下之得善笔者寡矣,而温氏之言亦可感矣,及并书以赠之。”⑥

王伯纯▲

〔元〕谢应芳《赠笔生王伯纯》:“诸⑦公谏笔佐明主,老我耕笔笺古诗。逝将重作毛颖传,为记频年遭薄贱。牵联⑧为生书姓名,守业⑨不随陵谷变。中秋适逢酒⑩禁开,椰瓢酌生新泼⑪醅。酒酣仰视月中兔,长啸一声归去来。”⑫

笔者按,王伯纯一作王世超。《赠制笔王世超》又见《元诗选》⑬,版本不同,文字出入较大。

陆文柱▲

沈君宝▲

---

① “之”,马文误为“重”,45页。
② “末工”,马文误为“未未”,45页。
③ “呜”,马文误为“鸣”,45页。
④ “安得一用古制复”,马文误为“安得一用古复变”,45页。
⑤ 〔明〕童冀撰《尚䌷斋集》卷四,文渊阁四库全书本。
⑥ 〔明〕董斯张辑《吴兴艺文补》卷二十八,明崇祯六年刻本。
⑦ “诸”,马文误作“柳”,41页。
⑧ 四部丛刊三编景钞本作“联”,马文据四库本作“连”。
⑨ “业”,马文误为“棘”,41页。
⑩ “酒”,马文误作“秋”,41页。
⑪ 四部丛刊三编景钞本作“泼”,马文据四库本作“醱”。
⑫ 〔元〕谢应芳撰《龟巢稿》卷四,四部丛刊三编景钞本。
⑬ 〔清〕顾嗣立编《元诗选》卷二十三,文渊阁四库全本。

〔元〕孔齐《笔品》:"予幼时见笔之品,有所谓三副二毫者,以兔毫为心,用纸裹隔年羊毫副之,凡二层。有所谓兰蕊者①,染羊毫如兰芽包,此三副差小,皆用笋箨叶束定入竹管。有所谓枣心者,全用兔毫,外以黄丝线缠束其半,取其状如枣心也。至顺间,有所谓大小乐墨者②,全用兔毫散卓,以线束其心,根用松胶缀③入竹管,管长尺五以上,笔头亦长二寸许,小者半之。"④

沈日新▲

〔明〕赵琦美《赵氏铁网珊瑚》卷七著录各家《赠笔工沈日新书法长卷》:

"……沈生晚出亦旧家,耻将秋菊争春华。南洲⑤佚老重题品,不日声价十倍加。"

笔者按,据〔元〕郑元祐撰《侨吴集》卷二"良工骑箕上天去,先生余不溪水滨。"当为"良公骑尾上天去,清润余流溪水滨。"⑥赵琦美《赵氏铁网珊瑚》录文有误,马文亦误。

"我闻善书须择笔⑦,千金求买嗟未得。"⑧

杨均显⑨

〔明〕董斯张撰《(崇祯)吴兴备志》载:元季吴兴有杨均显者,善制笔。张光弼有诗赠之。⑩

《赠湖州杨均显制笔》:"当年冯陆擅吴兴,曾许杨生寄⑪盛名。"

吴升*

姚恺*

陆震*

杨鼎*

仇远《金渊集·赠溧水杨老》诗:"浙间笔工麻粟多,精艺⑫惟数冯应科。吴升姚恺已难得,陆震杨鼎肩相摩。"

温生*

〔元〕黄玠《赠缚笔温生》。⑬

陆文宝*

明陆树声《清暑⑭笔谈》:"国初吴兴笔工陆文宝,酝藉喜交名士。杨铁老为著《颖

① "兰蕊",马文误为"兰芷",34页。

② "者",马文误为"利",34页。

③ "缀",马文漏,34页。

④ 〔元〕孔齐撰《静斋至正直记》卷二,清毛氏钞本。

⑤ "洲"马文误为"州",39页。

⑥ 〔元〕郑元祐撰《侨吴集》卷二,文渊阁四库全书本。

⑦ "笔",马文误为"毫",39页。

⑧ 〔明〕赵琦美编《赵氏铁网珊瑚》卷七,文渊阁四库全书本。

⑨ 〔清〕胡韫玉《笔志》已著录。

⑩ 〔明〕董斯张撰《(崇祯)吴兴备志》卷二十六,文渊阁四库全书。

⑪ "寄",马文误为"继",41页。

⑫ "精艺",马文误为"艺精",43页。

⑬ 〔元〕黄玠撰《弁山小隠吟録》卷二,文渊阁四库全书本。

⑭ "清暑",马文误为"清易",38页。

命》,托以秦中书令制官,复自注:中书令,秦无此官。"①

又,解缙《笔妙轩》:"管城子,尔能图天文,又能貌地理。六经修纂点画明,群书著述文章美。作之之始称蒙恬,后来毛州刺史传。近代喜称陆文宝,如锥如凿还如椽。善书不择新与故,一锋杀尽中山兔。江淹梦断多才华,班超投却终贵富。闻君制作非寻常,尖齐圆健良有方。……"②

陈重实▲

〔元〕郑东《赠笔生陈重实》:"……欣然为我开一束,讵数③豕鬣并狸毛。才濡入手即圆熟,挥洒不觉运腕劳。野人得此殊快意,翰墨虽拙尤④便操。既不能写⑤虫鱼疏,又不喜书龙虎韬。"⑥

陆用之▲

〔明〕孙作《赠笔生张蒙序》⑦载:"国初,此法流⑧吴兴,自冯应科、陆颖辈首被赵文敏赏识,而宣州之笔始⑨无闻焉。余尝以笔何胜于宣,⑩湖笔工有不能言。此盖未见韦续论笔之过。其法取崇山绝仞中兔毛,八九月收之,毫长一寸,管长五寸,锋齐腰强为善。大抵岩石斗绝⑪,其兔下上奔突,举身之力皆聚于毫,⑫至八九月霜降草枯,耸身曲脊以耐寒栗,⑬则其力愈劲。⑭ 宣湖又山郡,兔材易集。故家有其业,业有其人。至于用意之妙,锋齐不难,而腰强为难。锋齐者类不能强,腰强者有不能齐。虽赵文敏用冯、陆笔,亦仅得其齐而罕得其强。余虽不善书,然私⑮识其故,而有以知韦⑯说之不谬。吴兴陆用之精于为笔,不在冯、颖之下。徙居娄江,授其甥顾秀岩,秀岩又授其甥张蒙。世传笔法,如出一手。自漳泉广海贾舶来⑰吴,舣⑱舟岸下……"

徐原珪⑲▲

① 〔明〕董斯张撰《(崇祯)吴兴备志》卷二十六,文渊阁四库全书本。

② 〔明〕解缙撰《文毅集》卷四,文渊阁四库全书本。

③ "数",马文误为"教",42页。

④ "尤",马文误为"兀",42页。

⑤ "写",马文误为"书",42页。

⑥ 〔元〕顾瑛编《草堂雅集》卷七,文渊阁四库全书补配文津阁四库全书本。

⑦ 〔明〕孙作撰《沧螺集》卷二,明毛氏汲古阁重刻本。

⑧ "流",马文误为"传",46页。

⑨ "始",马文误为"殆",46页。

⑩ "笔何胜于宣,湖笔工有不能言。"马文误为"笔何胜于宣湖,笔工有不能言",46页。

⑪ "斗绝",马文误为"陡绝",46页。

⑫ "毫",马文误为"毛",46页。

⑬ "寒",马文漏,46页。

⑭ "力",马文误为"毛",46页。

⑮ "私",马文误为"知",46页。

⑯ "韦",马文误为"违",46页。

⑰ "来",马文误为"东",46页。

⑱ "舣",马文漏,46页。

⑲ "徐原珪",马文误为"徐原",38页。

〔明〕龚学《赠笔生徐原珪》。①

陆继翁▲

王古用▲

姚广孝《赠笔生陆继翁》。②

又,曾棨《赠笔工陆继翁》。③

又,刘璟《笔妙轩赠陆继翁》④

施廷用▲

〔明〕虞堪《赠笔生施廷用》:"……玉堂仙去冯陆死,⑤遂有时名落人耳。后来温生杨生皆擅场,乡里而⑥今有孙子。……聊复临池扫硬黄,云烟脱手生光茫⑦。快马追风忽当阵,铦戈利剑森交张。跳龙卧虎畏颠素,便欲掇出参钟王。甫知老髯绝艺⑧得精法,差可辟易数辈又于冯也陆也相翱翔。宣州兔,越州竹,慎勿贪书瘗筠簏。竹已⑨废萌茁,兔亦饱狼腹。春管秋毫取次生,应待山中气清肃。作歌赠君归计促,不足⑩传人喻珠玉。重来过我烟江曲,为君展破鸥波绿。"⑪

王纯▲

〔明〕虞堪《题赠笔生王纯与径山愚庵及公同赋》:"王郎缚笔住湖州,翰墨场中得纵游。心力尽⑫于初画妙,眼睛全在一毫头。……"⑬

温子敬▲

范养素

〔元〕张雨《制笔范养素乞诗为作长句》:"多谢中书君,伴我此幽栖。苏仙出语仍自笑,我同此好仍非痴。下岩楠璧如削泥,三韩蠒纸光陆离。惜哉未睹郴笔样,圆如截玉铦如锥。吴兴老范子传业,拔毛剪须搜鼠狸。精心妙艺出流辈,姓名依附黄金闺。迩来书法又一变,八分隶古方趋时。我书汝笔不相称,漫乌衫袖同儿嬉。"⑭

毛隐上人

〔元〕杨维桢《毛隐上人序》:"客有沙门,以金锡杖荷青幞橐谒予云间次舍。舍者问其出,吴兴儒士子也;问其业,缚笔也。予怪,缚笔非沙门事。则曰:'予祖祢业,予弗忘其

① 〔明〕龚学撰《鹅湖集》卷二,文渊阁四库全书本。

② 〔明〕姚广孝撰《逃虚子集》诗集卷四,清钞本。

③ 〔明〕董斯张辑《吴兴艺文补》卷五十六,明崇祯六年刻本。

④ 〔明〕刘璟撰《易斋稿》卷二,清钞本。

⑤ 四库本为"苑",疑误。

⑥ "而",马文误为"至",40页。

⑦ 四库本为"茫",疑误。

⑧ "艺",马文误为"气",40页。

⑨ "已",马文误为"亦",40页。

⑩ "足",马文误为"路",40页。

⑪ 〔明〕虞堪撰《希澹园诗集》卷一,民国刻殷礼在斯堂丛书本。

⑫ "尽",马文误为"罚",40页。

⑬ 〔明〕虞堪撰《希澹园诗集》卷三,文渊阁四库全书本。

⑭ 〔元〕张雨撰《句曲外史贞居先生诗集》卷三,四部丛刊景钞元刻本。

先也。且自矜生而颖悟，六岁善读书史，日记万余言。长而善草隶诸书，诎于父命为浮屠。而俚浮屠惟以习歌呗击铙考鼓利人死丧为事，无所用吾善书记者。遂服先业，自号毛隐。盖将附颖而逃吾浮屠氏之趾也。且可挟以见世之贤人君子，如阁老青城先生尚及见之，而喜予之为，且贻予以诗。今幸愿见夫子也，窃尝诵夫子《三史统辨》数千言，至今口不忘。'予覆其流诵，沛然若大江之流，奔决无少哽也，于是异其人曰：'人生之初，受魄于阴魄，盛者多善记。昌黎称毛颖善记，亦岂非以其明视之裔，奔月合太阴之精，受魄为尤盛故尔耶？上人以毛隐自号，非徒欲祖颖裔，而又将传颖心。至于博纂治记，述为文章，资世之贤人君子，以文明昌天下乎？不然，何舍子浮屠事而复见其先业，以仆仆走文章家之门乎？若是，则上人之志有所郁而未伸可知已。用上人之伎者，毋徒用于字书官府市井货泉之法，记释老巫觋之书钞而已也。抑昌黎言毛颖有时而秃不任事，遂以谢老退，且有中书不中书之议。吾将还子颠毛，返子儒衣，冠万一，列诸鸿生硕士，听受指画，俾免冠之际，毋得以老退议子者。子以为何加？'上人避席载拜曰：'夫子倘有意拂拭我，我将加巾冠，载笔以从。'至正九年十二月会稽杨维桢序。"①

**（二）杭州、宣州、江西等地笔工②**

凌子善（钱塘）▲

钱瑞（钱塘）▲

张江祖（钱塘）▲

均见〔元〕孔齐《笔品》。③

许文瑶（杭州）*

黄子文（杭州）▲

〔元〕朱德润《黄子文制笔》："山人缚兔群，晓踏南山云。兔置④不脱颖，制作中书君。"⑤

潘又新（杭州）*

杨茂林（溧水）*

仇远《金渊集》《赠溧水杨老》诗："浙间笔工麻粟多，精艺⑥惟数冯应科。吴升姚恺已难得，陆震杨鼎肩相摩。我游金渊饭不足，破砚生⑦苔尘满目。毛锥自笑不中书，白发纷纷老而秃。中山博士子墨卿，贻书荐至杨茂林。里儒大半习刀笔，耳闻竽瑟谁知音。善刀而藏归勿⑧出，博士校书行有日。定当致汝数百枚，东坡有云北方无此笔"。

杨日新（宣州）▲

按，〔元〕方回《赠笔工杨日新》："黄钟九寸裁为律，六吕六律相配匹。嶰谷参差十二筩，猗管城子从此出。上古苍颉初制字，后人蒙恬始造笔。吴云不律燕云弗，韵书又以律

① 〔元〕杨维桢撰《东维子文集》卷之十，四部丛刊景旧钞本。

② 籍贯分别标注在笔工姓名之后。

③ 〔元〕孔齐撰《静斋至正直记》卷二，清毛氏钞本。

④ "置"，马文误为"罝"，46页。

⑤ 〔元〕朱德润撰《存复斋文集》卷八，明刻本。

⑥ "精艺"，马文误为"艺精"，43页。

⑦ "生"，马文误为"升"，43页。

⑧ "勿"，马文误为"无"，43页。

为聿。曰方曰册刀削之,削之笔之作以述。析竹蘸墨丝其端,龙图龟书就篇帙。秋兔拔毛号毛颖,愈奇愈巧愈精密。修管执之以为柄,短管穷之以为室。其实不过一毫端,良工于此有神术。锋但欲齐忌太尖,翠羽鼠须俱不必。老夫平生学欧颜,晚脱场屋涂注乙。著书弃笔如丘山,使年将及三万日。眼花尚能写蝇头,笔不如意輙怒叱。江淮笔工千百家,孰甲孰乙我所悉。鸡距散卓杨日新,不落第二亦第一。"①

顾秀岩(娄江)▲

张蒙轩(苏州)▲

袁华撰《张蒙轩善制笔遂檃②括毛颖传以赠》③。

顾辅(吴下)

〔元〕陈基《顾友文字序》:"吴下缚笔生曰顾辅,字友文。其缚笔,视近世吴兴诸名家不多让,间请余讲其字而序之。其名若字,盖本乎鲁曾子所谓君子以文会友,以友辅仁之言也。"④

倪文宝(上清)

〔元〕李存《倪文宝正心铭并序》:"上清倪生文宝,居于龙虎山之麓,业于笔三世矣。临川东白邓先生扁其肆曰'正心'。盖有取于唐柳公权以笔谏其君者也。番阳李某铭曰:柳公之谏也,善书之道。邓君之扁也,制笔之理。制笔而不正,其心不圆不健。善书而不正,其心必偏必倚。必偏必倚者,字不逮于古。不圆不健者,笔为人所弃。其事虽殊,其理不二。宜夫古之人因斫轮而笑读书,因解牛而知夫养生之旨也。"⑤

童生(鄱阳)▲

〔元〕袁桷《赠番阳笔工童生》⑥载:"咸、淳间,湖州笔工冯生制笔得截法,圆不至软媚,劲不至峭直,⑦……"

严应(武林)▲

严子英(武林)▲

〔元〕张昱《武林⑧严子英家世善制笔》:"严应始以⑨笔治生,至今孙子大其名。用世虽云四宝具,传家贵在一艺精。东郭之□即毛颖,南山有竹俱管成⑩。器利天下功不有,慎守其业毋自轻。"⑪

胡氏(西山)▲

见〔元〕吴澄《题玉霄赠西山胡氏笔工》。⑫

---

① 〔元〕方回撰《桐江续集》卷二十五,文渊阁四库全书本。

② 马文落"檃"字,47 页。

③ 〔明〕袁华撰《可传集》,文渊阁四库全书本。

④ 〔元〕陈基撰《夷白斋稿》卷十七,四部丛刊三编景明钞本。

⑤ 〔元〕李存撰《俟庵集》卷二十一,文渊阁四库全书本。

⑥ 〔元〕袁桷撰《清容居士集》卷第四十五,四部丛刊景元本。

⑦ "圆不至软媚,劲不至峭直",马文句读误为"圆不至软,媚劲不至峭直",44 页。

⑧ "武林",马文误为"武陵",47 页。

⑨ "以",马文误为"又",47 页。

⑩ "成",马文作"城",明钞本作"成",当从原文,47 页。

⑪ 〔元〕张昱撰《张光弼诗集》卷七,四部丛刊续编景明钞本。

⑫ 〔元〕吴澄撰《吴文正集》卷九十八,清顺治毛氏汲古本。

## 二、北方笔工

刘远 *

〔元〕郝经《鼠毫笔行赠刘远》:"轻风吹衣砚滴干,胸中有思如涌泉。此时正赖毛锥子,束缚赠我森戈鋋。辽东黄貂健且圆①,得法自远源也传。巫闾山色来幽燕,鸭绿巨浸涵中边。贮云停雾遒②且坚,鸡距一米雄于椽。"③

张进中(燕京)*

〔元〕王恽《赠笔工张进中》:"书艺与笔工,两者趣各异。工多不解书,书不究笔制。二事互相能,万颖率如志。进中本燕产,茹笔钟楼市。虽出刘远徒,妙有宣城致。我藏一巨弗,用久等篲弊④。授之使⑤改作,切属锋健锐。疏治近月余,去索称不易。先生莫促迫,致思容子⑥细。中书不中书,安用从新系。朅来欻见投,入手知利器。文房三贵人,刮目喜相视。正缘两资藉,办此挥洒技。吾锥元不銛,甘分置散地。驰骋翰墨场,又匪老人事。不辞束缚坐,但愧简拔意。子正来索诗,一笑吐吾喙。束老豪颖辞,遂拟徘为戏。"⑦

又,〔元〕赵孟頫《赠张进中笔生》:"平生翰墨空余习,喜见张生缚鼠毫。韩子未容夸兔颖,涪翁底用赋猩毛。黑头便有中书意,黄纸宁辞署字劳。千古无人继羲献,世间笔塚为谁高。"⑧

又,〔元〕程巨夫《笔歌赠张进中》:⑨"宣城诸葛无消息,京师张氏雄江北。张氏之笔如秋鹰,神王⑩骨劲随纵横。又如囊锥乍脱颖,毛生历阶楚王惊。朝廷年年写佛经,千人万人集佛庭。张氏施笔知几万,宝藏赫奕腾金英。张氏施笔真施笔,有口未尝言福德。至尊得之犹爱惜,众人区区岂常得。张氏初年学刘远,刘远之名翻有靦。始知一技足名世,况乃穷年究坟典。我行偶出钟楼南,马前长揖求停骖。坐我土⑪床劝我酒,不得公句终身惭。学书岂但记名字,用笔贵能知笔意。莫愁⑫世无王右军,且合相我太史氏。"

又,〔元〕王士熙《张进中墓表》:"夫今何君、张君相继以陨,求似者未之见。呜呼!⑬生治世以乐其身,不必仕之及也;擅一艺以寿其名,不必文之多也。张君亦何憾焉?揭辞墓前,用以告来者。"⑭

---

① "圆",马文误为"园",31 页。

② "遒",马文误为"连",31 页。

③ 〔元〕郝经撰《陵川集》卷九歌,明正德二年李翰刻本。

④ "弊",马明达文为"敝",32 页。

⑤ "使",马文误为"合",32 页。

⑥ "子",马文误为"仔",32 页。

⑦ 〔元〕王恽撰《秋涧集》卷第五,四部丛刊景明弘治本。

⑧ 〔元〕赵孟頫撰《松雪斋集》卷五,四部丛刊景元本。

⑨ 〔元〕程巨夫撰《雪楼集》卷二十九,文渊阁四库全书补配文津阁四库全书。

⑩ "王",马文误为"主",33 页。

⑪ "土",马文误为"上",33 页。

⑫ "愁",马文误为"悉",33 页。

⑬ "呜呼",马文误为"鸣呼",32 页。

⑭ 〔元〕苏天爵编《元文类》卷五十六,四部丛刊景元至正本。

李子昭(太原)▲

王子玉(兰陵)▲

〔元〕周权《赠笔工王子玉兼能书》①:“……与君邂逅两忘言②,暮雨江湖一樽酒。”

周伯温*

按,马文称未见钱大昕原文,故补录钱文如下。钱竹汀少詹《跋钟鼎款识》云:“其墨迹元时为谢长源所得,有周公谨、赵子昂、柯敬仲、刘伯温、斡克庄、达兼善、王止仲诸人题识。(斡)克庄之跋云:至正元年后五月廿二日,在武林驿以潘云谷墨试张掖刘伯温所遗黄羊尾毛笔。伯温名沙剌班,由宿卫起家,历江西肃政廉访使,尝与克庄同修辽、金、宋三史。西北之境有黄羊焉,相传西夏有国时尝取其尾豪为笔,岁久亡其法。伯温以意命工制之,馆阁诸公多为赋诗。盖色目之好事者。”③

按:据钱大昕《跋薛尚功钟鼎彝器款识》,梁同书有两处错误。其一,周伯温非笔工,为西夏人,曾监制黄羊尾笔。其二,“张掖周伯温”当为“张掖刘伯温”。

## 三、籍贯待考笔工

李思温▲

林君实▲

罗惟巽

〔元〕郭钰《寄罗惟巽善制笔》:“四年不见罗文学,绿鬓朱颜宛如昨。酒杯春满听啼莺,琴响夜寒弹别鹤。鹤飞冥冥遡寥廓,仙人遣送长生药。丹砂九转飞灵光,玉虹白日穿林壑。岂无踪迹到城郭,词林近日传新作。待月光分荷露圆,扫云晴带松花落。高怀自是贮冰清,而我胡为困尘浊。愁心千尺游丝悬,俯仰交情谁厚薄。白发为儒世所轻,临池学书意萧索。闻君近有山中约,狡兔何时当就缚。”④

杨君

杨维祯《赠笔生诗》:“杨君缚笔三十年,高艺岂止千人传。梁园学士为作传,虎邱道人会乞钱。桐叶秋风来古寺,苔花春水放归船。白头懒草长门赋,自写江南踏踘篇。”⑤

张蒙▲

沈生▲

沈秀荣*

〔元〕仇远《赠笔工⑥沈秀荣》:“不论兔颖与羊毛,染墨试之能耐久。”⑦

陈文用▲

翁氏、陆氏、张氏⑧

---

① 〔元〕周权撰《此山诗集》卷三,择是居丛书景元至正本。

② 择是居丛书景元至正本作“言”,四库本作“年”。

③ 〔清〕钱大昕撰《潜研堂集》卷三十,清嘉庆十一年刻本。

④ 〔元〕郭钰撰《静思集》卷三,文渊阁四库全书本。

⑤ 〔清〕钱谦益辑《列朝诗集》卷七,清顺治九年毛氏汲古阁刻本。

⑥ “笔工”马文作“笔生”,43 页。

⑦ 〔元〕仇远撰《金渊集》卷二,清武英殿聚珍版丛书本。

⑧ 〔清〕胡韫玉《笔志》已著录。

笔者按,胡韫玉所记有误,"曰翁氏、陆氏、张氏"数字原文献本无,疑为胡氏所添衍。据〔清〕嵇曾筠撰《(雍正)浙江通志》卷一百二载:《西吴枝乘》吴兴毛颖之技甲天下。元时冯应科者擅长,至与子昂、舜举并名。今世犹相沿尚之,皆□毫也。①

周文举

元陆友仁《研北杂志》云:"王子复尝得故宋宫人所藏德寿供奉笔两枝,上刻云:臣周文举进。"②

黄伯容

〔元〕黄枢《黄伯容羊毫笔歌》:"我生结发耽书史,便尔敦交管城子。猩毛兔颖与鼠须,美誉俱蒙文士齿。猪鬃羊毫亦可怜,近世适市宁论钱。今惭学落事耕稼,不梦五彩夸如椽。伯容小侄姿清淑,贻我羊毫抵双玉。自言巧制得诸心,将信还疑是虚辱。春窗无尘花日红,云生龙尾香煤浓。溪藤点点暮鸦湿,临池始得观奇功。容乎容乎艺无敌,爰莫助之三叹息。我家初平不可招,何当为尔叱叱尽起山东石。"③

## The Proof and Supplement of"Writing Brush Makers in the Yuan Dynasty"

Zhu Youzhou, College of Fine Arts,
Nanjing University of the Arts

**Abstract**: The *Bi Shi* [*The History of Writing Brush*] of the Qing era recorded 17 masters of brush making. Ma Mingda, in his recent article "Writing Brush Makers in the Yuan Dynasty", found out other 30 masters. This article is to continue this study supplementing 9 more masters, and also to proofread the *Bi Shi* and the wrong quotation of Ma Mingda's article.

(本文作者为南京艺术学院副教授、南京艺术学院美术学专业博士研究生)

① 〔清〕嵇曾筠撰《(雍正)浙江通志》卷一百二,文渊阁四库全书本。
② 〔清〕俞樾撰《茶香室四钞》卷二十七,清光绪二十五年刻春在堂全书本。
③ 〔元〕黄枢撰《后圃黄先生存集》卷一,明嘉靖刻本。

# 十三至十六世纪蒙古历法的几个问题*

何启龙(HO Kai-lung)

## 一、前　言

1206年,铁木真(Temü J̌in)统一草原诸部,上尊号成吉思汗(Činggis Qan),大蒙古国迈向世界帝国。此后数十年,蒙古人南征北战:三次西征,建立四大汗国;吞金灭宋,1260年忽必烈(Qubilai)入主中原,建立元朝。蒙古人由东到西统治了辽阔的亚洲大陆,也深受不同文化、不同物质文明的熏陶。这二百年间,蒙古人在各方各面都与外族交流文化。究竟蒙古民族吸收了多少外来文化,难以三言两语说得清楚。历法与时间观念,也是一种文化象征,正好用作其中一个角度以观察文化交流。

科特域奇(W. Kotwicz)、①田清波神父(Antoine Mostaert)、②小林高四郎、③茹科夫斯卡娅(N. L. Zhukovskaia)、④亦邻真(Y. İrinchin)⑤也讨论过古代蒙古人的纪时方式、月份命名。然而,历法背后的天文学原理却少有学者留意。法国的突厥学家巴赞(Louis Bazin)探讨了突厥民族的历法史与原理,同时兼论了突厥历法文化如何影响蒙古民族。⑥ 他的研究启发良多。而自16世纪藏传佛教大兴于蒙古,藏历在蒙古大为流行;随时月推移,古老的蒙古历法已经佚失,或面目全非。但是,这并非13至14世纪蒙元帝国的状况。本文会彻底探究古代蒙古历法的天文原理以及元朝《授时历》对蒙古历法的影响。

## 二、《蒙古秘史》反映的时间与历法观念

古老的突厥人同样是住在蒙古高原的游牧民族,曾建立了强大的东突厥帝国与回鹘帝国。经济模式一样,生活文化类同。突厥人与蒙古人的文化极之相近。突厥人的时间观念与蒙古人的也很相似。因此,有必要略述突厥游牧人的历法。依Bazin的研究,最初突厥语民族只用自己的岁数(yas)来记述时间。当时突厥人自然有年月之分与纪时观念:"三哀为一时"——每三个月为一季,四季为一年。只是一般牧民生活简

---

* 本文初稿在2011年10月28日发表于台北的"元代以来汉蒙的历史与文化"学术研讨会。

① W. Kotwicz,1925,1926.本人不懂斯拉夫文,也未曾看过原文,但其内容常被后来的学者引用。

② A. Mostaert,1937;矶野富士子译,1966。

③ 小林高四郎,1983。有一个欠佳的中文译本,拉丁化转写讹误不少。小林高四郎着,特古斯巴雅尔译,1985。

④ N. L. Zhukovskaia(茹科夫斯卡娅)著,竺林译,郑德林校,1990。

⑤ Y. Irinchin(亦邻真),1978;2001。

⑥ L. Bazin著,耿昇译,页517—554、676—728。

单,不需要这种历法来记录精确时间。① 人类自古以来就发现大自然有四季春夏秋冬的变化,四季循环是为一年;月圆月缺、满月新月的循环,就是一个月,成为了另一个时间单位;每个季节大约出现三次的月亮圆缺,每个季节有三个月;一年四季,大约有十二个月。突厥人也不例外。突厥语"哀"(ay)既是月亮,也是月份。突厥的每月或29日或30日,每月第一日是新月,圆月落在十五或十六,月末又再是新月。这也跟汉人的算法相同。突厥帝国兴起不久,已经接受了中原王朝的历法,深受影响。突厥人尤其是统治阶层,不再用岁数来纪年,用突厥语意译了十二生肖,以十二生肖循环来记录年份(yil)。突厥人又参照汉历,用序数第一月、第二月等记述月份,以数字来记述日数。东突厥帝国碑文的纪日是十二生肖年、序数月与数字日,十分细致,而且与汉历齐一,明显是突厥统治者接受了中原历法。突厥人的生活模式简单,居无定所,其天文、历法颇为原始,比不上定居的中原民族能长时间定点观察日月星辰的轨迹。突厥人很早就依赖了中原王朝编制的历书。②

《蒙古秘史》是蒙古人最早的史书,也是游牧民族第一本史书。它记载了铁木真的出生、成长、上尊号成吉思汗、建立帝国的一生。当中反映了蒙古民族最早期的时间观念与历法。《蒙古秘史》一开始并无确实时间,没有月份,枉论日期。即使成吉思汗出生的年份也无记载,只记载了成吉思汗九岁时与正妻孛儿帖成婚(第61节)。用年龄(nasun)来记载时间,与古代突厥人一样,也很切合一般牧民的习俗。从第141节起才首次出现十二生肖纪年:鸡儿年(takiya ǰil 〉塔乞牙真$_{勒}$),这是1201年。因为铁木真刚刚被拥戴为全体蒙古部落的汗(第123节),接受金朝封爵(第134节)。Bazin认为只有铁木真跻身统治阶层,历法纪年才会被使用;更推断铁木真跟金朝建立政治关系,才开始使用汉式历法。③ 此后,《蒙古秘史》大量出现十二生肖纪年的记载;不过,却没有月份或日期,只有记载该事发生在那一年的那个季节。

中古蒙古语时代(13至14世纪),年这个时间观念,称为on(*hon),④用于前年、明年、相隔多少年等。唯独使用历法纪年,就用了ǰil这个单位。Louis Bazin称之为历法年。⑤ 蒙古人继承突厥传统,使用十二生肖纪年,还借入了历法年这个观念,将突厥语"年"yil借入蒙古语成为ǰil。⑥ 但是,ǰil只用于十二生肖纪年,与on相对。历法年对比普通年,直至元末也没有改变。至正八年戊子年(1348年)宁夏府路应理州重修廨用碑铭记,第2行回鹘式蒙古文:⑦

---

① L. Bazin著,耿昇译,页101—108、115—155。

② L. Bazin著,耿昇译,页156—305。突厥民族可说是从不编制历法。直至回鹘人移徙高昌地区,接受了当地汉人与佛教团体,才开始编制回鹘突厥语的汉式历法(L. Bazin著,耿昇译,页306—479)。

③ L. Bazin著,耿昇译,页523—526。

④ 额尔登泰等,1980,页194。中古蒙古语拥有h-声母,现代已流失。蒙古语"年",明人音译作"桓"(*hon),但回鹘字母没有h-,回鹘式蒙古文拼写作on。

⑤ L. Bazin著,耿昇译,页83—91。

⑥ G. Clauson,1958;G. Clauson,1959.

⑦ F. W. Cleaves,1967,p. 95.

quluγan-a **J̌il** J̌i J̌ing naiman **on** namur-un terigün sara-yin arban doloγan-a
鼠儿 年 至 正 八 年 秋-的 首 月-的 十 七-在

至正年号,就用一般的 on;十二生肖纪年才用历法年J̌il。突厥人只有年龄与历法年的对应。蒙古人三分为年龄、普通年与历法年,并不寻常。明显是蒙古人引入了突厥人的十二生肖纪年,J̌il < 突厥语 yil 也生硬挤进了蒙古人的纪年系统。蒙古人的历法系统深受突厥人影响,显而易见。

蒙古人跟突厥人、汉人也一样,以月亮圆缺的循环作为时间单位。从新月开始,满月是月中,完结于月缺,是为一个月。因此,蒙古语"月"(sara)既是月亮也是月份。十三、十四世纪,蒙古人的月份有三种系统:季节月、名字月、数字月。①《蒙古秘史》只记年份与季节,却鲜有细致如记载月份:只能看到三处用了季节月、一处用了名字月,完全没有数字月。这些月份记载,更隐含了蒙古人历法的天文原理。

## 三、季节月、红圆光日与蒙古人的阴历月

蒙古人的季节月,是将春(qabur)、夏(J̌un)、秋(namur)、冬(übül > ebül)每个季节皆分为首月(terigün sara)、中月(dumdadu sara)与末月(ečüs sara),总共 12 个月为一年。这种风格,正是突厥人的古老历法观念"三哀(ay 月)为一时"。《蒙古秘史》第 81 节、118 节与 193 节使用的季节月,都是书中唯一有明确日子的时间。最有趣的,有三处皆是同一个日期:②

主纳 帖[舌]里温 撒[舌]喇因 哈儿班 只儿亘阿纳 忽剌安 帖儿格勒 兀都儿
J̌un-u terigün sara-yin harban J̌irγuγan-a hulaγan tergel üdür
夏-的 首 月-的 十 六 -在 红色 圆光 日

第 81 节是铁木真被泰赤乌人囚禁,趁他们筵会之时逃脱。第 118 节是铁木真与札木合起营迁向夏营地之时、决定分手的日子。第 193 节是铁木真出征乃蛮部的日子。"夏季首个月的十六日",等如汉历孟夏月四月十六日。三件事并无共通之处,记了四月十六日,似乎刚好发生在这个时日。《蒙古秘史》没有记载其他日子,只记四月十六日,更称为"红圆光日"。学者都认为这是一个特别节日,已经失传。红色(ulaγan < *hulaγan)是太阳;圆光(tergel)应是 tergel sara"圆月",③盈月、望日,正是阴历月十五、十六月圆之时。④

---

① Qasbaγan-a,1996,页 448—453。

② 小泽重男,1984 上,页 108—114。

③ 札奇斯钦,1979,页 88—89:"通常是红日未落,玉兔(圆月)已升,日月并辉的时光……这不是一个平凡的日子,可能它是当时祭祖,或其他重要节日……证明这是一个已经失传的节日。"

④ 为何不是在十五日庆祝圆月,而是在十六日呢?难以回答。只知道蒙古传统的确以十六日为分界线。《元史》卷七十七《祭祀六·国俗旧礼》记载元代宫廷要在烧饭院祭祖,或烧黑白羊毛线以脱旧灾、迎新福,必在十二月十六日以后举行(《元史》,1976,页 1924—1925)。只能说,庆祝十五圆月是汉人习俗,庆祝十六月圆是蒙古人风俗。日子不同,就是文化差异。

这个失传的节日究竟有何意义？有说是古代蒙古人的新年。① 村上正二认为这个节日关乎游牧民族的经济生活，涉及转换牧场逐水草、初夏放牧、榨乳、剪羊毛，等等。② 村上的说法是合理的。这是出于《蒙古秘史》第118节的内容铁木真与札木合分道扬镳之日，正是红圆光日，他们正要起营：nuntuɣ-ačanegü-（营盘-从 迁移）。③ 牧民大抵分为夏营地与冬营地两处。蒙古高原气候严寒，所谓四季之分似有还无，春季也是寒冷。④ 孟夏月（四月）是寒冷结束，温暖来临，尤其是草原开始从枯黄回复青绿。⑤ 牲口在长于避风的冬营地过冬，捱过漫长的寒冬，三、四月正是冬营地的野草与牧民储存的干草皆已耗尽，饥饿瘦弱。⑥《蒙古秘史》第193节的鼠儿年（1204年）红圆光日，正反映了这个气候与牲口的关系。193节记载蒙古征讨乃蛮，乃蛮人耻笑蒙古战马瘦弱，轻视蒙古兵；蒙古人以疑兵之计阻吓乃蛮人，换取时间让蒙古战马在乃蛮人的草场吃饱。孟夏之际，野草返青，牧民正要迁移到水草最好的夏营地，好让牲口在往后半年养肥。孟夏之日牧民从冬营地迁徙至夏营地，是全年大事，正是红圆光日的意义。

“红圆光日”这个节日似乎不是一天，而是一连数天，从四月初九到四月十六日，而且越加偏重四月初九。1247年，张德辉应邀入见宗王忽必烈，随其牧群在杭爱山生活近一年，记载了蒙古牧民冬夏移徙之风与及相应风俗：⑦

> ……岭阴，多松林；其阳，帐殿在焉，乃避夏之所也。中秋后始启行……至重九日，王麾下会于大牙帐，洒白马湩，修时祀也……十月中旬，方至一山崦间避冬……比岁除日（大除夕），辄迁帐易地以为贺正之所，日大宴所部于帐前，自王以下皆衣纯白裘……四月九日，率麾下复会于大牙帐，洒白马湩，什器亦如之。每岁惟重九、四月九，凡致祭者再，其余节则否。自是日，始回复由驿道往西南避夏所也。

蒙古人的节日大约只有三个：大除夕暨新年正旦，四月初九，与九月九。蒙古以白色为吉祥，新年穿纯白衣服是一贯传统。⑧ 三个节日，尤以四月初九与九月九最为重要，必须洒马奶以祭天。洒白马湩、洒马奶子，是蒙古传统最隆重的祭天之礼。⑨《蒙古秘

① 札奇斯钦，1987，页112。

② 村上正二，1970，页135。

③ 小泽重男，1984上，页331—336。

④ 罗布桑却丹（1874—1928）：《蒙古风俗鉴》，第四十八，《蒙古地方的气候》：“蒙古地方的天气，冬季从十月开始冷，十一月最冷，腊月和正月也是很冷的，二月三为中等冷。四月开始变暖，五月末开始热了，六月到七月十五为大热天，七月中旬开始渐凉，至九月由凉变冷。计算一下，蒙古地方每年有六个月较冷，四个月凉爽，一个月暖和，一个月热。”（1988年，页152）

⑤ 《黑鞑事略》：“其产野草，四月始青，六月始茂，至八月又枯。”（王国维，页472）

⑥ 邢莉，1999，页30：“由于早春气候乍暖还寒，牧草又刚刚开始返青，已经熬过严冬的牲畜非常瘦弱，经不起气候骤冷骤热的变化和缺草的威胁。”

⑦ 张德辉《塞北纪行》，载王恽《秋涧先生大全文集》，卷一百。

⑧ 史卫民，2005，页313—314。

⑨ 蒙元国族，祭天之礼叫“洒马妳子”，即是洒马奶。《元史》卷七七《祭祀志六·国俗旧礼》（北京：中华书局，1976），页1924。陈高华、史卫民，2001，页300—301。

史》第103节,铁木真逃脱蔑儿乞部袭击,感谢上苍,向着太阳跪拜了九次,将马奶(sačuli)洒奠了。① 同样,九,是最吉祥、富足的数字。② 若以节日比较营地迁徙,就会发现四月初九比九月九日重要得多。依张德辉记载,大营早在八月中已经开始迁离夏营地,辗转到十月中才安顿于冬营。九月九日洒白马奶祭天,并非起营迁徙之日。选在九月九日,很可能因为九是吉祥之数,“重九”更是大吉之象,倒不是实际的游牧生活之需要。孟夏(四月)既是首个夏天,象征大地回暖,更是游牧民族起营迁徙之日,四月的祭天是最为重要。因此,《蒙古秘史》独独记载了孟夏十六日这个“红圆光日”。这个孟夏的节日庆祭,渐渐从月圆之日移向初九,大概是蒙古统治者越来越重视天命天数,越来越重视九这个数字。

无论四月初九还是九月初九,蒙古人的重大节庆皆是依据阴历月日,更重视月亮。这是一个很重要的象征。试以汉人节日作比较,就会发现汉人的节日更重视太阳走向。汉人的确也有节日纯为依据阴历月日,如端午节(五月五日)、中秋(八月十五)、重阳节(九月九日)、大除夕(十二月三十)与新年(正月初一)。不过,汉人有更多节日是以太阳每年的方位来订定日子。简而言之,就是二十四节气。这是历法背后的天文原理:以地球作视点,月圆月缺的循环是29.5日,十二月有354日,是为一阴历年;太阳的轨迹循环却有365日,是阳历——太阳年;阴历与阳历相差11日之多。只要虑积三年,阴历年就会欠了一个月。③ 相差一个月,气候差异已经很大,严重干扰农业生活。地球的季节变化、冷暖交替,皆因日照长短循环,完全依赖太阳。中原的天文学家很早就树立圭表,观测日影,计算太阳周期;并将一年时间分为二十四份,就是二十四节气。尤以春分、夏至、秋分、冬至,代表了昼夜等长、白昼最长夜间最短、昼夜等长、白昼最短夜间最长,是为春夏秋冬的象征日。④ 汉人节日的冬至、清明,就是二十四节气之一。由于阴历年与阳历年不等值,冬至、清明等节气是每年日子不同。⑤ 中原王朝编制的实是阴阳历(lunisolar calendar),阳历(solar)与阴历(lunar)并重。⑥ 长年如此,汉人习以为常,节日定于节气,即使每年节日的日期浮移不定也不是问题。参看12至13世纪,宋朝汉人的生活,他们最

① 小泽重男,1984上,页229—237。札奇斯钦,1979,页108—111。

② 札奇斯钦,1979,页111,注七:“按蒙古习俗,数字中九是最大的,也是吉祥、富足的象征。因此九次跪拜是最崇敬之礼。九种的赏赐也是最高的奖赏。秘史说被封为‘答儿罕’darqan,九次犯罪不罚,也表示最大的恩宠。清代外蒙保持汗号的贵族向清帝进‘九白之贡’——即九种白色的贡品,如白马、白驼等九类,也是表示由最尊贵的人献给最尊贵之人的贡礼。”《蒙古秘史》第267节,西夏投降蒙古,向成吉思汗献礼,“以金佛为首,献上九类各九件的金银器皿,以九九为数的童男童女,以九九为数的骟马骆驼,九类各九件的各种物件”。(札奇斯钦,1979,页419—420)

③ 陈遵妫,2006,页993—996。

④ 陈遵妫,2006,页990—993。

⑤ 比如1204年(南宋嘉泰四年甲子年),清明节是二月廿七日,冬至是十一月廿二日。1205年(南宋开禧元年乙丑年),清明节是三月十日,冬至是十一月三日。1206年(南宋开禧二年丙寅年;成吉思汗第一年虎儿年),清明节是二月廿一日,冬至是十一月十四。张培瑜,1997,页296。

⑥ 陈遵妫,2006,页1002—1004。阴阳历的基础天文常数,是朔望月和回归年的长度。朔望月是月的周期,就是阴历。认知月的周期比较简单,了解回归年的周期则稍困难。回归年是太阳接连两次通过春分点所需要的时间,通常又叫太阳年,约为365日(陈遵妫,2006,页963)。

重视的三大节庆是：除夕元旦、寒食清明与冬至。① 宋代汉人三大节之二：冬至与清明，②均属廿四节气，皆是依赖太阳。

比较之下，13 世纪蒙古人的节日完全依据阴历月日，每年九月九、四月九或四月十六必然是最大节日。尤其在成吉思汗的年代，四月十六"红圆光日"是月圆之日，阴历色彩最重。历来皆有记载蒙古人崇拜月亮。比如，南宋使者彭大雅、徐霆记载蒙古人："其择日行事，则视月盈亏以为进止，朏之前、下弦之后皆其所忌，见新月必拜。"③表面是萨满教(shamanism)的原始崇拜。背后意义乃当时蒙古人的历法与时间观念最为重视月亮圆缺周期，认定月亮主宰了宇宙天地的时间，极之崇拜月亮。四十年后，贵由汗、蒙哥可汗之时，蒙古人的观念开始改变，统治阶层不再崇拜圆月，改宗于抽象的数字符号——吉祥的九。所以，改在四月九日与九月九日祭天，四月十六的红圆光日退居次要，渐渐流失。

即使 13 世纪初，蒙古人的天文历算如何原始，也可以肯定这个历法必然是阴阳历，绝非纯粹的阴历。伊斯兰历来是纯阴历，④因为古代阿拉伯人长居阿拉伯半岛的沙漠，赤道沙漠气候全年不变，阴历年即使偏离太阳年也不会影响生活。蒙古人居于北半球高纬度之地，一年之间日光的改变极大，气候变化极大。纯阴历肯定不能满足牧民的生活。弥补阴历年跟太阳年的偏差，最简单的就是闰月(leap month)。早在 1 世纪(汉代)，中原的历法计算已颇繁复，添置闰月必须考虑二十四节气，即是要仔细观测日影及计算太阳周期。⑤ 古代的蒙古历法也有闰月，蒙古文称为"纽蛮 撒剌"niγumal sara(隐藏的月份)。⑥ 他们了解太阳年，不是直接观察太阳绕过黄道十二宫，也不是测量圭表日影，而是认知大地的变化——枯草返青。太阳年，不单是昼夜长短的循环，也是日照改变的循环；日照多寡主宰了大地的热暖与寒冷。气候回暖，大地万物即现生机，牧民最熟识又最留意的，就是枯草返青的时间。以枯草返青作为时间的分界线，也是数百年前突厥人的传统。⑦ 阴历年不能推断枯草返青，游牧民族反以枯草返青的时间来补充阴历。只要该年迟迟未见青草，就是添加闰月之时。《蒙鞑备录》：

> 其俗每以草青为一岁，人有问其岁则曰几草矣……每见月圆而为一月。见草青

---

① 王楙(1151—1213)：《野客丛书》，卷十六，〈大节七日假〉："国家官私以冬至、元正、寒食三大节为七日假。"陈元靓(13 世纪)：《岁时广记》，卷三十八："都城以寒食、冬、正，为三大节。"邓之诚注，1980，页 154、158。

② 寒食节在冬至以后一百零五日，又在清明的两天之前，都是依节气来换算。宋代寒食节已并入清明，成为清明节的七天节庆之一。孟元老(12 世纪)：《东京梦华录》，卷七，〈清明节〉。邓之诚注，1980，页 178—181。

③ 《黑鞑事略》；王国维，1975，页 482。

④ 陈遵妫，2006，页 1077—1078。伊斯兰教还有一种太阳历，是务农的波斯人制订的，计算太阳经过黄道十二宫，一年共 365 日。明朝钦天监的回回历就是这种太阳历。

⑤ 陈遵妫，2006，页 993—996、1002—1004、1028—1033。

⑥ 《华夷译语》(永乐本)，《时令门》(页 130)。《华夷译语》续增，《时令门》(页 214)。

⑦ L. Bazin 著，耿昇译，页 69—82。

迟迟,方知是年有闰月也。①

古老的蒙古历法也是阴阳历。这个阴阳历颇为原始,只能间接认知太阳年,无法准确运算。是故,蒙古人仍然偏重阴历月,重视能亲眼所见的圆月与新月。

突厥王朝与唐朝建立邦交,使用唐朝的汉历。铁木真接受了金朝官爵,是否也接纳了金朝的历书,难以确定。大蒙古国吞并华北之后,耶律楚材继续刊行金代《大明历》。②大约这时,蒙古统治者已开始使用汉人历法。

## 四、蒙古物候历的月份名称

《蒙古秘史》仅记的月份,余下一个仍未讨论的,在第282节,即最后一章。此章有如题跋,记载秘史写成的时间与地点,正是在曲雕阿兰(Ködege Aral 阔迭额·阿[舌]剌)举行宗亲大聚会(Yeke Qurilta),是鼠儿年的"[中]忽[舌]阑 撒剌"月(γuran sara)。③ 明人翻译《元朝秘史》,γuran sara 意译为"七月"。蒙古语 γuran 是雄性的狍。④ 其实,中古时代蒙古人另有一套历法,月份以飞鸟、走兽命名。田清波、小林高四郎、茹科夫斯卡娅都尝试解释这十二个月名的原义是何事物。不过,为何以动物定为月份名,即如名宿札奇斯钦也不能解释。⑤

突厥牧民也有自己一套物候历,十二月名不尽相同,但本质一致。⑥ 十一世纪初,《突厥语大词典》记载了关于突厥牧民的一套物候月之片段:⑦

至于月的名称,城市里用阿拉伯月份的名称。过着游牧生活、没有皈依伊斯兰教的突厥人,把一年分作四季,每三个月用一个名称称呼。用这种方法表示一年的过程。经过新年之后,他们称初春之月为 oγlaq ay(小山羊月),其后的月称作 uluγ oγlaq ay(大的小山羊月),因为山羊羔在这两个月里长大;此后,他们便讲 uluγ ay(大的月),因为这时期是盛夏,当时大地遍布食物,牲畜肥壮,奶类充盈。其他月份的名称,由于使用不多,我在这里不再赘述,由你自己去领会。

---

① 王国维,1975,页433。

② 《元史·太宗纪》:"(七年乙未年,1235年)十一月,中书省请契勘《大明历》。从之。"(页34)《元史·历志一》:"元初承用金《大明历》。"(页1119)《黑鞑事略》:"其正朔,昔用十二支辰之象,今用六甲轮流,皆汉人、契丹、女真教之。若鞑之本俗,初不理会……霆在燕京、宣德州见有历书,亦印成册。问之,乃是移剌楚材自算、自印造、自颁行。"王国维判断这是耶律楚材在燕京行省所颁之历(王国维,1975,页481—482。)

③ 小泽重男,1986下,页560—564。这年应是1228年,蒙古宗亲大聚会决定窝阔台继任为可汗。Igor de Rachewiltz, vol. II, pp. 1038—1044.

④ 额尔登泰等,1980,页185—186。蒙古草原的狍,或称为东方狍、矮鹿,是野生动物,外形很像小鹿,鹿科狍属 *Capreolus pygargus*,英文称为 Siberian Roedeer。

⑤ 札奇斯钦,1979,页450—451:"七月,原文'忽阑撒剌'khuran sara,此种说法,现已不存。"

⑥ L. Bazin 著,耿昇译,页677—685,713—728。

⑦ Compendium of the Turkic Dialects, Part1, p. 272.《突厥语大词典》,第一册,页366。

突厥牧民的月份名称跟自己的牧羊业有关,不妨推测蒙古物候历之目的也是为了协助畜牧业。目的是一回事,起源可能是另一回事。

亦邻真指出了蒙古物候历之特色——该物种在该月里变得活跃,遂定为该月的名字:"阴历七月是狍的求偶期,公狍发情而特别活跃;古代蒙古人对野兽的生存习惯观察得非常细致。"①Louis Bazin 找出答案:这套历法并无参照天文学,属于自然崇拜,以自然现象,特别是动物学的相称现象。② 学术界称之为物候历(Phenological calendar)。动植物对气候变化极为敏感,随之而有不同的变化;一年的气候循环,动植物就有相应的行为与变化,也是一年循环。

古人观测大自然循环,同时采用不同的方法以编订历法,比如观察月亮圆缺、量度圭表日影、观测太阳在黄道十二宫的轨道、太阳月亮在二十八星宿的轨迹,还有一年的物候循环。越是古代,越是多种制历方式并行。物候历并不陌生,汉人也有。汉人的七十二候,就是观测陕西与河南之地的鸟兽草木,以它们的变动来验证季节之变易。这早已见于公元前的《吕氏春秋》、《夏小正》。比如阴历正月的物候是:东风解冻——和暖东风到临令霜雪溶化,蛰虫始振——昆虫结束冬眠开始苏醒,鱼陟负冰——鱼从海洋逆流而上到达河流上游的结冰处,獭祭鱼——水獭吃鱼,候雁北——雁从南方避寒之地飞返北方,草木萌动——花草树木开始发芽。古代汉人的七十二候应是独立的历法系统。后来,七十二候被规范、纳入了阴阳历,渐渐失去了验证季节的功能,只成为一种符号,用来修饰二十四气节。③ 汉人的历法体系,是太阳年淘汰了物候历。中世纪的蒙古人则不然,物候历仍然举足轻重,尤其是日夜接触大自然的牧民老百姓。

物候月名详见于汉文史料,有《至元译语》、④《华夷译语》永乐本,⑤也散见于波斯文、阿拉伯文史料,尤其也门国(Yemen)拉苏里王朝(Rasulid)的《国王字典》。⑥ 苏联的人类学家发现,少部分蒙古部落如布里雅特(Buriyat)、卡尔梅克(Kalmak,即土尔沪特Turγud)、达斡尔(Dahur, *Daγur)仍有使用物候月。⑦ 以下先考订十二月名的原义,再阐释其历法意义。

---

① Y. Irinchin(亦邻真),1978;2001。

② L. Bazin 著,耿昇译,页 526—527。

③ 陈遵妫,2006,页 992—993。

④ 《至元译语》,收入元代的民用百科全书《事林广记》。日本元禄十二年(1699 年)翻刻本《事林广记》庚集卷之十(《事林广记》,页 454—457)。至元庚辰(1340 年)郑氏积诚堂刊本《事林广记》庚集卷下,称为《蒙古译语》(《事林广记》,页 188—190)。

⑤ 《华夷译语》洪武本《时令门》并无物候历月名,只见于永乐本等续增部分的《时令门》。《北京图书馆古籍珍本》,经部,第六册(北京:书目文献出版社,1987),页 130、213—214。

⑥ *The King's Dictionary-The Rasûlid Hexaglot: Fourteenth Century Vocabularies in Arabic, Persian, Turkic, Greek, Armenian and Mongol*, pp. 238—240 [201—col. A, 9—24].

⑦ Nicholas Poppe 记载了布里雅特部阿拉尔方言的月份名(N. Poppe,1930;1953)。小林高四郎引用了鄂尔多斯部、卡尔梅克人、达斡尔族、布里雅特人、阿拉尔方言的人类学口语记录,尝试考究其月名之意义(小林高四郎,1983)。Louis Bazin 认为诸部的物候月皆已变易,唯阿拉尔方言保留了很古老的面貌,并将之还原了应有的次序(L. Bazin 著,耿昇译,页 528—535、700—701)。

| | 《至元译语》 | 《华夷译语》诸本 | *Rasūlid Hexaglot* | A lar Buriyat 部落 |
|---|---|---|---|---|
| 一月 | 忽必<br>qubi<br>幸运 | 豁必<br>qubi<br>幸运 | قوبي سره<br>qubi sara<br>幸运　月 | γanǎ. gani<br>γani<br>孤独 |
| 二月 | 胡打里　玉宽真<br>qudal ögelǰin<br>假的　戴胜鸟 | 豁者儿<br>quǰir<br>硷 | قرا قجر<br>qara quǰir<br>黑　硷 | kodzier<br>quǰir<br>硷 |
| 三月 | 兀年　玉宽真<br>ünen ögelǰin<br>真的　戴胜鸟 | 兀格勒陈/兀力嗔<br>ögelǰin<br>戴胜鸟 | اوهلجن<br>öhelǰin<br>戴胜鸟 | Ögωljien, edztzin<br>ögelǰin<br>戴胜鸟 |
| 四月 | 课可<br>kököe<br>布谷鸟 | 可可亦<br>kökei<br>布谷鸟 | كاوه سره<br>kököe sara<br>布谷鸟　月 | Хухуин, Xūg<br>kököge<br>布谷鸟 |
| 五月 | 胡打儿<br>qudar<br>咸硷 | 兀剌鲁<br>ularu<br>松雞 | جنو دمدادو<br>jun-u dumda-du<br>夏的　中间里 | Үлари, ulara<br>ulari<br>松雞 |
| 六月 | 纳知儿<br>naǰir<br>夏 | 兀亦鲁<br>ürü<br>小米? | جنو هاجور<br>jun-u huǰaqur<br>夏的　根 | Ўри. wrē<br>ūri( < *ügün)<br>小米? |
| 七月 | 兀懒<br>γuran<br>公麕 | 古阑<br>γuran<br>公麕 | قران سره<br>γuran sara<br>公麕 | Гури, guraŋ<br>γura<br>公麕 |
| 八月 | 补工<br>buγu<br>公鹿 | 不忽<br>buγu<br>公鹿 | بغا سره<br>buga sara<br>公鹿 | бyra, bugu<br>buγu<br>公鹿 |
| 九月 | 忽察　答里必<br>quča talbi-<br>公羊　留种 | 忽察<br>quča<br>公羊 | قوجا<br>quča<br>公羊 | xyca, xusa<br>qusa ( < *quča)<br>公羊 |
| 十月 | 怯敛都儿<br>kelebtür<br>牧草? | 客勒卜秃儿<br>kelbtür<br>牧草? | كلتر سره<br>keltür sara<br>牧草　月? | ulāŋ zudaŋ<br>ulaγan ǰud-un<br>红色　灾害的 |
| 十一月 | 亦剔古<br>itelgü<br>兔鹘 | 亦得勒忽<br>itelgü<br>兔鹘 | كويار سره<br>köyer sara | jexĕ burgaŋ<br>yeke burγan<br>大　风雪 |
| 十二月 | 库胡列儿<br>kügeler<br>配种 | 可可勒儿<br>kögeler<br>配种 | 配种的　月 | baga burgaŋ<br>baγa burγan<br>小　风雪 |

1st  **qubi sara** 正月-幸福月

Qubi 是“幸运、命运、缘份”之意。① 这是蒙古历法的新年。古人总是期待新的一年幸福快乐。

2nd  **qu J̌ir sara** 二月-盐碱月

食用盐,蒙古语是 dabusun。蒙古语 qu J̌ir 是咸碱土壤、盐碱之地,牲口特别喜爱,吃后可以长胖。② 这字派生了一些畜牲业术语,比如 qu J̌irla-是给牲口喂食盐碱,qu J̌irsa—是牲口想吃碱。③ 此外,牲口吃了咸碱更能抵抗严寒,④正切合阴历二月乍暖还寒的气候。

鄂尔多斯部的阴历十一月称为 qara qu J̌ir 黑咸,⑤从二月移到十一月是后期的变易。拉苏里朝《国王字典》“春天第二月”记为قرا قجر,与鄂尔多斯历月名相同,应读作qara qu J̌ir黑咸。⑥

3rd 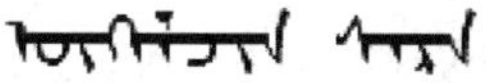 **ögel J̌in sara** 三月-戴胜鸟月

蒙古语 ögel J̌in 是戴胜鸟。⑦ 戴胜鸟是候鸟,每当春天来临,天气开始回暖,就会回到蒙古一带,求偶、筑巢、繁殖。⑧ 此月,牧民会听到戴胜鸟美妙的“bo-bob”鸣叫。⑨ 1492 年布哈拉本 *Muqaddimat al-Adab*(穆卡迪玛特,《技艺之引言》)拼写为هولجين سار hö’öl J̌in sara,⑩保存了一个古老的 h-声母。

4th  **kököge sara** 四月-布谷鸟月

蒙古语 kököge 是布谷鸟,来自布谷鸟的“goo-ko”叫声。⑪ 它是候鸟,夏天才回到蒙

---

① 《蒙汉词典(增订本)》(呼和浩特:内蒙古大学出版社,1999),页 672。

② P. S. Pallas,1779,pp. 267—268;邵建东、刘迎胜译,2002,页 176:“蒙古人和布里雅特人牧养的羊只有一种,即那种长有像软垫一样肥硕尾巴的大尾巴绵羊……色楞格河沿岸地区……因风雪凶猛,盐碱地不多,羊长得都不大,跟俄罗斯绵羊差不多,尾巴也很小,很不起眼。相反,在鄂嫩河和额尔古纳河之间美丽的达斡尔草原上,几乎遍地是盐碱斑……不过,这些大绵羊的尾巴却没有吉尔吉斯(哈萨克)羊和卡尔梅克羊的尾巴肥大,大概是因为他们长时间生长在山中,而不在盐碱地和苦艾地觅食的缘故。”

③ 《蒙汉词典(增订本)》,页 684—685。

④ 邢莉,1999,页 21:“春季最好把牛赶到有碱的洼池及有积雪的地方,牛吃了碱能增加抗寒力。”

⑤ 《成吉思汗祭奠》,页 75。田清波神父记录了这字,解作法语 *soude* 碱类化合物(A. Mostaert,1937,pp. 131—132;矶野富士子译,1966,页 29—30)。

⑥ *The King's Dictionary*,p. 238[201—col. A,11]. Louis Ligeti 等读作 qara oujir。这读法意义不明。看手抄本的照片 Ms. p. 201,字母是 QR-A-QJR;阿拉伯文多数不标元音,既可读作 qara qu J̌ir“黑碱”,也可读作 qara γa J̌ar“地皮”——尤指融雪后露出的大地(《蒙汉词典(增订本)》,页 584)。1492 年布哈拉本 *Muqaddimat al-Adab* 标出元音,拼写为قوجير سار[QUJYR SARA]qu J̌ir sara。N. Poppe,1938,p. 309;保朝鲁译,2002,页 204。

⑦ 现今蒙古人将戴胜鸟称为 böbegel J̌in 或 öbögel J̌i。春天的温暖时间,戴胜鸟喜爱 böb-böb 声的鸣叫。《蒙汉词典(增订本)》,页 274、501。

⑧ 戴胜鸟是一种候鸟,是佛法僧目戴胜科戴胜属 *Upupa epops*,英文名 hoopoe。汉名又称为胡哱哱、花蒲扇、山和尚、鸡冠鸟、臭姑鸪、戴鵀、戴南、戴鵟。

⑨ Y. Irinchin(亦邻真),1978,页 63—64。

⑩ N. Poppe,1938,p. 186;保朝鲁译,2002,页 57。

⑪ 布谷鸟,学名大杜鹃,是杜鹃科杜鹃属 *Cuculidae Cuenlus canorus*,英文名 common cuckoo。

古一带。蒙古人视布谷鸟的歌声为夏天的征兆。①

《华夷译语》续增《时令门》,四月是“可可亦”;回鹘式蒙文写作 kökei,不是书面语,这是口语写法,öge 合成了双元音 öi。② *Muqaddimat al-Adab* 拼写为 كوكه سارا [KUKE SARA] köke: sara,也是口语。③ 17 世纪《蒙古源流》写作 kökege,才是书面语。④

**5th** **ularu sara** 五月-松鸡月

蒙古语 ularu 是松鸡。⑤ 来自突厥语 ular⑥。松鸡是留鸟,长年居住在欧亚大陆北方的松林。⑦ 松鸡的羽毛有棕色花斑的保护色,在林间难以察觉。夏季,开始进入求偶期,雄性松鸡的羽毛变成黑褐色,胸部长出深绿金属闪耀的羽毛,十分抢眼。雄松鸡尾羽开屏、竖起,颈部直立,喙嘴指向天空,垂下双翼,开始唱歌求偶。

**6th** **üirü sara** 六月-小米月?

其原意难明,已不见用于现代蒙古语。此是《华夷译语》续增本的回鹘式蒙古文之写法,汉字音译“兀亦鲁”。参考了李盖提(Louis Ligeti)的拉丁化转写。⑧ 田清波(A. Mostaert)没有看到《华夷译语》续增本,只考据清代陆次云《八纮译史》传抄的月名。陆次云书将“亦”错抄为“赤”,讹误为“兀赤鲁”。田清波推断读作 ü J̌ürü,提出此字有可能解作“烏”: 烏鵶(corbeau カラス)。⑨ 此解是误上加误。⑩ 亦邻真也是从陆次云的误写“兀

① 策·僧格,1997,页 207:“布谷鸟的叫声被视为吉兆,并认为是天神的节令变化的讯号……而蒙古民间广为流传的《少温·达拉勒嘎(文学作品)》中:‘每当布谷鸟一来,原野冰雪消融,青山羊下羔,迎来盛大的达拉勒嘎。’因为布谷鸟象征美好的时节,它的到来标志着无限的美好季节之来临。在众多的飞禽中,蒙古人称赞布谷鸟的声音最美。”

② N. Poppe,1955,pp. 72.

③ N. Poppe,1938,p. 221;保朝鲁译,2002,页 80。

④ 乌兰,2000,页 429、685“77r”。

⑤ G. Clauson,1972,页 150。

⑥ 清代的蒙汉满词典译蒙古文 qakiliγ 为松鸡、树鸡(《蒙汉满文三合》卷五,页三十五。《蒙文总汇》,页 385),将 ularu 译为鷓雉(《蒙汉满文三合》卷三,页六十三。《蒙文总汇》,页 553),颇为混乱。形态相似的野生雉鸟,内陆亚洲各语系各方言不一,外人更难翻译。Ruth Ⅰ. Meserve(Meserve, 2005)研究指出,蒙古文 qakiliγ 是指雪鸡(snowcock,鸡形目雉科雪鸡属 Galliformes Phasianidae Tetraogallus),ularu 是松鸡(grouse,鸡形目松鸡科 Galliformes Tetraonidae)。

⑦ 松鸡,英语 Capercaillie,鸡形目松鸡科松鸡属 *Galliformes Tetraonidae Tetrao*。欧洲的松鸡品种叫 Western Capercaillie。蒙古、内陆亚洲的品种叫黑嘴松鸡 Black-billed Capercaillie。

⑧ 小林高四郎,1983,页 181。小林高四郎引自 Louis Ligeti, *Rapport préliminaire d'un Voyage d' Exploration fai ten Mongolie chinoise* 1928—1931(Bupadest: Société Körösi Csoma,1933),p. 45.

⑨ A. Mostaert,1937,pp. 131—132;矶野富士子译,1966,页 30。田清波比较 W. Kotwicz 记录的布里亚特物候月 ūri,猜测“赤”或是“亦”的误笔。矶野氏没有翻到这一句。

⑩ 他们认为 ü J̌ürü 是来自蒙古文 üyürü。清代的蒙汉满字典称 üyürü 为“乌”。他们误会乌是乌鸦。实在,乌是乌员,即是猫,是唐代文人对家猫的雅称。乌员被音译为 üyü,接上尾缀-ri,成为满洲文 üyüri。这恰如苹果,满文写为 ping-gu-ri。家猫乌员的满洲文被引入蒙古语,译为 üyürü。(《蒙汉满文三合》卷三,页十六。《蒙文总汇》卷四,页十六;栗林均,2010,页 578。)

赤鲁"试读为 učiru,也是错误。①

Louis Bazin 研究苏联学者的人类学口语纪录ұри 与 шrē(ŪRI),将长元音 Ū-试读作 egü-,整字读作 egüri,说是蒙古语"鸟巢"。阴历六月,正是雏鸟在鸟巢乱叫乱飞、十分活跃之像,所以叫鸟巢月。②Bazin 的说法貌似合理,却有问题。蒙古语"鸟巢"是 egür,词末并无元音-i;蒙古语 egüri 是形容词"永恒的",不可能是鸟巢的派生词。③ 永恒之说,毫无季节气候的意义。而且,这也无法对应《华夷译语》续增本的 üirü 或 uiru。

我认为 üirü 也是突厥语借词。突厥语 üyür 是谷物小米(millet)、种籽。④ 正如突厥语松鸡 ular 借入蒙古语即衍生出尾元音(T. ular > M. ularu),突厥语小米 üyür 借入蒙古语就成为 üyürü。蒙古语历史音韵变化,-yü-弱化为-i-,如动词"请求",书面语 γuyuqu 渐渐化为口语 /guix/。⑤ 借入词 üyürü 就变成了 üirü。《华夷译语》续增本的月份名字似非书面语,却是反映了口语。例如四月布谷鸟,书面语应写作 kököge,但《华夷译语》续增本却写出了口语 kökei;它写的六月"兀亦鲁"üirü,就是突厥语借入词 üyürü 的口语模式(M. üirü < M. *üyürü < T. üyür)。

牲口吃草的种籽有助长胖生膘。不过,通常是秋季的草才结籽实,秋季才是牧民让牲口吃草籽之时。这不合阴历夏末六月。⑥

虽然蒙古人是游牧民族,主要进食奶品与肉,但也会进食小米、煮食稀粥。《蒙鞑备略》记载:"彼国亦有一二处出黑黍米,彼亦煮为解粥。"⑦出使蒙古的欧洲传教士也有类似记载。⑧《蒙古秘史》第 152 节记载克烈部王汗在七岁时被蔑儿乞部掳到色楞格河,为他们舂米。⑨《华夷译语》洪武本附录的第二封〈捏怯来书〉(1389 年)记载蒙古部落向明朝索取仓粮与种籽(许舌列 *hüre)。⑩《蒙古风俗鉴》记载蒙古人自古就有粗放式撒种黍子与荞麦。⑪小米抗旱,生长期短,耐寒耐瘠,比小麦更适合蒙古草原。始终,小米只是补助游牧经济。牧民只会粗放式耕作,随意撒种,不打理、不浇水、不除草,任由种籽自生自灭,等待收成。这

---

① Y. Irinchin(亦邻真),2001,页 68。

② L. Bazin 著,耿昇译,页 530—533。

③ 《蒙汉词典(增订本)》,页 121。

④ G. Clauson,1972,pp. 275—276. 突厥语 üyür 广见于各支方面,可汗王朝方言是 ügür,只有西部的乌古斯方言才没有这字(*Compendium of the Turkic Dialects*,1982,vol. 1,p. 100;《突厥语大辞典》,2002,第一卷,页 61)。布里雅特蒙古人的口语 ŪRI,当是来自突厥语方言"小米"的另一读音,并经历了长元音化(M. ūri < M. *ügüri < T. ügür)。又,蒙古语"种籽"是 üre,中古形态是 *hüre"许舌列"(《华夷译语》《花木门》;Antonie Mostaert, ,1977,vol. 1,p. 62)。

⑤ N. Poppe,1955,pp. 128.《蒙汉词典(增订本)》,页 786。

⑥ 赵景阳译,1988,页 53—54。葛根高娃、乌云巴图,2004,页 45—46。

⑦ 王国维,页 447。

⑧ C. Dawson,1987,pp. 17,100;《出使蒙古记》,页 18、118。

⑨ 札奇斯钦,1979,页 194—195。

⑩ 《华夷译语》洪武本,1981,页 37—40。A. Mostaert,1977,vol I,pp. 29—31,vol. II,pp. 98—107。

⑪ 罗布桑却丹,1981,页 310—313;赵景阳译,1988,页 148—149。罗布桑却丹(1875—?)记载,清代才开始有汉人到草原经营种地农业,引入碾磨,带来小麦、高粱、豆等作物;但蒙古人自古以来就只撒种"黍"(蒙: mongγol amu,直译"蒙古粮",黄米、小米之类,汉人称为炒米)与"荞麦"(蒙: saγaγ),只会桩打石臼,没有碾磨。

月未必就是撒种小米或收割的时分,却也标志了农作物是游牧经济的重要补助物。

**7th γuran sara** 七月-公狍月

蒙古语 γuran 是雄性的狍。① 公狍角短而直。狍外形跟小鹿很相似,唯毛色偏灰,蒙古语也称之为 boro görögesü(灰色的猎物)。② 阴历七月,公狍发情、求偶,打斗争夺雌狍。

**8th buγu sara** 八月-公鹿月

蒙古语 buγu 是公鹿。公鹿,角长而多叉。鹿,毛色偏红,多有梅花斑点。③ 因此鹿也称为 ulaγan görögesü(红色的猎物)。④ 这月是公鹿的发情期。

**9th quča sara** 九月-公绵羊月

qu ča 是公绵羊。这月是公绵羊的发情期。《至元译语》九月是"忽察 塔里必"。塔里必,是蒙古语动词词干 talbi-"留种",quča talbiqu 是"留作种绵羊"。⑤ 绵羊是牧民的粮食与财富。留种羊以备配种,是头等大事。

**10th kelbtür sara** 十月-牧草月?

其原意难明,已不见用于现代蒙古语。此是《华夷译语》续增本的回鹘式蒙古文之写法,汉字音译"客勒卜秃儿"。《至元译语》汉字音写为"怯敛都儿",应是汉语南方口音"敛"lem 对译蒙古语 leb。《国王字典》或许手抄有误,脱失了字母 B。亦邻真直指复杂难解。田清波也没能解释。

或许,这字应还原作 keleb-tür。东部突厥语方言 kelep ~ kelep,是一种嫩草,生长在突厥人的牧场,能使牲口牛只迅速长胖。⑥ 借入蒙古语后,从嫩牧草转化为牧场。蒙古语位格尾缀-tür 是指示在何地点。那么,kelebtür 可能指"在牧场、到达牧场"。还是收集牧草以备寒冬?比较上文张德辉的记录,蒙古人从阴历八月中离开夏营地,正是十月中到达冬营地。

---

① 狍,或称为东方狍、矮鹿,鹿科狍属 *Capreolus pygargus*,英文称为 Siberian Roedeer。

② 《蒙汉词典(增订本)》,页 481。蒙古语 görögesü 是指鹿、黄羊、羚羊一类的走兽,尤指猎物,是来自名词打猎 göröge,动词 görögelekü 也是狩猎(《蒙汉词典(增订本)》,页 791)。狍、鹿等走兽是牧民在入秋以后的重要猎物之一。

③ 鹿,鹿科真鹿亚科鹿属 *Cervidae Cervinae Cervus*,英语 deer。蒙古一带的鹿属品种也有不少,如梅花鹿 *Cervus nippon*(Sika deer),角只四叉,毛赤有白斑纹。马鹿 *Cervus elaphus*(Red deer),蒙古语 turuγ buγu"巨大的公鹿",体巨、赤色无斑、角叉特多。

④ *Muqaddimat al-Adab* 拼写为اولان كوراسون ulān görēsün。N. Poppe,1938,p. 363;保朝鲁译,2002,页 157。

⑤ Y. Irinchin(亦邻真),2001,页 66。《蒙汉词典(增订本)》,页 684、1013。

⑥ *Compendium of the Turkic Dialects*,1982,vol. 1,p. 275;《突厥语大辞典》,2002,第一卷,页 372。G. Clauson,1972,p. 761.《突厥语大辞典》英译本说这嫩草长在"夏季草场",令牛只长胖;中译本只说是草场,没分夏与冬,是令牲口长胖,没有说是不是牛只;Gerard Clauson 的引文说是夏季草场,令牲口长胖。有没有可能是牧民赶在入冬前收集牧草?

**11th** 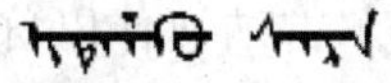 **itelgü sara**　十一月–兔鹘月

itelgü 是兔鹘。今日称为苍鹰。① 它在蒙古草原是留鸟,冬天不会飞走。蒙古人会放鹰以助打猎。兔鹘,就是用来捉拿野兔等小型动物。蒙古人多在深秋之后开始打猎,直到仲春而止。此时野兽肥胖,进食猎物可以减少消耗绵羊肉;趁冬末猎物落绒之前,毛皮更值钱,补助经济。② 因此,兔鹘成为狩猎的一个标志。

**12th**  **kögeler sara**　十二月–配种月

Louis Bazin 解释这字独到而精确。③ 这是突厥词汇,-ler 是突厥语复数后缀;《突厥语大辞典》记载كوك küg( * kög)是"交配",尤指公羊及其他兽类在冬季的交配。④《国王字典》只用一字 köyer sara 代表十一、十二两个月,这是突厥语方言的模式,如哈萨克语 küy- ~ küylö-是动词,专指牛、羊、犬的交配,⑤又如土耳其语公绵羊交配是 göy-er-mek。⑥

《突厥语大辞典》的记载甚为关键,是内陆亚洲的畜牧业技巧。阴历九月 quča sara,公绵羊发情。若绵羊在九月交配,母羊怀胎五个月(150 日)后就会诞下小羊羔。小羊在阴历一月、二月出生,此时内陆亚洲气候严寒,粮食困乏,母羊奶水不足,小羊饥寒交迫容易死亡。牧民累积经验,因此严禁绵羊在秋季交配,把配种公羊分隔开来,不让其与母羊交配。这就是九月 quča talbi-"留作种公羊"之原意。牧民甚至在公绵羊肚腹绑上毡帘,阻止它们交配。⑦ 今日蒙古族牧民仍在实行这方法。⑧ 到了严冬十一、十二月,牧民才容许种公羊跟母羊交配。如此,小羊羔将在三月、四月诞生,正是气候回暖、枯草返青之时,小羊就能好好成长。这种畜牧技巧,蒙古人当然懂得。1254 年,传教士鲁卜鲁黑(William of Rubruck)就看到蒙古人的羊到公历 3 月底才刚刚开始产羊羔,仍有很多母羊待产。⑨ 这正是阴历四月初。⑩ 倒数五个月,正是阴历十一、十二月。由此可知,13 世纪上半叶,蒙古牧民已是在阴历九月留种公羊,十二月 kögeler sara 才让绵羊交配。

---

① 苍鹰 *Accipiter gentilis*,隼形目鹰科鹰属 *Falconiformes Accipitridae Accipiter*。英文名 Goshawk。

② 札奇斯钦,1987,页 24—35。陈高华、史卫民,2001,页 321—330。

③ L. Bazin 著,耿昇译,页 533—535。

④ *Compendium of the Turkic Dialects*,1982,vol. 2,p. 215;《突厥语大辞典》,2002,第三卷,页 128。G. Clauson,1972,pp. 709—710. Gerard Clauson 引用的解释最正确,中文版次之。

⑤ G. Clauson,1972,pp. 709—710.

⑥ L. Bazin 著,耿昇译,页 534。

⑦ [明]萧大亨《夷俗记》〈牧养〉条:"羊之羔,每一年一产,产于春月者为佳。羊有一年再产者,然秋羔多有倒损之患。故牧羊者每于春夏时以毯片裹羝羊(公羊)之腹,防其与牝羊(母羊)交接也……"(页 28　29)。

⑧ 葛根高娃、乌云巴图,2004,页 46。

⑨ C. Dawson,1987,pp. 177;《出使蒙古记》,页 195—196。传教士鲁卜鲁黑(William of Rubruck)出使大蒙古国,1254 年到了鄂儿浑河、和林城附近。3 月 29 日受难主日(Passion Sunday)蒙哥可汗派人要求教士祈祷上帝减轻寒冷和风势,因为跟着他们的所有牲畜都处于危险之中,尤其是因为那个季节它们都怀着孕,并且正在生产幼畜。三天过后,风雪果然停了。

⑩ 张培瑜,1997,页 304。宋宝佑二年甲寅年(1254 年)三月廿六日谷雨,是公历 1254 年 3 月 21 日。三月小。3 月 29 日受难主日(Passion Sunday)是四月五日。

蒙古人与突厥人有很多共通的牧业术语。① 古代蒙古人在额尔古纳河伴以狩猎为主,无羊少马,其游牧经济与技巧并不先进;其后渐渐移居蒙古高原,从突厥人那里学会养羊,因此蒙古语畜牧业术语中突厥语词汇特多。②

## 五、闰月与蒙古物候历的原理

四种物候月的资料,各有少异。难以确定那一套才是最传统、最正宗。他们之中,唯独不变的几个月名是:三月戴胜鸟、四月布谷鸟、七月公狍、八月公鹿、九月公绵羊。我认为这些不是意外,是物候月历最重要的部分。这几个不改变的月份名,其代表的动物就是气候变化的征兆。

物候历都是阴历月,是月圆缺循环29或30日一月,十二个月就是一个阴历年。其时间数算都跟前述的季节月完全相同,两者可以互换,因此《蒙古秘史》既用季节月,也用物候月,并无冲突。因此,物候历也是面对阴历年跟太阳年的偏差。解决方法,也是闰月。前述,蒙古人常用枯草返青来察看月份有没有跟天气脱节,假如野草迟迟未回绿,就加上闰月。物候历的闰月似是更严格,它不是用枯草返青来验证气候,而是用不同的鸟类与走兽——这就是物候月起名的原由。牧民多年经验累积,只要听到戴胜鸟的 bo-bob 叫声,即使仍然冰天雪地,就可以知道是春天最后一个月——三月,预告夏天将要降临。牧民听到布谷鸟 koo-koo 的叫声,就知道这是夏天的开始,是时候起营搬迁到夏天牧场。③因此,三月称为戴胜鸟月,四月称为布谷鸟月。只要迟迟听不到戴胜鸟的鸣叫声,自然会想到是时候闰月了。该到戴胜鸟月的却没有听到戴胜鸟的叫声,这个闰月就称为"假的戴胜鸟"——胡打里玉宽真(qudal ögel J̌in)! 闰月接着的另一个月,终于听到戴胜鸟的鸣叫声,名为"真的戴胜鸟"——兀年玉宽真(ünen ögel J̌in)! 元代《至元译语》将假戴胜鸟月作为二月,应是汉历跟蒙古牧民的物候历不协调而产生误会。19世纪住在山区的吉尔吉斯牧民,他们使用的物候历也有假狍月(六月)与真狍月(七月)。Louis Bazin 认为假狍月是闰月。④

二月戴胜鸟,三月布谷鸟,皆是物候显示月份。经过了盛夏跟雨季,草木繁盛,走兽都吃得饱、精力旺盛。公狍、公鹿、公绵羊先后发情,牧民就此知道这是秋季,将它们分别作为七、八、九月的名称。蒙古牧民很可能与吉尔吉斯牧民一样,进入第七个月,若迟迟未见公狍发情,就会判断阴历跟气候脱了节,继而闰月——假公狍月,继接的就叫真公狍月。

---

① 呼格吉勒图(Küg J̌iltu),2001。比如,绵羊,突厥语 qoyn,蒙古语 qoni;种马,突厥语 ayγïr,蒙古语 aǰirγa;羊奶,突厥语 süt,蒙古语 sü;畜群,蒙突皆是 sürüg。

② 亦邻真(Y. Irinchin),2001,页577。

③ 所以,17世纪初《蒙古源流》就说过"如同在夏的首月(J̌un-u terigün sara-daki),布谷鸟的嗓音一般(kökege šibaγun-u daγun metü)。"乌兰,2000,页429、685。

④ L. Bazi 著,耿昇译,页679—682。Louis Bazin 说(页681):对于七月,拥有一个被称为"假狍月"(yalγan ~ J̌alγan quran)六月的黠戛斯(Kirgiz 吉尔吉斯)历法具体释说,这里是指"真狍月"(čin quran)。我不是将此视为两个相近的动物种类——一假一真,而是将这些名词解释为最早有一个"假狍月"与稍后一个"真狍月"对立。前者可为一个旧闰月,后来才被纳入到通行历法中;后者则完全相当于蒙古的狍月(蒙古文 γuran,相当于吉尔吉斯的突厥语 kuran)。

牧民需要在夏天的首个月（孟夏、四月）起营迁回夏天草场。若早了一个月出发，草还未长，牲口就会饿死，气候太冷也会冻死。因此，必须准确验证上一个月——三月是否闰月，也要在三月戴胜鸟月作决定。到四月才决定是否闰月，不是饿死牲口，就是延误长胖的时机。① 同样，秋季不但是牲口吃草籽养肥的重要时间，牧民更要在八月底离开夏季草场，迁到冬季草场好挡风之处躲避风雪，积柴、储水、备干草，忙着准备过冬。不可以迟到八月才决定是否闰月，所以，必定严格判断七月公狍月是否需要闰月。为免失准，必须要三月戴胜鸟、四月布谷鸟、五月松鸡为一组，连环的物候来反复验证夏天；以七月公狍、八月公鹿、九月公绵羊为一组，连环验证秋天。可见，物候历实在优于观察枯草返青这古老方法。②

其他的月名，比如正月的幸运只是一种期望，二月盐碱、十二月配种只是游牧业技巧，六月小米、十一月猎鹰兔鹘只是牧民的经济补助，这些都不是动物随气候作出的变化。这些名字无关验证时节、判断闰月，是不重要的。因此，这几个月名变得不稳定，随时被弃置。《国王字典》不使用松鸡、小米来称呼五月六月，改用季节月名“夏之中”（J̌un-u dumdadu）、“夏之根底”（J̌un-u hu J̌aqur）。③《至元译语》以古老的蒙古词汇：夏天“纳知儿”（na J̌ir）来称呼六月；④以盐碱称呼五月，因为牲口在任何时候也喜欢吃碱。⑤ 阿拉尔——布里雅特人住在蒙古以北的南部西伯利亚，气候更为严寒，他们就选择了“刮风雪”burγan 来命名冬季的月份。⑥

历法，不是看月份名字是否相同。月名只是外相，最重要是历法背后的天文原则。既然《蒙古秘史》同时使用物候月——公狍月与季节月——夏首月十六红圆光日，它们应

① 葛根高娃、乌云巴图，2004，页71：“春秋两个季节对游牧民的生产来说是非常重要的。春天是万物复苏的季节，草原开始返青，畜群也可以吃到鲜嫩的绿草了；秋天则是牲畜抓膘繁殖的季节。将一年分为以春和秋为主的两个季节，正是适应了游牧经济经营上的需要。”

② Louis Bazin 假设：“若草返青并未发生在紧接冬末月的一个月份之中，这月就不会被视为春首月，而是视为即将结束的一年之第13个月——闰月。如此，真正的春首月却是下一个月。这就可能是增加闰月的古老手段。但我应该指出，这种做法未曾被任何历史文献所证实。”L. Bazin 著，耿昇译，页731。这个假设很不合理，因为阴历的春首月（正月），蒙古草原依旧冰天雪地，根本不可能枯草返青；要迟到三月、四月，草才会返青。Louis Bazin 再推断，依据长期冰冻来闰月，或依树叶枯黄、落叶而在夏末或秋增加闰月（页731）。这推断亦欠蒙古文史证据。

③ 《国王字典》用阿拉伯文标写了 h-声母。《华夷译语》《花木门》，根，汉字标音作“忽札兀儿”，有 h- ~ kh-声母，回鹘字蒙古文写 u J̌aγur。现代蒙古语变音，今写作 i J̌aγur。

④ 夏天 na J̌ir 是古老的蒙古词汇，已不见于现代蒙古语，蒙古语系达斡尔人仍然使用。Y. Irinchin（亦邻真），1978，页64—65。亦邻真：〈畏吾体蒙古文和古蒙古语语音〉（亦邻真，2001，页537）。

⑤ 亦邻真（Y. Irinchin），1978，页64。亦邻真说，阴历五月、阳历六月，牧民会喂牲畜食白头翁（irγui）与山葱（manggir）、吃咸碱（qu J̌ir），好在夏季长膘长胖。亦邻真判断“胡打儿”* qudar 是 qu J̌ir 的古代写法。亦邻真所说的，是蒙古语历史音韵学的颚化现象：-d- > -J̌-（N. Poppe，1955）。比如马勒、马爵子，《蒙古秘史》汉字音译“中合答阿舌儿”（* qadaγar）；现代蒙古文是 qa J̌aγar。十三世纪，蒙古语颚化规律不断摇摆。何启龙，2008，页71—73。

⑥ 此字也见于《蒙古秘史》第31节。额尔登泰等，1980，页157。小泽重男，1984，页162—165。蒙古文časun 是雪（《蒙汉词典（增订本）》，页1233）。动词 burγa-是下霰、雪珠；burγani-有太阳之时刮风下雪（《蒙汉词典（增订本）》，页500）。

该是互不冲突的历法,甚至是同一种历法。十三世纪初蒙古人很可能使用多个物候去反复验证夏天何时到临,决定是否需要在夏天以前添置闰月。如此,四月十六红圆光日应该是颇准确的落到夏天第一个月。所以蒙古人会年年都记着红圆光日这个大日子。这种物候历原理、操成技巧与闰月之法,可能只有萨满巫师、部落长老等少数人所掌握。①一般牧民、替贵族牧羊的牧者,只跟随部落领袖决定何时起营般迁。既然牧民无权决定何时迁移到夏营地,也就没有责任掌握历法,不需要知道何时添置闰月。是故,一般牧民只是看到枯草迟迟未返青,才估计有闰月。

## 六、《授时历》与数字月

1260 年,忽必烈可汗入主中原,定都燕京(大都,今日北京),建立大元,仿效中原传统建立各式典章制度。蒙古文化输入了中原汉人文化,也输入藏传佛教文化,大为改变。元朝统治阶层的祭天祈福之俗,仍看到蒙古传统之迹。② 不过,孟夏十六日红圆光日已经不再,也不在四月初九祭天洒马奶,改为六月二十四日于上都"洒马妳子"。元朝皇帝已是定居于大都与上都,不再游牧,没有大群牧民与牲口跟随王帐迁徙,不需要在孟夏四月起营迁向夏季草场。夏天巡幸上都、入冬前回到大都,不是游牧,只是避暑、游猎玩乐,怀念夏营冬营的传统。元仁宗爱育黎拔力八达(Ayurbarwada)、文宗图帖睦尔(Tuγ Temür)、惠宗顺帝妥欢帖睦(Toγun Temür)多不适应草原气候,往往迟至五月才从大都出发到上都,六月二十四日洒马奶,七月末已离开上都、启程返回大都。③

节日改变,时间观念也改变。现存蒙古文圣旨碑暨汉文硬译公牍白话碑,从元初到元末,其历法皆是十二生肖年份,与春夏秋冬的首中末月份,跟《蒙古秘史》相同。元代以前,大蒙古国的蒙古文圣旨甚少,均以汉文为主体附以一两句蒙古文摘译。比如 1240 年河南济源十方大紫微宫圣旨碑,只有三行简短的蒙古文,时间占了一行,只记年份 bičig qulaγana J̌il"文书,鼠儿年"。④ 最早而详尽的蒙古文日期是少林寺圣旨碑 1253 年回鹘式蒙古文蒙哥可汗圣旨:⑤

| | | | | | | | |
|---|---|---|---|---|---|---|---|
| üker | J̌il | *übül-ün* | *ecüs* | *sara*-yin | doluγan | sinede | delgebei |
| 牛儿 | 年 | **冬-的** | **末** | 月-的 | 七 | 初-在 | 陈列了 |

同碑的汉文硬译文体第 24 行:"癸丑年十二月初七日开。"蒙古文冬末月对应汉文十二月。虽然汉文是六十甲子纪年,但蒙古文仍然是十二生肖纪年。或许,这时蒙古人已经使用了金代《大明历》。

同碑所刻第二段是回鹘式蒙古文 1261 年忽必烈可汗圣旨,日期为:

---

① 直至 18 世纪末,蒙古准噶尔部也是由贵族台吉与高官宰桑决定何年何月添闰。《西域图志》,卷三十九,《风俗·岁时》:"积年置闰,亦同中国,但不拘月分。届当运之年,宰桑等请于大台吉,随意中所欲,置闰于某月……自寅自丑,每月皆可闰也……无二十四气。"

② 《元史》卷七十七《祭祀六·国俗旧礼》,页 1923—1926。

③ 史卫民,1996,页 264—265。呼格吉勒图,2010。

④ F. W. Cleaves,1960.

⑤ 中村淳、松川节,1993。道布、照那斯图,1993。此碑共四段蒙汉合璧圣旨。

taiqiγu J̌il *J̌unu-ün ecüs* sara-yin nigen sinede Keibingvü-te bükü i-tür bicibei
鸡儿 年 夏-的 末 月-的 一 初-在 开平府-在 有-在 写了

同碑汉文硬译本第32行:“鸡儿年六月初一日开平府有时分写来。”蒙古文夏末月对应汉文六月。反过来蒙古文的十二生肖年份规范了汉文译法,不写六十甲子,只写十二生肖鸡儿年。这年是1261年忽必烈中统二年,当年开平府还未升为上都,大都也未兴建,忽必烈正在与幼弟阿里不哥争夺大汗之位。

西藏保有忽必烈颁给拉洁·僧格贝的八思巴字蒙古文圣旨原本,日期是:①

heuker J̌il *Gabur-un t'eri · ün zara*-yin Gucin-a TayDu-da bugue-dur bicibeė
牛儿 年 **春-的 首** **月**-的 三十-在 大都-在 有-时份 写了

元朝圣旨日期的年、月、日,从元初到元末,从汉地到西藏,皆跟成吉思汗的年代没有分别。貌似没变,其实已渐渐改变。1338年蒙汉二体竹温台碑,汉文是“戊寅至元四年五月吉日建”,回鹘式蒙古文:②

J̌i Ön dötüger on *wuu bars* J̌il *tabun sara*-yin qorin nigen-dür . . .
至 元 第四 年 **戊**虎 年 五 月-的 二十 一-时份……

再参考德国收藏编号T III M 299.3的佛教手抄本跋文残片,蒙古文日期:③

yi qonin J̌il tabun sar-a-yin arban qoyar-a bičibe ene buyan -tur . . .
乙 羊 年 五 月-的 十 二-于 写了 这 福德-在……

戊虎年、乙羊年,就是戊寅年、乙未年。这是音译了汉语的十天干,再配以蒙古语的十二生肖,组成了六十甲子纪年。元代后期渐渐再现了蒙古版本的六十甲子纪年。不但如此,月份名字更变成了数字,五月不再是仲夏、夏之中或者松鸡月,数成了蒙古文数字“五”(tabun)。再看一例,敦煌莫高窟中的一条1323年回鹘式蒙古文题记:④

. . . J̌i J̌i γaqai J̌il *doloγan sara*-yin qorin γurban-a
……至 治 猪 年 **七** **月**-的 二十 三-行

七月,不再是公狍月,变成了蒙古文数字“七”(doloγan)。这就是第三种月份名:数字月。蒙古数字月名是基数,⑤当源自汉人历书。

忽必烈建立元朝之初,仍袭用金代历法。至元四年(1267年),伊斯兰历法曾传入元

---

① 《西藏历史档案荟粹》,第一。呼格吉勒图、萨如拉,2004,页11—20。

② F. W. Cleaves,1951.汉文铭刻题为“大元敕赐故中顺大夫诸色人匠都总管府达鲁花赤竹君之碑”。元顺帝至元四年,即1338年。“竹君”,就是竹温台(Jigütei)的简称。

③ D. Cerensodnom&M. Taube,1993,p. 193(Nr. 87)andTAFELXLVII(Text87).残片的回鹘文是端正粗体字,蒙古文是幼体行草都,并不相同。回鹘文说及抄写了某本经书(nom),善哉善哉(sadu sadu)。这篇佛经是用回鹘文抄写完毕,其后再用蒙古文写上有日期的发愿文。乙未(羊)年,可能是元成宗元贞二年(1295)或元顺帝至正十五年(1355)。

④ 敦煌研究院考古研究所、内蒙古师范大学蒙文系,1990,页4—6、9。这是元英宗至治三年癸亥年(1323年)。在这条题记说及书写人与他的朋友跟随法师从肃州到敦煌莫高窟。此题记在莫高窟144窟,墨书写成,保存完好。

⑤ 基数(Cardinal number)代表数量的基本数值。序数(Ordinal number)代表次序,如第一、first(1st)。突厥人回鹘人使用数字月:第九月 tokkuzunč ay(九 tokkuz),第五月 bäšinč ay(五 biš)。

朝政府,但没能取代金代历书。估计伊斯兰历跟蒙古季节历法差距太大,不像中国历跟蒙古季节历那么相合。元朝吞并南宋之后,委任郭守敬等汉臣考订南北古今历法。至元十七年(1280年),元朝制成《授时历》,颁行天下。① 后来,元朝将《授时历》译作回鹘字蒙古文版本。② 吐鲁番出土蒙古文历书印本残页,③与黑城出土蒙古文历书印本残页,④实是元朝《授时历》的蒙古文译本。⑤ 蒙古文《授时历》附的占卜术,记录了蒙古文音译的十天干,⑥与蒙古文的数字月名。⑦ 由于蒙古文《授时历》印刷出版,汉式历月、占卜术广为流传,影响遍及社会各个层面。俄藏黑城出土回鹘式蒙古文民间借据,借粮与还粮的日期就是使用数字月:⑧

luu J̌il *dörben* *sara*-yin yisün sinede

龙 年 **四** **月**-的 九 初-在

mön J̌il *dolon* *sara* -yin arban tabun-dur

同是 年 **七** **月**-的 十 五-在

1983出土的15份黑城蒙古文契约,一律使用这种数字月。⑨ 元朝的蒙古文政府公文,也是使用数字月。黑城出土的多份行政文书就是证据。⑩

如前所述,历法的真义并不在于月份名字,而是背后的天文理念。闰月的方式,是历法的特征。⑪ 黑城出土元仁宗延佑四年丁巳年(1317年)桑哥失里大王(Sanggasiri Köbegün)份例蒙汉合璧公文,记载了向亦集乃路总管府依惯例索取汤羊与贡酒。⑫ 文书

---

① 《元史·历志一》,1976,页1120。

② 《析津志·岁纪》记载,每年十一月冬至日,元朝太史院会进数种历书:内庭之历、军政之历、国子历(《授时历》)、回回历、畏吾儿字历(《析津志辑佚》,1983,页212)。"畏吾儿字历"并非回鹘人编订的回鹘文汉式历法,应是回鹘字蒙古文《授时历》。元朝公文惯称八思巴字蒙古文为"蒙古字",称传统的回鹘式蒙古文为"畏兀字"。

③ D. Cerensodnom&M. Taube,1993,pp. 147—163[Nr. 49—67],TAFEL XXII—XXVIII.

④ 吉田顺一、齐木德道尔吉,2008,页137—146,327.

⑤ HO Kai-lung,2006. 何启龙:《考据〈授时历〉具注历的原貌——参考元代蒙古文〈授时历〉译本》"待刊"。

⑥ 黑城出土蒙古文历页No. 062(F9:W57)的占卜术"百忌日"记载了蒙译十干:ga(甲)、yi(乙)、bing(丙)、ding(丁)、uu(*wou戊)、gi(己)、ging(庚)、sin(辛)、šim(壬)、güi(癸)。

⑦ 蒙古文nigen是1,qoyar是2,γurban是3,dörben是4,tabun是5,J̌irγuγa是6,doloγan是7,naiman是8,yisün是9,arban是10,arban nigen是11,arban qoyar是12。德藏吐鲁番历页Nr. 55(T II M 166,502d)的占卜术"游祸日"与"天火日"记载了十二个数字月名,从二月到十一月都是数字。只有正月和十二月使用了物候历月名qubi(幸运)与kögeler(配种)。这有点像汉人民间称呼一月为正月,十二月为腊月,用专名不用数字。

⑧ F. W. Cleaves,1955.

⑨ 吉田顺一、齐木德道尔吉,2008,页26—71。

⑩ 吉田顺一、齐木德道尔吉,2008,页72—126。

⑪ 《授时历》的置闰方法,实测晷影,将廿四节气平均分配到太阳年,再比较十二月组成的阴历年,以廿四节气来判别是否需要闰月。通常每月均有一节气、一中气。不过,太阳年与阴历年的岁差,始终会出现某月只有节气无中气,这个月就不能成为新的一月,只能是上一个月的闰月。陈遵妫,2006,页993—996、1061—1064。

⑫ 吉田顺一、齐木德道尔吉,2008,页88—89。李逸友,1991,页128。

记载已经索取了龙儿年（丙辰年1316年）从十月（arban sara）到十二月（kögeler sara）这三个月的份例，希望索取从蛇儿年（moγai J̌il）的正月（qubi sara）到三月暨闰月（šün sara）共四个月的份例。正如吉田顺一他们的考证，整个元代，从正月至三月有闰月的蛇年只有延佑四年；蒙古文版的年号年份残缺，汉文写着“延佑四年正月　日译史也火”。《授时历》延佑四年正是闰正月。① 另一份桑哥失里大王的份例，写着已索取了正月到三月（γurban sara）暨闰月（eš-ün sara -luγa）共四个月的份例。② 这份蒙古文公文放弃了闰月的蒙古文 niγumal sara（隐藏的月份），改用了 šün sara（闰月）。蒙古文“闰”（šün），没有意思，而且写法不稳定（šün ~ ešün）。明显，这是汉语音译的外来借词。③ 德藏吐鲁番历页正有闰月（š-ün sara）。④ 桑哥失里大王份例公文的置闰的时间跟《授时历》完全相同，又是汉语音译，明显就是来自蒙古文《授时历》。

不但民间借贷契约、宗王与政府的往来公文都使用了蒙古文《授时历》，连带元朝皇帝的圣旨也是一样。蒙元皇帝发给寺院庙观的蒙古文圣旨，使用十二生肖年份与季节月名书写日期，看似毫无改变。不过，历法不是看名字，而是看背后的原理。1311 年河北平山永明寺圣旨碑，汉文硬译公牍文是“猪儿年**闰七月**初三日”；同年，云南大理崇圣寺圣旨碑，汉文是“猪儿年**闰七月**初五日”。⑤ 至大四年辛亥年闰七月，正是跟随《授时历》的置闰时份。⑥ 这些汉语白话文公牍文体，是从蒙古语原文机械地硬译而成。⑦ 这两份圣旨只是译本，本有蒙古文圣旨原本。蒙古文圣旨原文本就使用了《授时历》书写圣旨签发时间，“猪儿年闰七月”不仿还原为 γaqai J̌il šün doloγan sara。

《授时历》是集大成之作，测量精密，算数方程式先进高深，是中原历法的最高成就；直至三百年后，明末传入西洋天文学才能取代其地位。⑧《授时历》自然比蒙古传统的历法要精准得多，也高深得多。元朝统治者采纳《授时历》，成为了国家政权的时间准则。元朝皇帝发布圣旨，表面上仍旧使用季节月名，实是使用了《授时历》。往来公文、官爵纪功碑更是直接使用蒙古文《授时历》的六十甲子年与数字月。蒙古历法放弃了古老的枯草返青与物候验证方法，只余下季节月的名字，成为传统文化的遗迹。元朝刊印蒙古文《授时历》，将汉式历法介绍到社会各阶层。蒙古文的民间契约、佛教徒题跋皆使用数字月名。六十甲子纪年不太流行，多数蒙古人仍旧使用十二生肖纪年，一如汉人老百姓只用十二生肖来记住自己的出生年。数字月却大受欢迎。

## 七、数字月的限制与四大汗国的历月

数字月大受欢迎，其实也大受限制。元朝以外的四大汗国，完全不见数字月的纵迹。

---

① 张培瑜，1997，页 315。

② 吉田顺一、齐木德道尔吉，2008，页 91—93。李逸友，1991，页 130。

③ 吉田顺一、齐木德道尔吉，2008，页 92。这个“闰”的音译，可能参巧了回鹘文历法书。

④ 德藏吐鲁番历页 Nr. 55（T II M 166，502d）第 8 行。D. Cerensodnom&M. Taube，1993，p. 156.

⑤ 蔡美彪，1955，页 60—61。碑中叙帝号至元武宗海山谥号“曲律”（külüg），可见武宗已死。这猪年是 1311 年，武宗刚死，仁宗刚即位。

⑥ 张培瑜，1997，页 314。

⑦ 亦邻真：〈元代硬译公牍文体〉（亦邻真，2001，页 583）。

⑧ 陈遵妫，2006，页 511—513、1061—1064。

德藏吐鲁番出土的十多份察合台汗国圣旨、高官钧旨,一律使用季节月,没有数字月。① 明洪武二十一年戊辰年(1388),察合治汗国的贵族纳门驸马上书明朝,要求支持。② 这书信被收入《华夷译语》洪武本,写信时间:③

禄 [丁]真 兀不仑 赫乞 撒[舌]剌因 乃蛮 失你迭

luu Ǐil übül-ün heki sara-yin naiman sinide

龙 年 **冬-的** 头 月-的 八 初-行

元朝惯用"首个"terigün,察合治汗国惯用"头胪"heki ~ eki。冬的头月,即冬的首月,是孟冬阴历十月。察合台汗国的书信继承古老风格,只用季节月名。北元的贵族承袭元朝风格,使用数字月。洪武二十二年己巳年(1389),投降的北元将领捏怯来写了第二封信给明朝,信中提及日期:④

额捏 抹[中]孩 [丁]真 [中]忽儿班 撒[舌]剌 因 哈儿班 朵罗阿讷……

ene moγai Ǐil γurban sara-yin harban doloγan-a. . .

这 蛇儿 年 三 月-的 十 七-行

同时,察合台汗国已经开始倾向伊斯兰教,采纳伊斯兰历法。*Muqaddimat al-Adab* 收录了四个蒙古物候历月,已经被倒乱次序、分散配置到伊斯兰历法。正月幸运月被解释为伊斯兰历三月(ربيع الأول Rebī' ül ewwel),⑤二月咸碱月是伊斯兰历二月(صفر Safer),⑥三月戴胜鸟月是伊斯兰历六月(Jumādā al-Ākhira جمادى الآخر),⑦四月布谷鸟月是伊斯兰历五月(Jumādā al-Ūlā جمادى الأولى)。⑧ 动物百态验证气候的方法已经被彻底放弃,物候月名成为了点缀,安放在伊斯兰历法编排之中。

在伊朗,伊利汗国(Il-khanate)也是使用季节月。其背后的历法原理也是中国历法。早在旭烈兀西征之时,他带了一名汉人历法家同行。这名汉人跟通晓中国历法的回鹘人,将金代《大明历》的计算原理带到伊利汗国的مراغه(Marāgha)马剌加天文台,编入星表书《伊利汗积尺》[زيج ايلخانى Z-Īi īlkhānī]。⑨ 例如,1290 年伊利汗国阿儿浑汗(Arγun Qan)给罗马教宗 Nicolas IV 的回鹘式蒙古文书信就使用了蒙古传统季节月:⑩

. . . bicigmanu bars Ǐil Ǐun-u terigün sara-yin tabun sinede. . .

……信件-俺的 虎 年 **夏-的** 首 月-的 五 初-在

① D. Cerensodnom&M. Taube,1993,pp. 165—191[Nr. 68—86].

② KIM Hodong(金浩东),1999.

③ 《华夷译语》,1981,页 32。A. Mostaert,1977,vol. I,pp. 9,25;vol. II,pp. 74—78.

④ 《华夷译语》,1981,页 37—40。A. Mostaert,1977,vol. I,pp. 12,29—31;vol. II,pp. 98—107.

⑤ N. Poppe,1938,p. 306;保朝鲁译,2002,页 204。

⑥ N. Poppe,1938,p. 309;保朝鲁译,2002,页 204。

⑦ N. Poppe,1938,p. 186;保朝鲁译,2002,页 57。

⑧ N. Poppe,1938,p. 221;保朝鲁译,2002,页 80。

⑨ Benno van Dalen,2002. ISAHAYAYoichi(谏早庸一),2009.

⑩ A. Mostaert and F. W. Cleaves,1952,pp. 445—467.

我们无法确认伊利汗国后来有否使用《授时历》。即使有,为时也很短。伊利汗国合赞汗(Ghasan Qan)1302 年回鹘式蒙古文信件,就并用了伊斯兰历法:①

doluγan J̌aγud nigen od-tur　bars J̌il qabur-un ečus sara-yin arban dörben-e

七　百　一　年-在　虎　年　春-的　终　月-的　十　四-在

伊斯兰历 701 年(公元 1031 年 9 月 13 日至 1302 年 9 月 1 日),虎儿年是中国式阴阳历(公元 1302 年 1 月 30 日至 1303 年 1 月 18 日)。两种历法并不协调,伊利汗国同时使用两种历法计算时月。随着伊利汗国日渐伊斯兰化,蒙古历法与中国式历法续渐淘汰。

## 八、15 与 16 世纪——蒙古历法的昏暗期

蒙古文《授时历》在元代是广为刊行。但是,编订《授时历》完全依赖大都城的元朝中央机关。掌握《授时历》天文理算的都是朝廷官员,并不容许天文历法流传民间。② 至正二十八年、洪武元年(1368 年),明军攻陷大都,元朝退出中原、返回蒙古草原。蒙古人再次回复纯游牧的生活与文化,元朝的典章制度渐次流失。《授时历》的天文原理、定点观测、数学计算,本来就不传于民间,更难以流传在游牧民族之中。蒙古人没意愿也没能力继续编订蒙古文《授时历》。此后,蒙古人依赖明朝编制的历书。明朝没有将历书翻译成蒙古文。所以,只有少数的蒙古部落领袖,拥有翻译人员,才能使用汉人历书。只有这少数人有能力掌握历法与时间。尤其是明朝与蒙古部落长期交恶,蒙古部落以武力入侵、胁逼明朝开边互市,明朝坚拒跟蒙古部落互市贸易;直至明穆宗隆庆五年(1571)双方才达作和议,通贡户市。③ 没有正常邦交,没有"朝贡",明王朝难以"颁赐"历书给蒙古诸部。蒙古地区流传的汉历更少。

在这蒙古历法的昏暗时代,音译天干配十二生肖的六十甲子纪年更罕见,十二生肖纪年仍最盛行;物候月、季节月、数字月貌似并存。1431 年,明朝印刷蒙古文佛经,题跋纪年用了六十甲子,也用了季节月:④

Sün Tey-i　J̌irγuduγar on　sin γaqai　J̌il　qabur-un ečüs　sara-da

宣　德-的　第六　年　辛　猪　年　春-的　末　月-在

辛猪年即辛亥年,春末月即三月。不但这份蒙古文佛经是 15 世纪仅见,这种纪年纪月方式也很罕见。数字月已经成为主流。从元代到明代,蒙古领袖长时间依赖汉式历书,习惯倾向数字月。尤其汉式占卜术的蒙古文译本长期抄写流传于蒙古地区,所用的都是数字月。⑤ 而且,明朝颁行于外的蒙古文圣旨、书信,一律使用数字月。比如,景泰三年

① A. Mostaert and F. W. Cleaves, 1952, pp. 467—478.

② 《通制条格》卷二十八《杂令 · 禁书》(方龄贵,2001,页 690—695)。

③ 札奇斯钦,1972,页 407—466。

④ Hessig, 1976.

⑤ Ho, Kai-lung(何启龙),2012"待刊". 蒙古国 Xarbuxyn Balgas 古佛塔遗址出土了十七世纪的蒙古文桦树皮文书,包括了汉式婚嫁占卜术《大利月》。它的数字月名跟元代相同:正月是 qubi sara,十二月是 kögeler sara,其他的都是基数数字。

(1453)明朝给伊朗剌儿地区(Laristan)的汉文蒙古文敕谕:①

| | | | | | | | |
|---|---|---|---|---|---|---|---|
| Gingtai | γurbaduγar | on | arban | nigen | sara-yin | qorin | yisün-e |
| 景泰 | 第三 | 年 | 十 | 一 | 月-的 | 二十 | 九-在 |

长期在明朝边境居住的少数蒙古部落,如兀良哈三卫拥有明朝世袭官爵与进贡敕书,他们上书明朝的汉蒙二体文书,蒙古文本都是生硬的汉文语法,错误百出。当中的月份名字全部皆是数字月。比如,〈朵颜卫指挥同知撒哈塔书〉提及日期“十二月十六日”,蒙古文写作 arban qoyar sara arban ǰirγuγan nere。② 一天、一日,蒙古文是 edür(*üdür)。蒙古文 nere 是太阳,不是时间单位。十二月,不是元代蒙古文《授时历》的 kögeler sara,而是基数十二 arban qoyar。晚明成书的译语字典,蒙古语月份全部也是这些数字化的月份名称。③ 万历八年(1580)〈顺义王俺答贡马图卷〉,④汉文主体、蒙古文旁译,内文、落款日期:

| | | | | |
|---|---|---|---|---|
| 于 | 本 | 年 | 五 | 月…… |
| yuu | bütün(整个) | on | tabun | sara... |

| | | | | | | | |
|---|---|---|---|---|---|---|---|
| 万 | 历 | 八 | 年 | 七 | 月 | 二十 | 五 | 日 |
| Ön | li | naiman | on | γuran | sara | qorin | tabun | üdür |

“五月”是数字五 tabun;“七月”不是译成数字,竟是译为 γuran sara 公狍月! 古老的物候历已经被淘汰,只余下物候月名字作为一种符号、雅称,用来修饰明朝的汉式历法。

## 九、观测昴星团的民间历法

部落领袖、统治阶层放弃了物候历。但是,牧民一直活在草原跟动物为伍,物候历是他们累积的经验,他们会放弃物候历吗? 然而,他们终于放弃了以物候来验证季节的方法。因为他们找到了更可靠的方法来修正阴历年跟太阳年的误差,这就是天文观测。Louis Bazin 指出内陆亚洲曾经流行以观测昴星团(七姊妹星团,英语 Pleiades)来订定纪年。⑤ 蒙古文昴星团 mečid,⑥来自突厥语 bičin,原意为“分割”。⑦ 因为突厥人观测昴星团(突厥语 ülker ~ üger)的位置来划分(bičin)一年的终结与开始,突厥语昴星团 ülker 是

① F. W. Cleaves, 1950b. 这两体敕谕,蒙古文也很工整。最右边写汉文版,从右排到中;蒙古文从最左边写到中间。蒙古文日期与汉文日期并排于中间,并盖上皇帝玉玺“广运之宝”。

② 《高昌馆课》,1987,页 331。

③ 王鸣鹤《登坛必究》卷二十二,《北虏译语·时令门》:“正月忽必撒剌(qubi sara)。二月火岳儿(qoyar)撒剌。三月古鲁班(γurban)撒剌。四月得勒班(dörben)撒剌。五月塔补(tabun)撒剌。六月差罗案(ǰirγuγan)撒剌。七月朵罗(doloγa)撒剌。八月乃蛮(naiman)撒剌。九月以速(yisü)撒剌。十月哈剌班(arban)撒剌。十一月哈剌班你指(arban nigen)撒剌。十二月哈剌班火岳儿(arban qoyar)撒剌。”

④ Antoine Mostaert, 1953, p. 392. 和田清,1959,图版Ⅲ—Ⅵ。此文卷是阿勒坦汗(Altan Qan 俺答汗)向明朝贡马互市所写,汉文为主,蒙古文逐字旁译,跟随从右至左排,一反蒙古文常态的左向右排列;大量汉字只是音译成蒙古文,连其名字也用明朝译名“俺答”反向译为蒙古文 Am-ta! 明显,这文卷出于一个汉人译员,他的蒙古文操艺很差。

⑤ L. Bazin 著,耿昇译,页 527—531,676—712。

⑥ 《蒙汉词典(增订本)》,页 818。

⑦ G. Clauson, 1972, 页 296.

动词 ülä-"分配"的派生词。① 这种方式不同于佛教的二十八宿坐标,②不是从藏传佛教而来。地球围绕太阳公转。人类以地球为中心,观测星空,觉得太阳与星宿都围绕地球转动。月球围绕地球转动,跟地球围绕太阳的公转无关,因此,阴历年跟太阳年始终有偏差。星团跟太阳的轨迹皆关乎地球的公转。是故,观测昴星团的轨迹,可以准确推定太阳年,准确添加闰月。

苏联人类学家记录了阿拉尔——布里雅特(Alar-Buriyat)人的月份名称。正如上文考证,他们皆是物候月名,跟十三世纪传统蒙古人的极为一致,次序相同,名字差不多全部一样。不过,阿拉尔人的月名却延后了整整五个月:原本该是正月的 γani 迁到六月,三月戴胜鸟月迁到了八月,七月公狍月迁到了十二月,八月公狍月成为一月,九月公羊月成为二月,诸如此类。③ 公狍不可能在寒冬的十二月才发情。后移五个月,完全违反物候规律。因为他们已经不再依赖物候来验证太阳年,改用了更可靠的方法——观测昴星团。他们观测每年昴星团跟新月相合的时间,正是公历 4 月、阴历五月。阿拉尔人遂将昴星团与新月相合的时间定为新一年的开始,所以将古老的物候历正月迁移到这个星月相合之时。④

内蒙古鄂尔多斯部(Ordoz)的民间历法变化更大。⑤ 正月是白月 caγan sara,因为蒙古人视白色为吉祥。二月叫做 tabun(5),三月叫J̌irγuγa(6),四月叫 doloγan(7),五月叫 naiman(8),六月叫 yisün(9),七月叫 arban(10),八月叫 terigün kögeler"首的配种",九月叫 segül kögeler"尾的配种",十月叫 qubi"幸运",十一月叫 qara qu J̌ir"黑碱",十二月叫 ögel J̌in"戴胜鸟"。历月名字是物候月名跟数字月名合而为一:古老的五月松鸡月改用数字五,七月公狍月改为数字七,如此类推;原来的十一、十二月仍旧称为配种月,有如《国王字典》的记载。次序相同,却一律前移了三个月:"幸运月"从孟春正月移前到孟冬十月,碱月从二月前移到十一月。本来在季春三月 bo-bob 鸣叫的戴胜鸟,前移到季冬十二月,其时戴胜鸟仍在南方,尚未北返蒙古草原。由此可见,鄂尔多斯历已经彻底放弃以物候验证太阳年。他们使用了更先进的天文观测:公历 11 月、阴历十月,日之刚落、昴星团便升起,正是太阳和昴星团相冲,是为一年的开始。⑥ 因此,将幸运月 qubi sara 前移三个月,以配合昴日相冲之时,作为新年,其余所有月份跟随前移三个月。

由于物候月名随着观测昴星团而改变位置,这些月名已经无法指引牧民的畜牧生活。阿拉尔——布里雅特人无可能等到阴历二月才分留种公羊,鄂尔多斯人无可能在阴历八至九月那么早让绵羊交配、无可能让小羔羊在初春严冬天气诞生。他们就用口传民谣来协助记忆牧畜技巧。比如阿拉尔人的民谣:在红色灾难月(ulaγan J̌ud-un sara)雪正

① L. Bazin 著,耿昇译,页 690—691。

② 黄明信,2002,页 49—52。二十八星宿,是古人将几组邻近的恒星与星团并为一宿,成为坐标,将天空分为二十八份,用以标记日月五星转动的轨迹,功能类似巴比伦的十二星座、黄道十二宫(陈遵妫,2006,页 214—216)。蒙古文昴宿称为 Girdig,是梵文昴宿 Krttikā 的音译。

③ 小林高四郎,1983,页 186。L. Bazin 著,耿昇译,页 700—701。

④ L. Bazin 著,耿昇译,页 529—530,691—692,700—701,705—712。

⑤ Antoine Mostaert,1937,pp. 131—132;矶野富士子译,1966,页 29—30。小林高四郎,1983,页 182—183。

⑥ L. Bazin 著,耿昇译,页 528—529,683—686,701—702。

融化,不宜结婚,正是春季第二月;戴胜鸟月,白天渐渐变短,需要割草储存,正是秋季第二月;布谷鸟月(höhöö < kököge),公绵羊发情,正是秋季第三月;ūri 月(小米月?)要开始给牲口喂干草,正是冬季第二月,诸如此类。①

阿拉尔人以昴星团与新月相合,将物候月后移五个月。鄂尔多斯人观测日落之时昴星团升起,将物候月份前移三个月。以昴星团订定一年之始,这种历法,史料鲜有记载。不知这种历法何时在蒙古出现并流传。《华夷译语》永乐本与续增本的物候历次序仍未改变,昴星团历法上限应是15世纪初。估计是在15至16世纪的历法昏暗期,正是蒙古人缺乏精密历算作指引,又不满足物候验算,遂采立了昴星团观测定历这方法。这些改变,大异于蒙古历法传统,跟汉式历法、《授时历》、回鹘历、西藏《时轮历》也不相同。大抵不是蒙古部落领袖、统治阶层所作,应该是蒙古民间萨满巫师口耳相传。在这蒙古历法的幽暗时代,昴星团定历法在蒙古的牧民之间流传,播遍大漠南北。

## 十、藏历带来的新时代

16世纪末,正当俺答汗(Altan Qan 阿勒坦汗)的汉人译史写贡马表给明朝之际,俺答在蒙古大兴藏传佛教。此时,藏传《时轮历》[藏 *Dus kyi 'khor lo*; 蒙 *Čaγ-un kürdün*]传入蒙古。《时轮历》有印度历法原理,更有唐代传入吐蕃的汉历特色:比如六十甲子纪年,以木、火、土、铁、水五行配十二生肖。② 而且《时轮历》观测圭表日影、日月轨迹、计算闰月周期等都颇为详尽精准,虽然比不上元朝的《授时历》,但已远远超过蒙古的传统历法。藏僧毫无保留,将《时轮历》的历法原理传入蒙古,填补了这个蒙古的历法昏暗期。这令蒙古人能够自行编订历法,产生新的蒙古历法——以五色与十二生肖组成的六十循环纪年、纪月使用数字或季节月。③ 从此,新式蒙古历与西藏《时轮历》成为蒙古人的历法主轴。喀尔喀部的朝克图台吉(Čöγtü Tai J̌i)建寺跋文(1617年),就用了藏历的纪年法,配上季节月,又修饰上物候月雅称:④

temür üker J̌il-un　kököge sara-yin　arban tuban…
铁　牛　年-的　布谷鸟　月-的　十　五……

γal moγai J̌il-un　J̌un-i　ekin　kököge　sara
火　蛇　年-的　夏-的　头　布谷鸟　月

"夏的头、布谷鸟月"即阴历四月。铁牛年,即辛丑年(1601年,明万历廿九年)。火蛇年,即丁巳年(1617年,万历四十五年)。朝克图台吉一篇纪念林丹汗的摩崖诗,跋文使用了新的蒙古纪年:白鸡年(čaγan takiy-a J̌il),即辛酉年(1621年);朝克图台吉另一篇怀念姨母的摩崖诗,跋文使用了复杂的藏历纪时:⑤

modun quluγuna J̌il　sarayin eki　γal bars sarayin　arban tabun
木　鼠　年　月-的　头　火　虎　月-的　十　五

① N. L. Zhukovskaia(茹科夫斯卡娅)著,竺林译,郑德林校,1990,页31。
② 黄明信,2002,页7—10、87—96。陈遵妫,2006,页1071—1077。
③ 黄明信、申晓亭,2005。珠荣嘎(Jürüngγ-a),1986。
④ A. M. Pozdneyev,1896,1971,pp. 308—313.
⑤ B. A. Vladimircov,1926.

"甲子年,首月、丙寅月,十五":木鼠年,即甲子年(1624年,明天启四年);纪月方法却是前所未有的六十循环,火虎即丙寅,即正月,对应"月的头"。

蒙古知识分子的重要著作如《阿勒坦汗传》①、《蒙古源流》,②纪时皆用新式蒙古历与藏历。③ 物候历月名只是用来装饰这两个新兴历法。④ 17世纪末清朝刊印蒙古文本《时宪历》,再次将中国历书引入蒙古,在朝廷支持下大为风行。但是,汉人历书再也无法回到过往的独尊地位。

两套历法流传极广。17世纪起,蒙古人著书、抄经甚多,盛况空前。历书暨占卜书《珠露海》(J̌iruqai 朱尔海),各个版本流遍蒙古各个部落,深入不同阶层。⑤ 昴星团历法的活动范围更被压抑。古老的物候历更是被彻底淘汰。

## 十一、总　　结

本文论及蒙古人的历法,从12世纪起共四百多年,有不同阶段与变化。

第一阶段(——1228):这是13世纪以前的原蒙古人时代之历法,《蒙古秘史》标志第一阶段完结。这时期的蒙古人深受突厥人的历法影响。为何《蒙古秘史》只记着孟夏四月十六红圆光日?我推断这时期蒙古人的历法相当简朴,是原始的阴阳历,以月亮圆缺的循环制定阴历月。所以,蒙古人特别重视圆月,选择红圆光日庆祝夏天到临。又以原始的方法:枯草返青来确认太阳年跟阴历年的误差。为何《蒙古秘史》题跋使用了动物名字纪月?我认为蒙古人使用物候来连环验证夏天与秋天来临,是否添置闰月,调整阴历年的误差。这物候验证法比枯草返青要慎密一些。

第二阶段(1196——1280):《蒙古秘史》是开始的标志,从13世纪初成吉思汗领受金朝官爵,直到忽必烈入主中原。突厥人拥有长久使用汉历的传统,第一阶段的蒙古人已经继承这习惯,使用季节月:一年分四季、每季三分。只是蒙古诸部未有统一的政治力量,未有强烈的政治需求使用严格的历书,而且太少接触中原王朝。何时置闰月?依何历法准则协调阴阳历年?我认为随着蒙古统治华北,蒙古人开始依赖汉式历法金代《大明历》。蒙古人继承突厥人的历法传统,自然跟汉式历法一拍即合。有历书可依,此时蒙古人不再像古时那么重视十六圆月,改为崇拜抽象符号,庆祝四月九日与九月九日。

第三阶段(1280——1368):从忽必烈建立元朝,直到元朝撤返漠北草原。《授时历》是第三阶段的开始。为何这阶段蒙古历法出现了数字月名?我认为,这是因为元朝刊行《授时历》的蒙古文译本,令汉式历法深入蒙古社会各阶层。为何数字历月不见于四大汗国?我估计,这是因为元朝势力与《授时历》不及遥远的四大汗国。而且,四大汗国境内

---

① 珠荣嘎(Jürüngɣ-a),1986。以纪年为例,《阿斯坦汗传》全书61处纪年,有54处是蒙古传统十二生肖循环或新式的六十循环,6处用藏历六十循环。只有1处用汉式干支纪年:uu bars J̌il-ün tabun sara-yin arban tabun 戊虎年(1578年)五月十五(Elverskog,2003,pp. 155,267)。

② 《蒙古源流》跋文记载的成书年月,是十分复杂的西藏《时轮历》,以藏式六十循环配藏式九宫,又用廿七宿纪月日。乌兰确认这年是1662年。乌兰,2000,页21—24。

③ 黄明信、申晓亭,2005。

④ 《蒙古源流》记载三世达赖喇嘛在 uu quluɣuna J̌il(戊鼠年1588年)戴胜鸟月(ögelan sara 三月)去世,遗体在四月(dörben sara)火化。乌兰,2000,页438、458、701。

⑤ 葛根高娃、乌云巴图,2004,页69。《西域图志》卷三十九《风俗·岁时》:"星家书名珠露海。"

伊斯兰教势力日增,当地蒙古人采用了伊斯兰历法;他们放弃了用物候验证历年,物候月名只用作点缀、修饰伊斯兰历法。

第四阶段(1368——1580):这是北元时代,直到俺答汗(Altan Qan 阿勒坦汗)迎接三世达赖莅临内蒙古。蒙古人已经习惯依赖汉式历法,却无能力自行编历。明朝亦没有发行历书的蒙古文译本。此时,物候验历之法已被放弃。出现了新的历法:依据天文观测,以昴星团为重心订定历法,古老的物候月名或移前或押后。这种变化何时发生?我估计就是发生在第四阶段这个蒙古历法幽暗时代。谁人传播这种昴星团历法?很可能是活跃于社会中下层的萨满巫师。第四阶段终结,就是藏传佛教大兴、西藏《时轮历》传入蒙古,令蒙古人能够自行编制历书。此后,蒙古历法进入了兴盛新时代。

**戴胜鸟 = ögel J̌in = hoopoe**

**布谷鸟 = kököge = common cuckoo**

**松鸡(黑嘴松鸡) = ularu = Capercaillie(Grouse)**

**兔鹘 = itelgü = goshawk**

东方狍 = γuran = roedeer

鹿 = buγu = deer

## 参考书目(Bibliography)

### 原始资料 Primary sources

### 蒙古文史料 *Mongolian sources*

(以蒙古文拉丁化的书名起首字顺序排列)

***Erdeni Tunumal neretü sudur orosiba*** = *The Jewel Translucent Sutra* =《阿勒坦汗传》

Elverskog, Carl Johan, 2003

*The Jewel Translucent Sutra-Altan Khan and Mongols in the Sixteenth Century*. Leiden: Brill, 2003. [《宝贝透明经—16 世纪的阿勒坦汗与蒙古》]

***Mongγol-un niγuča tobčiyan* = *The Secret History of the Mongols***

=《蒙古秘史》=《元朝秘史》

Jagchid, Sechin 札奇斯钦,1979

《蒙古秘史新译并注释》. 台北: 新文丰出版公司,1992(第 2 版).

村上正二(MURAKAMI Masatsugu),1970

《モンゴル秘史: チンギス・カン物語》(上、中、下)。东京: 平凡社,1970—1976。

小澤重男(OZAWA Shigeo),1984

《元朝秘史全釋》(上、中、下)。东京: 风间书房,1984—1986。

——,1986

《元朝秘史全释续考》(上、中、下)。东京: 风间书房,1986—

de Rachewiltz, Igor(罗依果),2004

***The Secret History of the Mongols*** – *A Mongolian Epic Chronicle of the Thirteenth* Century, vol. I, II. Leiden: Brill, 2004. [《蒙古秘史——13 世纪蒙古叙事诗记事》]

Lobsang Čoidan(罗布桑却丹,1875—?), 1918; 1981

***Mongγol-un J̌ang a J̌ali-yin uiledburi*** =《蒙古风俗鉴》
Qa. Dambi□alsan(哈・丹碧札拉桑),1981。
Köke Qota 呼和浩特: Obor Mongγol-un Arad-un Keblel-ün Qoriy-a 内蒙古人民出版社, 1981.
赵景阳译,1988。
沈阳: 辽宁民族出版社,1988。

Sanang Sečen Qong Tai J̌i(萨囊・彻辰・洪台吉,17 世纪)
***Erdeni-yin Tob či*** =《蒙古源流》
乌兰(Ulaγan/Ulān),2000
《蒙古源流研究》,沈阳: 辽宁民族出版社,2000。

## 波斯、阿拉伯文献 *Persia, Arabic source*

Al-Malik al-ᶜAfdal al-Abbâs b. ᶜAlî,
*Rasûlid Hexaglot* [拉苏里王朝六体字典——国王字典]
***The King's Dictionary - The Rasûlid Hexaglot: Fourteenth Century Vocabularies in Arabic, Persian, Turkic, Greek, Armenian and Mongol***, trans. Halasi-Kun, T., Golden, Peter B., Ligeti, L., and Schütz, E. (Leiden; Boston; Köln: Brill, 2000)

Mahmūd al-Kāšγarī,
***Dîwân luġât al-turk*** (469/1077)[突厥语辞典]=《突厥语大词典》
Dankoff, Robert trans., ***Compendium of the Turkic Dialects*** - *Dīwān Luγāt at-Turk*. Cambridge, Massachusetts: Harvard University, 1982—1985.
校仲彝等译:《突厥语大词典》。北京: 民族出版社,2002。

Abū'l-Qāsim Jārullāh Al-Zamahšārī(1074—1144),
***Muqaddimat al-Adab***[技艺之引言](布哈拉本, 898/1492)=《穆卡迪玛特》
*Mongol'skij slovar' Muqadimat al-Adab*, trans. Poppe, N. N. (Trudy Instituta Vostokovedenija, XIV, Moskva-Leningrad, 1938)
保朝鲁编译:《穆卡迪玛特蒙古语词典》。呼和浩特: 内蒙古大学出版社,2002。

## 汉文史料 *Chinese sources*

(以作者姓氏的汉语拼音顺序排列,作者不详者按书名起首字汉语拼音顺序)

[南宋] 孟元老(12 世纪):《东京梦华录》
邓之诚注:《东京梦华录注》。北京: 中华书局,1980。
[南宋] 彭大雅、徐霆:
《黑鞑事略》,载王国维(1877—1927):《蒙古史料四种》(台北: 正中书局,1975),页 465—528
火原洁(1389)
《华夷译语》(洪武本),载《四部丛刊广编》(台北: 台湾商务印书馆,1981),第十卷。
Antoine Mostaert, ***Le matériel mongol du Houa i i iu de Houng-ou (1389)*** (Bruxelles, parc du Cinquantenaire 10: Institut belge des hautes études chinoises, 1977)
《华夷译语》《续增华夷译语》(永乐本),载《北京图书馆古籍珍本》,经部,第六册(北京: 书目文献出版社,1987),页 1—238。
[南宋]赵珙:《蒙鞑备略》,载王国维:《蒙古史料四种》(台北:正中书局,1975),页 431—464。
《蒙文总汇》(十二卷,印刷本)。1891。
栗林均(KURIBAYASHI Hitoshi)编:《蒙文總彙——モンゴル語ローマ字轉寫配列》。仙台:东北大学东北亚细亚研究中心,2010。
《蒙汉满文三合》(十二卷,印刷本)。北京:正蒙印书馆,1913。
《高昌馆课》
载《北京图书馆古籍珍本》,经部,第六册(北京:书目文献出版社,1987),页 325—364。
[元]熊梦祥:《析津志》
北京图书馆:《析津志辑佚》。北京:北京古籍出版社,1983。
[元]张德辉:《塞北纪行》,载王恽:《秋涧先生大全文集》,卷 100。
[宋]陈元靓:《事林广记》。北京:中华书局,1999。
[明]王鸣鹤:《登坛必究》,《四库禁毁书丛刊》,子部,第 34—35 册。北京:北京出版社,2000。
《通制条格》
方龄贵校注:《通制条格校注》。北京:中华书局,2001。
[清]傅恒、刘统勋、于敏中(1782):《西域图志》,《四库全书》,史部十一,地理类三。
[明]萧大亨:《夷俗记》(《北虏风俗》)。沈阳:辽宁大学出版社,1987。
[明]宋濂:《元史》。北京:中华书局,1976。

## 欧洲史料 *European sources*

de Plan Carpin, Jean(约翰 · P · 加宾尼 1182—1252)
***Histoire des Mongols***
Christopher Dawson ed., *Mission to Asia: Narratives and Letters of the Franciscan Missionaries in Mongolia and China in the thirteenth and fourteenth centuries*(Toronto: University of Toronto Press, 1987), pp. 1—72.
吕浦译、周良霄注:《蒙古史》,《出使蒙古记》(北京:中国社会科学出版社,1983),页 1—89。

de Rubruquis, Guillaume(鲁不鲁乞 b. 1253—1255)
***The Journey of William of Rubruk to the Eastern Parts***
Christopher Dawson ed., *Mission to Asia: Narratives and Letters of the Franciscan Missionaries in Mongolia and China in the thirteenth and fourteenth centuries*(Toronto: University of Toronto Press, 1987), pp. 88—221.
吕浦译、周良霄注:《鲁不鲁乞东游记》,《出使蒙古记》(北京:中国社会科学出版社,1983),页 105—257。

## 研究著作 **Secondary sources**

(一律以作者名字的汉语拼音顺序排列。姓名后附上其他拼音,以便查找作者的非汉文著作:台湾的用 Wade-Giles 韦氏拼音,香港的用韦氏拼写粤语,日韩学者依日语韩语发音的拉丁化转写,蒙古族依回鹘式蒙古文的拉丁化转写。)

## 蒙古文著作

ᠶ᠋ · ᠢᠷᠢᠨᠴᠢᠨ(Y. Irinchin 亦邻真),1978;2001
« ᠠᠷᠪᠠᠨ ᠬᠣᠶᠠᠷ ᠰᠠᠷ᠎ᠠ ᠶᠢᠨ ᠡᠷᠲᠡᠨ ᠦ [illegible] [illegible] » [Arban qoyar sara-yin erten-u

Mongγol nereidül 古蒙古语月份名],《亦邻真蒙古学文集》(呼和浩特: 内蒙人民出版社,2001),页63—69。

Qasbaγan-a(哈斯巴干),1996
*Dumdadu jaγun-u Mongγol kelen-u sudulul*“中世纪蒙古语研究”。呼和浩特: 内蒙古教育出版社,1996。

## 汉文著作

蔡美彪,1955
《元代白话碑集录》。北京: 科学出版社,1955。
策·僧格,1997
〈蒙古人的飞禽崇拜〉,《西北民族研究》,1997 年第 2 期,页 199—208。
陈高华、史卫民,2001
《中国风俗通史·元代卷》。上海: 上海文艺出版社,2001。
陈遵妫,2006
《中国天文学史》。上海: 上海人民出版社,2006。
党宝海,2006
《蒙元驿站交通研究》。北京: 昆仑出版社,2006。
道布、照那斯图,1993;2005
〈河南登封少林寺出土的回鹘式蒙古文和八思巴字圣旨碑考释〉,载《民族语文》,1993 年第 5 期、第 6 期,1994 年第 1 期;载《道布文集》(上海: 上海辞书出版社,2005),页 199—237。
邓之诚注,1980
《东京梦华录注》。北京: 中华书局,1980。
敦煌研究院考古研究所、内蒙古师范大学蒙文系,1990
〈敦煌石窟回鹘蒙文题记考察报告〉,《敦煌研究》,1990 年第 4 期
额尔登泰、乌云达赉、阿萨拉图,1980;1991
《蒙古秘史词汇选释》。呼和浩特: 内蒙古人民出版社,1980;1991。
方龄贵,2001
《通制条格校注》。北京: 中华书局,2001。
葛根高娃、乌云巴图,2004
《蒙古民族的生态文化》。呼和浩特: 内蒙古教育出版社,2004。
何启龙(HO Kai-lung),2008
《审音与勘同:〈世界征服者史〉Ghayïr ïnalčuq 与〈元史〉哈只儿只兰秃的再研究》,《元史及民族与边疆研究集刊》,第二十辑(2008),页 67—81。
——,2011“待刊”
《考据〈授时历〉具注历的原貌——参考元代蒙古文〈授时历〉译本》。
黄明信,2002
《西藏的天文历算》。西宁: 青海人民出版社,2002。
黄明信、申晓亭,2005
〈蒙古历藏历汉历例说〉,《蒙古史研究》,第八辑(呼和浩特: 内蒙古大学出版社,2005),页 181—190。
札奇斯钦(Jagchin Sechen),1972
《北亚游牧民族与中原农业民族间的和平战争与贸易之关系》。台北: 正中书局,1972。
——,1979
《蒙古秘史新译并注释》。台北: 经联出版社,1979,1992。

——,1987
《蒙古文化与社会》。台北：台湾商务印书馆,1987,1992。
呼格吉勒图(Küg J̌iltu),2001
《从土耳其语和蒙古语畜牧业共有词看蒙古突厥游牧民族的历史文化关系》,刘钟龄、额尔敦布和编：《游牧文明与生态文明》(呼和浩特：内蒙古大学出版社,2001),页257—266。
——,2010
《元朝皇帝巡幸上都时间考——以八思巴字蒙古语圣旨文献为中心》,聂鸿音、孙伯君编：《中国多文字时代的历史文献研究》(北京：社会科学文献出版社,2010),页293—302。
呼格吉勒图(Küg J̌iltu)、萨如拉(Sarula),2004
《八思巴字蒙古语文献汇编》。呼和浩特：内蒙古教育出版社,2004。
李逸友编,1991
《黑城出土文书(汉文文书卷)》。北京：科学出版社,1991。
内蒙古大学蒙古学研究院、蒙古语文研究所,1999
《蒙汉词典(增订本)》。呼和浩特：内蒙古大学出版社,1999。
赛音吉日嘎拉、沙日勒岱著,郭永明译,1987
《成吉思汗祭奠》。呼和浩特：内蒙古人民出版社,1987。
史卫民,1996
《都市中的游牧民——元代城市生活长卷》。长沙：湖南出版社,1996。
——,2005
《元代社会生活史》。北京：中国社会科学出版社,2005。
王国维,1975
《蒙古史料四种》。台北：正中书局,1975。
西藏自治区档案馆,1995
《西藏历史档案荟粹》。北京：文物出版社,1995。
邢莉,1999
《草原牧俗》。济南：山东教育出版社,1999。
亦邻真(Y. Irinchin),2001
《亦邻真蒙古学文集》。呼和浩特：内蒙人民出版社,2001。
张培瑜,1997
《三千五百年历日天象》。郑州：大象出版社,1997。
珠荣嘎(Jürüngγ-a),1986
《从蒙文〈阿勒坦汗传〉看十七世纪初土默特部的历法》,《内蒙古社会科学》,1986年第3期,页48—55。

## 欧洲语文著作

Bazin, Louis, 1991;耿升译,1998
*Les Systèmes Chronologiques dans le Monde Turc Ancién*. Budapest & Paris: Akadémia Kiadó and Editions du CNRS, 1991.
[法] 路易·巴赞著,耿升译:《突厥历法研究》。北京：中华书局,1998。
Cerensodnom, Dalantai and Manfred Taube, 1993
*Die Mongolica der Berliner Turfansammlung*. Berlin: Akademie Verlag GmbH, 1993. [柏林的吐鲁番收藏之蒙古文]
Clauson, Gerard, 1958
"The Earliest Turkish Loan Words in Mongolian," *Central Asiatic Journal*, IV(1958—1959), pp. 174—187.

——, 1959

"The Turkish Elements in 14th *Century Mongolian*," *Central Asiatic Journal*, V(1959—1960), pp. 301—316.

——, 1972

*An Etymological Dictionary of Pre-Thirteenth-Century*. Oxford: Oxford University Press, 1972.

Cleaves, Francis Woodam(F. W. 柯立夫), 1949

"The sino-mongolian inscription of 1362 in Memory of Prince Hindu", *Harvard Journal of Asiatic Study*, vol. 12(1949).

——, 1950b

"The sino-mongolian edict of 1453 in the Topkapi Sarayi Müzesi", *Harvard Journal of Asiatic Study*, vol. 13 (1950), pp. 431—446.

——, 1951

"The sino-mongolian inscription of 1338 in Memory of Jigutei", *Harvard Journal of Asiatic Study*, vol. 14(1951).

——, 1952

"The sino-mongolian inscription of 1346", *Harvard Journal of Asiatic Study*, vol. 15(1952).

——, 1955

"An early Mongolian loan contract from Qara Qoto", *Harvard Journal of Asiatic Study*, 18(1955)

——, 1960

"The Sino-Mongolian Inscription of 1240", *Harvard Journal of Asiatic Studies*, 23(1960), pp. 62—75.

——, 1964

"The Lingji of Aruγ of 1340", *Harvard Journal of Asiatic Study*, vol. 25(1964—1965), pp. 31—79.

——, 1967

"The sino-mongolian inscription of 1348", *Harvard Journal of Asiatic Study*, vol. 27(1967).

Dawson, Christopher ed., 1987

*Mission to Asia: Narratives and Letters of the Franciscan Missionaries in Mongolia and China in the thirteenth and fourteenth centuries*(Toronto: University of Toronto Press, 1987).

吕浦译、周良霄注:《出使蒙古记》。北京:中国社会科学出版社,1983。

Hessig, Walther, 1976

"*Zwei mutmasslich mongolische Yüan-Ubersetzungen und ihr Nach-druck* von 1431", *Zentralasiatische Studien*, vol. 10(1976), pp. 7—115.

Ho, Kai-lung(何启龙), 2006

"The Political Power and the Mongolian Translation of the Chinese Calendar during the Yuan Dynasty", *Central Asiatic Journal*, 50: 1(2006), pp. 57—69.

Ho, Kai-lung(何启龙), 2012 [forthcoming]

"The spread and preservation of Chinese Divination in Mongol between 14th and 17th century: via the documents of Dunhuang, Turfan, Qara Qota, and Xarbuxyn Balgas", *Central Asiatic Journal*, 56: 1(2012).

ISAHAYA Yoichi(谏早庸一), 2009

"History and Provenance of the Chinese Calendar in the *Zīj-i Īlkhānī*", *Tarikh-e Elm* [*Iranian Journal for the History of Science*], vol. 8(2009), pp. 19—44.

KIM Hodong(金浩东), 1999

"The Early History of the Moghul Nomads: the Legacy of the Chaghatai Khanate", Reuven Amitai-Preiss & David O. Morgan ed., *The Mongol Empire & its Legacy*(Leiden: Brill, 1999), pp. 290—318.

Kotwicz, Wladyslaw, 1925, 1926

"O chronologji mongolskiej", in *Rocznik Orientalistyczny*, II(Varsovie, 1925), pp. 220—239; in *Rocznik*

Orientalistyczny, IV(Varsovie, 1926), pp. 108—166. [科特域奇:〈蒙古人的年代学〉,《波兰东方学》,第二期、四期(华沙,1925、1926)。]

Meserve, Ruth Ⅰ., 2005

"The Snowcocks of Central Asia and Mongolia", in Grivelet, S., Ruth Ⅰ. Meserve, Àgnes Birtalan, and Giovanni Stary ed., *The Black Master: Essays on Central Eurasia in Honor of György Kara on his 70th birthday*(Wiesbaden: Harrassowitz Verlag, 2005), pp. 75—84.

Mostaert, Antoine, 1937

*Textes oraux ordos*. Peking: Cura Universitatis catholicae pekini edita; en ventae aux Editions H. Vetch, 1937.

田清波著,磯野富士子譯:《オルドス口碑集:モンゴルの民間傳承》。東京:平凡社,1966。

Mostaert, Antoine, and Francis W. Cleaves, 1952

"Trois Documents Mongols des Archives secretes vaticanes", *Harvard Journal of Asiatic Study*, vol. 15 (1952), pp. 419—506.

Mostaert, Antoine, 1953

《Sur quelques passages de l'Histoire Secrète des Mongols》, *Harvard Journal of Asiatic Study*, vol. 16 (1953), pp. 285—404.

Pallas, Peter Simon(1741—1811), 1779;邵建东、刘迎胜译,2002

*Sammlungen historischer nachrichten über die Mongolischen Völkerschaften*. Frankfurt and Leipzig: Fleischer, 1779.

邵建东、刘迎胜译:《内陆亚洲厄鲁特历史资料》。昆明:云南人民出版社,2002。

Poppe, Nicholas, 1930

*Alarskii govor*[阿拉尔人的语言]. Leningrad, 1930.

——, 1938

*Mongol'skij slovar' Muqadimat al-Adab*, trans. Poppe, N. N. (Trudy Instituta Vostokovedenija, XIV, Moskva-Leningrad, 1938)

——, 1953

Book review: *Buriat-Mongolian-Russian Dictionary* by K. M. Cheremisov; Ts. B. Tsydendambaiev. *Harvard Journal of Asiatic Studies*, vol. 16, No. 1/2(Jun., 1953), pp. 279—284

——, 1955

*Introduction to Mongolian Comparative Studies*. Helsinki: Suomalais-Ugrilainen Seura, 1955.

Pozdneyev, Aleksei Matveevich(1851—1920), 1896; 1971

John R. Krueger ed., John Roger Shaw and Dale Plank trans.,

*Mongolia and the Mongols* [*Mongoliya i Mongoly*]. London: Routledge, 1971.

Van Dalen, Benno, 2002

"Islamic and Chinese Astronomy under the Mongols: a little-known case of transmission", Y. Dold-Samplonius, J. W. Dauben, M. Folkerts, and B. van Dalen edited, *From China to Paris: 2000 years Transmission of Mathematical Ideas*(Stuttgart: Franz Steiner Verlag, 2002), pp. 327—356.

Vladimirtsov, B. Ya [Б. Я. Владимирцова], 1926

《Надписи на скалах халхаекого Цокту ~ тайджи》[Inscriptions sur les rochers du Tsoktu-taiji de Khalkha], *Известия Академии Наук СССР*(*Bulletin de l'Académie des Sciences de l'URSS*) 1926, pp. 1253—1280.

Weiers, Michael, 1967

"Mongolische Reisebegleitschreiben aus Čaγatai", *Zentralasiatische Studien*, vol. 1(1967), pp. 7—54.

Zhukovskaia, Natalia L'vovna(Жуковская, Наталья Львовна), 1988

*Категории и символика традиционной культуры монголов* [Kategorii I simvolika tradit's'ionnoi kul'tury Mongolov] (Moskva: Izd-vo《Nauka》, 1988) [茹科夫斯卡娅:《蒙古人传统文化的范畴及符号系统》。莫斯科:科学出版社,1988。]
[苏] Н. Л. 茹科夫斯卡娅着,竺林译,郑德林校:〈蒙古历法研究〉,《蒙古学资料与情报》,1990年第2期,页28—35。

## 日文著作

小林高四郎(KOBAYASHI Koshiro),1983
《モンゴル史論考》(東京:雄山閣,1983),第九章,〈モンゴル人の歳月名について〉,頁169—193。
小林高四郎著,特古斯巴雅尔译:〈蒙古人的年月名称〉,《蒙古学资料与情报》,1985年第3、4期,页49—54。
栗林均(KURIBAYASHI Hitoshi),2010
《蒙文總彙——モンゴル語ローマ字轉寫配列》。仙台:东北大学东北亚细亚研究中心,2010。
村上正二(MURAKAMI Masatsugu),1970
《モンゴル秘史:チンギス・カン物語》(上/中/下)。東京:平凡社,1970—1976。
中村淳(NAKAMURA Jun)、松川節(MATSUKAWA Takashi),1993
〈新發現の合璧少林寺旨碑〉,《内陸アジア言語の究》,第8輯(1993), pp. 1—92。
吉田顺一(YOSHIDA Junichi)、齐木德道尔吉(Chimed Dorji)编,2008
《ハラホト出土モンゴル文書の研究》[*Study on the Mongolian documents found at Qaraqota*](東京:雄山阁,2008)
和田清(WADA Sei),1959
《东亚史研究——蒙古篇》。东京:东洋文库,1959。

## Questions about the calendars of the Mongols from 13th to 16th century

HO Kai-lung,
The Chinese University of Hong Kong-Tung Wah
Group of Hospitals Community College

**Abstract**: Since the early 13th century, the Mongols changed from a nomadic state into a worldwide empire. The simple nomadic life of the Mongols changed; the social structure became complicated; their culture also changed and absorbed a lot of foreign culture. Even the time value and calendar of the Mongols had changed. This article used the principles of lunar and solar calendar to reconstruct the phonological calendar of the traditional Mongolian nomads. This phonological calendar, with animals as names of months, disappeared because the introduction of Chinese calendar, especially the Mongolian translation of the *Season-Granting Calendar* of the Yuan dynasty. With numbers as names of months was then appeared and became dominated. After that the Mongols relied on the Chinese calendar. But they failed to edit the Chinese calendar due to both its difficult calculation and its forbidden transmission in public, especially after the collapse of Mongol-Yuan dynasty. In the late 16th century, the Tibetan Buddhist monks brought the Tibetan calendar into the Mongols and it totally changed their value of time.

(本文作者系香港中文大学东华三院社区书院人文及通识学院讲师)

# 早期民族学界参与边疆教育述略

张建中

近代边疆教育是20世纪上半叶历届中央政府和社会各界人士为提升少数民族文化水平、增进边疆国防安全而着力发展的教育事业。从构成上讲,主要包括边疆民族教育、边政教育和边疆常识教育。① 在发展之初,政府部门是主要推动力量。20世纪20年代以后,随着民族学学科的创立和成熟以及边疆危机的逐渐严重,早期民族学界也参与到边疆教育事业中,并作出了不容忽视的贡献。近年来,国内学者开始对这一史事有所关注,只是关注多置于中国民族史(或曰中国人类学史)论题之中,相对而言显得不够系统。② 有鉴于此,本文在前人研究基础之上,对早期民族学界参与边疆教育的史事作些初步的梳理。

1949年以前,中国学术界多将民族学等同于文化人类学或社会人类学,视民族学为研究人类文化的学科;同时,社会学、语言学、体质人类学、民俗学和历史学等学科的学者也常把各自学科领域内的理论与方法应用到民族研究中,因而,这些学科的一些专家也往往被公认为民族学家,他们的一些论著也常常被视为是早期民族学界的代表作。针对这种情况,本文为充分考察早期民族学界参与边疆教育的历史,所指称的早期民族学界除主要包括民族学专家外,还包括研究民族问题的文化人类学、体质人类学、民俗学、语言学、历史学和社会学等学科领域的学者。

## 一、参与边疆教育的活动

早期民族学界参与边疆教育的活动主要是在20世纪20年代至40年代期间逐步开展的,并分为三个阶段。抗战前为第一个阶段。在这一阶段中,民族学学科已于1926年初步创立,并在一批学者积极译介西方民族学界各流派论著的情况下,逐步得到发展。一个重要标志就是早期民族学界大体形成了三大派别。其中,吴文藻、李安宅、费孝通、林耀华等人受西方功能学派的影响较大,组成所谓“中国功能学派”。该派以参与观察的社区调查为研究特色,重点探讨社区内部的组织和结构,反对胪列现象,重视以整体的观点分析田野调查资料,主张用民族学的观点方法研究和解决中国民族与社会的实际问题。黄文山、孙本文、陈序经等人形成所谓“中国文化学派”。该派重视文化研究和学科体系的构筑,较少开展民族文化的田野调查工作。凌纯声、陶云逵、卫惠林、芮逸夫、杨堃、杨成志、徐益棠等人形成所谓“中国历史学派”。该派注重引用和研究中国历史文献资料,强调运用民族学理论和方法解释史料,进而解决中华民族文化历史研究课题。受

① 曾紫绶《边疆教育问题之研究》,《教育杂志》第26卷第3号,1936年。

② 这方面的代表作为王建民著《中国民族学史:1903—1949年》,云南教育出版社,1997年。

法国民族学派的影响,中国历史学派也重视实地调查。①

在各派中,较早关注边疆教育的学人是杨成志。1928 至 1929 年间,俄裔著名学者史禄国、中央研究院特约编辑员容肇祖和中山大学语言历史研究所助理员杨成志等人,受中山大学语言历史研究所和中央研究院史语所派遣,到云南省开展人类学调查。其间,杨成志只身前往川滇交界的"独立卢鹿"地区(今大凉山彝族聚居区)调查彝族社会组织、生活、习俗、思想、语言和文字。考察期间,杨氏出于开发大凉山的需要,协助当地民众创办了两所小学。考察完毕后,杨氏又在昆明中等以上学校应邀演讲民族问题,呼吁政府发展边疆教育,如在昆明师范做"乡村教育与民族调查"讲演,在省建设人员训练所主讲"建设事业与民族调查的关系"专题报告。② 之后,其他一些学者也陆续关注起边疆教育。1933 年夏,燕京大学教师吴文藻、郑振铎、顾颉刚、雷洁琼、容庚等人在赴绥远省百灵庙地区考察中,密切关注了平绥铁路沿线天主教会的办学情况。③ 1937 年,中山大学研究生江应樑在赴云南省傣族聚居区考察时,曾应云南省教育会邀请作"开化边民与民族复兴"的公开演讲,积极宣传发展边疆教育。④ 抗战前,由于民族学界人士多供职于东部地区的科研机构,同时主要致力于引介西方民族学理论和方法,研究领域以中国乡村社会和都市生活为主,故而,从总体来看,这一时期民族学界对边疆教育虽有所关注,但关注的程度尚不密切,开展的工作尚较单一,参与的活动还不多。

抗战期间是早期民族学界参与边疆教育的第二个阶段,即高潮阶段。在这一阶段中,早期民族学界人士纷纷转移到西部地区开展工作,为当地高校设立了许多民族学教研机构。如抗战爆发后,吴文藻赴云南大学建立社会学系,1939 年又代表燕京大学在云南大学建立云大——燕大社会学实地调查工作站。在站工作的学者有费孝通、张之毅、田汝康、谷苞、史国衡、王康、林耀华、李有义、许烺光、瞿同祖、胡庆钧、张宗颖等。另一位燕京大学教师李安宅则于 1941 年赴华西协和大学社会学系任教授,为该系创建了华西边疆文化研究所。该所以"研究华西边疆,并造就是项服务及教学人才,以谋华西边疆之改进"为宗旨,组织出版《中国边疆》杂志。人类学家、李氏的妻子于式玉也曾在该所工作。此外,华西协和大学于 1940 年成立中国文化研究所,闻宥担任主任,刘咸、颜间、韩儒林、杨汉先等人任研究员。抗战期间,原集中在东部地区的科研机构和高校也纷纷向西部大后方迁移,并新设了民族学教研机构。金陵大学迁至成都华西坝后,该校社会学系于 1940 年成立了边疆社会学组,并设立边疆社会研究室,聘卫惠林出任研究室主任,徐益棠、柯象峰等担任研究员。该研究室成为当时国内民族研究的重镇,曾刊行《边疆研究通讯》,以联系各边省学术文化工作者,同时还以中国民族学会的名义编辑出版《西南边疆》、《边疆研究周刊》等杂志。

在迁移至大后方的高校中,中央大学和西北大学分别成立了边政学系。边政学系的培养目标有二:其一是培养研究边疆民族的学术型人才,其二是培养赴边疆建功立业的行政人才。中央大学边政学系成立于 1944 年,设蒙古族、维吾尔族、西藏文史三

① 王建民著《中国民族学史:1903—1949 年》,第 145—160 页。

② 杨成志著《杨成志人类学民族学文集》,民族出版社,2003 年,第 8—13、38—40 页。

③ 雷洁琼《平绥沿线之天主教会》,平绥铁路管理局,1935 年,第 6—22 页。

④ 江晓林著《江应樑传》,广西师范大学出版社 2005 年版,第 58 页。

个组，开设人类学、民族学、语言学、民俗学、民族志、比较语言学、西藏史、蒙古史和突厥史等课程，主要讲授中国边疆各民族的历史、文化和语言等内容。凌纯声、韩儒林先后出任系主任，卫惠林、董同和、芮逸夫和马学良等学者在系任教。① 西北大学边政学系也成立于1944年，王文萱教授担任系主任，杨兆钧、郑安伦担任副教授。该系成立边政学会，出版过《边疆文化》杂志。② 由于培养新型边政人才是边疆教育的重要内容，因此，凌氏等人供职边政学系，也是早期民族学界推动边疆教育发展的一种重要形式。

除上述机构外，大夏大学和南开大学也迁移至大后方，建立研究机构，开展了包括研究边疆教育在内的各项学术活动。抗战期间，大夏大学由上海迁到贵阳后，社会学系由吴泽霖主持，并于1939年成立社会研究部。该部在政府经费补助下，以研究贵州省少数民族文化为中心，着手有系统的民族调查与研究。如该部受贵州省教育厅委托，负责提供推行边疆民族教育的相关资料，参加组织边地教育委员会；协助省立图书馆设计创办苗族文化特藏部的计划；兼办贵州苗族学校督导工作等。③ 同一时期，南开大学成立了边疆人文研究室，陶云逵担任研究室主任，工作人员还有邢庆兰、高华年、黎国彬、黎宗献、赖才澄等人。该室计划以边疆人文作为研究范围，开展实地调查，推进边疆教育，并将工作分为边疆语言、人类学、人文地理、边疆教育四组。在边疆教育方面，该室开展的工作主要包括边疆教育的专门调查，研究边疆教育制度、教学内容，边地民众对于教育的反应，改进教育的策略与途径等课题。④

抗战期间，早期民族学界因迁移至大后方，与边疆民族群众接触的机会大为增加，所以开展的田野调查增加许多。而在调查过程中，早期民族学界为了与边疆民族群众密切接触、充分了解边疆文化，直接参与了办学活动。抗战初期，李式金在任管理中英庚款董事会甘肃科学教育馆副研究员从事民族风俗调查期间，曾与李安宅等人在甘肃省临夏县举办了寒假讲习会。⑤ 1942年，在吴泽霖的指导下，新生活运动促进总会在云南省办起两个边胞服务站。一个由西南联大社会学系毕业生张正东负责，于1942年7月至1946年1月间在丽江、维西、德钦、贡山等县宣传抗战形势，创办村民小学，从事医疗防疫工作，调查少数民族社会历史；另一个由大夏大学社会学系毕业生丁兆兴负责，于1942至1944年间在墨江一带开展同样的工作。⑥

这一时期，早期民族学界还与各级政府及其他领域的学人积极合作，组建了研究边疆问题的学术团体，开展了许多学术活动。⑦ 在这些活动中，民族学界关注了边疆政治、工业、商业、风俗、边防、史地、交通等方面问题，同时从事了对边疆教育的调查、研究和设

① 陈得芝、丁国范、韩朔眺编《朔漠情思——历史学家韩儒林》，南京大学出版社，2000年，第35—36页。

② 西北大学校史编写组《西北大学校史稿》，西北大学出版社，1987年，第127—128页。

③ 吴泽霖等著《贵州苗夷社会研究》，民族出版社，2004年，第269—276页。

④ 王文俊等选编《南开大学校史资料选》，南开大学出版社，1989年，第365—367页。

⑤ 王尧、王启龙、邓小咏著《中国藏学史(1949年前)》，民族出版社，2003年，第231页。

⑥ 潘乃谷、王铭铭编《重归"魁阁"》，社会科学文献出版社，2005年，第77页。

⑦ 学界对早期民族学界组建的学术团体已有一定研究，笔者在此对这些团体不作胪列，有兴趣者可参看房建昌《简述民国年间有关中国边疆的机构与刊物》，《中国边疆史地研究》1997年第2期。

计工作。1934年10月公布的《边事研究会总章》规定,该会对边疆地区的调查包括地史、政治、经济、文化和军事等方面,如,地史方面调查“包括疆界、地势、山川、形势、地质、气候、边界变迁(及)名称沿革、生物、历史、政治区划及城市距离等”;政治方面调查“包括政治制度、政治组织、地方行政、民族相处情形及帝国主义政治侵略等”;军事方面调查“包括军事交通、险要地带、驻军概况、外军驻屯情形及有关国防军事需要等”;文化方面调查“包括教育、宗教、语言、习俗、社团、遗迹、名胜及帝国主义文化侵略等”。其中对教育事项的调查具体包括:(1)调查边疆各级各类教育;(2)调查边疆三民主义教育实施状况;(3)调查边疆行政机关对于教育设施情况;(4)调查边疆各种宗教力量及其分布情形;(5)调查边疆文化的发展情况;(6)调查边疆学校的种类及其设备;(7)调查边疆特殊的风俗习惯、语言、文字情形,等等。①

在开展调查、研究、办学和设立学术团体的基础上,早期民族学界还创办了许多有关边疆民族问题的学术杂志。在这些杂志中,研究边疆教育问题是热门话题之一。如在《边政公论》第1至2卷发表的118篇专题文章中,边疆教育的文章有9篇,占了近10%的比例。不仅如此,民族学界还在这些杂志上发表了许多有分量的论文报告,如芮逸夫在《西南边疆》第2期上发表的《西南民族语文教育刍议》,徐益棠在《边政公论》第1卷第5至6期上撰写的《试拟国立边地文化教育馆组织大纲草案》,李安宅在《海潮音》第21卷第5至6期上撰写的《西藏佛教僧侣教育制度》,等等。这些论文涉及面广,研究角度各异,既有理论性的文章,也有实证性的报告。除撰写论文外,民族学界还组织教材编写工作。如1943年10月至1944年12月,江应樑在主持云南《正义报·边疆周刊》期间,曾组织人员以民族语言文字编写了《边民常识读本》。②

除上述五类活动外,早期民族学界还将专业知识应用于边疆教育管理与规划方面。在1939年成立的教育部边疆教育委员会中,民族学界自始至终都是骨干力量。六届委员会中,马鹤天、顾颉刚、吴文藻、凌纯声、刘锡藩、吴景超、王文萱、徐益棠、韩儒林、吴泽霖、李安宅、林耀华、吴定良、何联奎、梁瓯第、李方桂等人先后担任过委员。这些人为规划边疆教育的发展作出重要贡献。

抗战结束后,民族学学科发展面临严重阻力。由于抗战爆发而在国内政治、经济、文化各方面备受关注的边疆民族问题,在这一时期受关注的程度已大不如前,所以民族学界的建议再难得到支持。比如,民族学界提出在西部地区建立边疆大学,希望政府给予充分的政治与经济支持的建议,就因国民政府急于发动内战而被弃置一旁。③ 在这一背景下,民族学界参与边疆教育步入第三个阶段。这一阶段,民族学界推动边疆教育发展的努力大受影响,参与的活动远不如抗战期间频繁。1947年秋,浙江大学人类学系创立,吴定良担任系主任。田汝康、张宗汉、金祖同等人在系内任教。该系计划研究的问题包括“边疆教育之设施应如何力谋与当地的交通、卫生事业相配合,以资联系而增效率”

① 《本会简讯》,《边事研究》创刊号,1934年。

② 江晓林著《江应樑传》,广西师范大学出版社,2005年,第114页。

③ 中国民族学会《建议集体研究计划推进中国民族学运动草案》,原载于1948年6月7日《广东日报·民族学刊》(第4期),转自王建民著《中国民族学史:1903—1949》,第300页。

等。① 同年,西北大学边政学系在维吾尔文、藏文两组的基础上,增设蒙古文组,并奖励少数民族青年报考这三个专业。② 翌年,中山大学筹设人类学系,计划开展边疆教育问题、民族政策等应用研究,并聘任梁钊韬、岑家梧开设边疆教育、边疆社会等课程。③ 除高校外,1945 年,教育部筹备成立边疆文化教育馆,凌纯声担任筹备委员会主任和边教馆馆长,负责开展民族问题研究、边文小学教科书编纂、边疆文教状况调查等工作。这一时期,民族学界从事边疆办学及其行政管理的活动也较少,值得一提的活动主要有:1940 年代末,燕京大学教师李有义在国立拉萨小学任教;1945 至 1947 年间,凌纯声担任教育部边疆教育司司长;1947 年 4 月至 1948 年 3 月,毕业于中山大学的梁瓯第担任边疆教育司第三科科长,等等。

## 二、参与边疆教育的原因

推动早期民族学界参与边疆教育的原因是多方面的,概括地说,大致可以分为外部原因和内部原因两类。其中,国民政府加强统治、建设边疆地区和解决边疆民族危机的需要是非常重要的外部原因。

国民政府定都南京之际大致为中国民族学学科创立之时。当时,伴随新政权在全国统治地位的确立,国民政府试图加强对边疆民族地区的统治。然而,由于边疆地区居民复杂,语言文化殊异,风俗礼教不同,交通闭塞以及政治、经济等方面的情形与内地有着较大的差异,中央政府的政令在边疆地区往往难以畅通,中央政府无法对边疆地区直接行使管理权。故而,国民政府为扩展中央政府的影响力,希望充分了解边疆地区的各方面信息,以为推行边政边教作准备。如 1929 年 6 月,国民党三届二次会议通过的《关于蒙藏之决议案》规定,"蒙藏委员会应根据施政纲领及实施程度,积极筹划,第一期内应特别注重调查蒙藏情况,革新行政制度,兴办教育及筹划自治诸项"。④ 而针对国民政府亟需了解边疆民族地区情况,民族学界做了积极回应。如担任中央研究院院长的蔡元培表示,将民族学引入中国并不只是要增添一门新学科,而是要运用它来为制订更为完善的社会政策服务,具体而言,就是要为推行边疆政治、发展边疆教育、提升民族文化水准做准备。⑤

"九・一八"事变前后,国际政治形势急剧变化,国难日趋严重,国民政府遂决定发展边疆地区,以把这一地区建设成为国家和民族复兴的基地。为此,国民政府出台了不少措施,积极邀请民族学界在内的广大学界人士赴边疆地区考察。1930 年,国民政府在南京召开蒙古会议,通过《奖励内地人才赴蒙疆服务案》,计划奖励内地专门人才赴内蒙古地区服务。⑥ 翌年,国民党"四大"通过《确定边区建设方针并切实进行案》,

① 中国教育学会杭州分会《第四次全国教育会议教育问题草案》,《浙江教育档案》53—2—25。

② 西北大学校史编写组《西北大学校史稿》,第 216—217 页。

③ 刘昭瑞编《杨成志文集》,中山大学出版社,2004 年,第 263—267 页。

④ 中国第二历史档案馆编《中华民国史档案资料汇编》(第 5 辑第 1 编政治 2),江苏古籍出版社,1994 年,第 137 页。

⑤ 转自黄淑聘著《黄淑聘人类学民族学文集》,民族出版社,2003 年,第 226 页。

⑥ 熊耀文编《总理对于蒙藏之遗训及中央对于蒙藏之法令》,1934 年,第 183—184 页。

确定发展边区实业与文化建设方针,决定派遣专家学者组织科学考察团赴边疆地区考察。① 与此同时,从20世纪30年代初期开始,中国边疆民族问题日趋恶化。1930年,西藏地方政府与邻国尼泊尔之间因商务问题发生纠纷,英国乘机策动尼泊尔进兵西藏。1930至1933年,在英国的唆使下,西藏地方与西康、青海两省发生旷日持久的武装冲突。在这一系列事件的背景下,国民政府逐渐意识到边疆问题的严重性。1934年6月,云南省教育厅在致教育部的报告中就对西方传教士在西南民族地区开展的文化侵略活动表示了不安:

> 自缅甸、安南相继沦亡后,云南之西南两方,绵延三千五百里之边地,及汉人足迹罕到之山间,遂为外国教士文化侵略之对象。如云南西南与缅甸接壤之澜沧县(距省城二千余里),有英籍牧师永伟里父子,在彼传教三十余里,于卡瓦山一带地方,设有学堂十七所。福章宣讲堂九十处,教民共一万五千数百人。……甚至与省会相距不过百里之路南县,其边境四山土土人,多崇奉天主教,其子弟优秀者,并进而学习法语。民国二十一二两年,法教士曾以公费送土人子弟十一人至巴黎留学。诸如此类,借着宣传宗教,而实行文化侵略,在云南边地及深山之苗民中,其事例实举不胜举。总之英法帝国主义者之宗教侵略,到现在已有三四十年之历史,其惟一之手段以传教为掩饰,而以施医药,施衣服为连络边地苗民之手段,到取得夷民信仰后,于是就地开办学校。至设学校,苗民愿将子弟送入教会学堂时,这一部分的苗民已受了很深的麻醉。②

当时,为了解决这些问题,国民政府积极寻求国内学人的帮助和支持。1935年,军事委员会委员长行营组织"川康甘青边政研究委员会",开展包括边疆教育事务在内的西南边政设计和研究工作。该会成员除由现任或曾任边地军事政治职务并熟悉边地情形及当地民族状况者组成外,还特别邀请了对边疆地区"有切实调查且有著作行世的专家学者"加盟。

抗战期间,中日民族矛盾上升为主要矛盾,抵御帝国主义侵略、建设抗战大后方,成为广大民众亟待承担的重要使命。这一使命也成了推动早期民族学界参与边疆教育的外部原因。

抗战爆发后,国民政府向西部地区迁移。自此,这些地区成为抗战建国的大后方。当时,持久的抗战需要各民族共同努力,共同建设大后方。而这就亟需运用教育的手段破除汉族民众对少数民族的偏见,激发边疆民众的爱国意识。在这一情况下,国民政府需要学界人士的帮助,以发展边疆民族教育、增加抗战爱国力量。1939年,参政员马亮等31人在国民参政会第三次大会上提交议案,建议国民政府组织专家考察团赴边远省区考察,以为开发边地各种资源作准备,同时建议各大学添设蒙回藏文讲座,以及添设蒙回藏文语言研究班,此外还建议"中央政府主管机关聘请蒙回藏各民族道高德重、学识渊博以

① 中国第二历史档案馆编《中华民国史档案资料汇编》(第5辑第1编政治2),第335—337页。

② 《云南一年来之边疆教育之迈进及展望》,《边事研究》第4卷第3期,1936年。

及群众信仰之士，成立蒙回藏文化教育促进会，协助计划，并办理各民族文化教育及各民族间一切沟通工作”。对于这些建议，国民政府均予采纳，从这次会议开始，教育部就组团赴西南省份和西北地区开展了一些考察活动。①

值得强调的是，在政府推动的同时，早期民族学界受全民抗战氛围的感染，他们的爱国主义热忱不断高涨，参与边疆问题研究的热情不断提升。1938年，江应樑撰文《抗战中的西南民族问题》，呼吁国人重视西南边疆民族问题，积极参与改善调整西南少数民族与汉民族关系的活动，同时疾呼民族学界在大后方应大力推进对边疆地区的调查，以为消除民族隔阂和政府制定民族政策作准备。② 翌年7月，民族学界人士成立中国边疆学术研究会，旨在通过边疆学术研究工作，促成各民族之团结统一，共同努力于“抗战建国”的目标。在马鹤天的致词中，民族学界表达了“力忤敌人对各民族间之挑拨离间政策”的决心，勉励与会同仁“负起沟通边疆民族文化，打破敌人奸计”的使命。③

除上述两个外部原因外，民族学学科本身的特质，以及我国民族学界为促使民族学学科本土化的努力，则是推动早期民族学界参与边疆教育的非常重要的内部原因。

民族学是一门实证科学，应用性强。早在19世纪中期学科兴起时，民族学就曾被西方列强运用于殖民政策的推行。20世纪20年代，中国学者在引进民族学学科后，也很注重这门学科的应用功能，所不同的是，他们希望有助于中国的强盛和“现代化”。当时，中国各派民族学家虽然在理论和方法上有各自特点，但是在肯定民族学应用功能方面是一致的。1942年，功能学派代表人物吴文藻就指出了民族学的应用性质，“人类学在西洋已逐渐变为一门考察现代人种、语言、及文化的科学，……其实用性尤大。他们研究种族冲突、文化交流，种种实际现象”。④ 文化学派代表人物黄文山在1936年也承认民族学是一门应用科学，“民族学不只为一种文化理论科学，而亦是一种应用的科学”，民族学“对边疆治理，民族文化水准之提高，具有莫大之功用”，在实践上，“民族学之实地调查，可以供给民族改造之妥善的计划以及达到三民主义之切实的根据”。⑤ 此外，历史学派也注重民族学的应用功能。1930年，杨成志在调查西南民族时指出，他之所以考察川滇交界的“独立卢鹿”地区，除学术上为人类学研究提供新材料外，同时还为扶持西南少数民族，“使他们一天一天地长进起来，将如汉族一般”作准备，以实现孙中山先生“对内求中国境内各民族一律平等”的愿望。⑥ 中山大学青年教师梁钊韬也指出民族学不仅是一门理论学科，而且还有重要的应用功能，“我们现在，不应再把人类学的研究视为纯理论的学问，对于实用的边政设施，似应就功能的观念，予人类学与政治学贯通起来，换句话来说，就

① 中国第二历史档案馆编《中华民国史档案资料汇编》(第5辑第2编教育2)，江苏古籍出版社，1997年，第129—135页。

② 江晓林著《江应樑传》，第80—81页。

③ 《中国边疆学术研究会成立》，1939年7月24日《中央日报》第3版。

④ 吴文藻著《吴文藻人类学社会学研究文集》，民族出版社，1990年，第278页。

⑤ 黄文山《民族学与中国民族研究》，《民族学研究集刊》第1辑，1936年。

⑥ 杨成志著《杨成志人类学民族学文集》，第26—27页。

是纳人类学的理论于实践的道路上”。①

在近代中国,早期民族学界不仅对民族学的学科性质取得了共识,而且还有意识地将这一学科应用于解决社会实际问题上,特别是希望以此为国家建设与民族复兴发挥作用。如1938年,致力于民族学中国化的杨成志明确提出人类学必须站在国家和民族的立场,为现实服务,“凡一种学术若站在国家的立场与民族的利益,深信其必有日进发展之可能,民族学不特是一种新兴的应用科学,且研究的结果,可鼓励‘复兴民族’的运动,及资助‘拯救国家’的生存”。② 1944年,吴定良在论及民族学田野调查的实用价值时,也阐述了同样的观点,“我国际此长期抗战,边疆多事之秋,无论何种宗族,均有捍卫国家共御外侮之责任”,为了促使边疆民族参加抗战,民族学界有必要对边疆地区作大规模的调查。③

正是基于上述各种认识,特别是基于服务国家建设和民族复兴的认识,早期民族学界在20世纪上半叶逐渐重视研究包括边疆教育在内的边疆问题。1942年,致力于民族学中国化以及创立边政学学科的吴文藻,明确提出应将民族学与边疆教育等项事业的开展联系起来,将发展边疆教育置于边政工作重心的期望。

> 应用人类学在中国之发展,除边政学外,尚有边疆教育,边民福利事业,以及边疆文化变迁的研究。边教与边政关系尤为密切。以现阶段的边疆工作言,边教恐尤重于边政;必须边民知识开通,边政始能有效抢先。而兴办边教,推行边教,必为新边政的中心工作,毫无疑义。故边教学与边政学在开发边疆事业上,具有同样重要的地位,二者必须相辅而行。④

综上所述,早期民族学界之所以参与边疆教育,一方面是受国民政府边疆建设政策和民族政策以及抗战期间全民抵御外来侵略使命的推动,另一方面则是出于他们对民族学学科应用功能的认识,以及他们希望通过创立本土化的民族学学科以服务和改造现实社会的考虑。正是在这内外两方面因素的交互作用与推动下,早期民族学界为推动边疆教育发展进行了前述一系列的活动。

## 三、发展边疆教育的建议

在推动边疆教育发展的过程中,早期民族学界做出许多贡献。其中,民族学家提出的建议值得关注。虽然民族学家不是专职从事教育研究的人员,但是由于他们在边疆地区长期从事田野调查,并结合这些地区的社会文化状况进行过思考,因此,民族学家提出的有关发展边疆教育的建议有着鲜明的针对性,对边疆教育的改进起到了重要的指导作用。

① 周大鸣编《梁钊韬文集》,中山大学出版社,2004年,第56页。

② 刘昭瑞编《杨成志文集》,第140页。

③ 凌纯声、林耀华等著《20世纪中国人类学民族学研究方法与方法论》,民族出版社,2004年,第268—269页。

④ 吴文藻著《吴文藻人类学社会学研究文集》,第280页。

**（一）提出发展边疆地区各级各类教育的具体建议**

在这类建议中，有关普及义务教育的建议最多。因为从20世纪20年代政权建立伊始，国民政府就提出普及义务教育的计划；抗战期间，提升边疆民族文化水平又日益受到国人的重视。所以，早期民族学界对如何在边疆地区普及义务教育，做了大量细致的思考，提出了许多具有建设性的建议。首先，主张改良私塾就是重要的一项。如抗战期间吴泽霖等人在发现贵州省安顺县苗族聚居区私塾普遍存在，私塾授课内容严重脱离实际之后，向相关部门提议"改进现在各苗夷寨内任意设立之私塾教学法"，同时指出汉人塾师教授的"《三字经》、《百家姓》、《千字文》、《幼学琼林》等书"不合教育宗旨，应尽快组织人力编纂各科合适的教材。① 其次，设立村寨学校也是重要的建议。如针对贵州省"各苗夷学校设置不普遍，校址多在大镇上，但苗夷居处偏僻，离镇甚遥，又为经济力所不许，故入学不易"的问题，大夏大学青年教师陈国钧建议在各民族村寨就地设校。② 此外，一些学者还专门撰文提倡发展少数民族女子教育。1939年，陈国钧在《革命日报·贵州女青年》上发表《怎样训练苗夷族的妇女》一文，强调在抗战期间发展女子教育与男子教育同具重要地位。为此，他提出采用家庭巡回教师制、应用启发式和注意学习兴趣等教学方法教育民族女子，并教授"合于现实"、"祛除迷信"、"破除封建思想"的教学内容。③

除普及义务教育的建议外，早期民族学界在发展高等教育方面的建议也值得注意。从1901年开始，近代政府发展边疆教育呈现出"自下而上"的模式，即，首先普及义务教育，同时发展师范教育和职业教育，继而是高等教育。当时，这种"自下而上"的模式推动了边疆教育的发展，但也潜伏不少问题。其中最突出的问题是教育发展的失调，即缺乏面向边疆民族学生的高等学府。20世纪40年代后半期，这一问题愈显突出，并受到社会各界人士的高度关注。1946年，国立边疆学校的学生发起要求扩充学校为大学的运动。翌年，在国民参政会第四届第三次大会上，各边省代表纷纷提出了设立边疆大学的方案。此后，以卫惠林为代表的早期民族学界人士也于1948年向政府部门提出了相关建议。卫惠林指出，"尽管抗战期间曾一度给西部边疆以进步的曙光，但大部(分)边疆仍旧停滞在落后的荒废状态，从制度到食衣住行的文化都未发生过显著的变化"。卫氏认为，边疆地区之所以出现停滞不前的问题，除与"现代文化教育迄未在边疆普遍的展开"有关外，还与政府当局采取了不合理的"自下而上"的教育政策有着密切联系；而要解决这一问题，就必须改变以前"自下而上"的教育政策，就必须在边疆中心区域设立大学；总之，"边疆教育的政策与办法应一反从前的做法，从大学办起，以大学为中心去发展一切文化教育运动"，使边疆大学成为边疆学术研究中心、文化教育运动中心和培植边疆建设人才的中心。④

**（二）建议发展边疆教育应以广泛的社会调查为基础**

20世纪前半期，国人对边疆社会状况知之甚少，不少人对边疆的认识还深受传统

① 吴泽霖等著《贵州苗夷社会研究》，第46、275页。

② 同上，第45—46页。

③ 同上，第56—58页。

④ 卫惠林《论边疆学术与边疆大学设置问题》，《边政公论》第7卷第3期，1948年。

观念的影响,持有很多错误想法,这在一定程度上阻碍了边疆教育的推进。针对这种状况,早期民族学界积极倡导开展社会调查,以加强对发展边疆教育紧迫性的认识。1928 至 1930 年间,杨成志考察川滇边交界的"独立卢鹿"地区时,在给云南省 104 位教育局长的私函中,就强调民族调查刻不容缓,认为民族调查是提升少数民族文化的准备,"我们眼看着苗夷的地位比诸汉族者处在水平线以下的。我们虽一时不能把他们马上扶高起来,但最低的限度应先明了其惯俗、礼制,……(以)做将来从事开化的预备"。① 1938 年,江应樑撰文《抗战中的西南民族问题》,指出开发西南边疆、提升西南民族文化,"仍须以实地调查,做初步的基本工作",因为"我们过去与边疆和边民的实情的确太隔阂了"。②

针对国民政府在边疆调查中存在的诸多不足,早期民族学界还进行了尖锐地批评。1936 年,吴文藻为费孝通的《花蓝瑶社会组织》撰写导言时指出,政府当局倡导所谓"到边疆去"的运动,还只是一个口号,一种希望;在没有根本明了非汉族同胞的生活实况之前,有关部门就立马实施所谓"特种民族教育政策",只会引起民族纠纷。③ 陶云逵则批评道,政府虽然屡次派遣人员到边疆从事调查,但是所派人员"没有科学的训练",或所派人员虽然为"初民文化专家",但是这些专家"不是从实用观点去研究,因此他们的报告尽是学术讨论,丝毫不着实际"。④

针对前述不足,早期民族学界提出了开展边疆调查的各种观点。江应樑提议,兴办边疆教育,应彻底明白边地状况,而这就需要考察边疆地区的民族、社会、经济、政治的一般与特殊情形,然后依据考察所得的资料,订下一个发展边疆教育的方案。⑤ 有的学者还专门制定出详细的边疆教育调查提纲。如西南联大教授李景汉将民族地区的教育情形、所用的文字与教材、识字的男女人数比例、识汉字和受教育的人数、受过较高教育的人数等事项列为边疆调查的重要内容。⑥ 中央大学教师言心哲在拟定的调查纲要中,列入了教育机关的种类、组织与数目,教育经费的数目、来源和保管情形,边区受过小学、中学和大学教育人数等 30 多项考察内容。⑦

**(三)主张在尊重民族文化基础上发展边疆教育**

抗战期间,陈国钧在贵州省考察时发现,该省边疆教育之所以难于施行,就在于有关部门对于苗彝诸族社会生活认识不清楚,制定的《改进苗彝教育实施方案》完全不适用。同时,该地区的少数民族也害怕接受政府实施的新式教育之后会改变他们的习俗,故而

① 杨成志著《杨成志人类学民族学文集》,第 40—44 页。

② 江晓林著《江应樑传》,第 80—81 页。

③ 费孝通著《费孝通文集》(第 1 卷),第 490 页。

④ 陶云逵《开化边民问题》,《西南边疆》第 10 期,1940 年。

⑤ 江应樑《摆彝的生活文化》(1948 年),《中国西南文献丛书》(第 133 辑),兰州大学出版社,2004 年,第 332—333 页。

⑥ 李景汉《边疆社会调查研究应行注意之点》(1941 年),凌纯声、林耀华等著《20 世纪中国人类学民族学研究方法与方法论》,第 185 页。

⑦ 言心哲《边疆社会调查与边疆社会改造》(1942 年),凌纯声、林耀华等著《20 世纪中国人类学民族学研究方法与方法论》,第 217 页。

态度十分消极，极力抵制。① 针对这些问题，陈氏提出推行贵州民族教育的重要条件，即"要尊重苗夷固有的社会地位，文化历史，宗教信仰，风俗习惯"，"要根本泯除同胞间相互歧视的偏见和隔阂的心理"。马长寿也提出了类似意见。他希望边政人员对边疆民众的态度要容忍，要承认民族文化的多元性，尊重不同的民族文化，着重表现各民族文化的优点。

为了尊重少数民族的文化，民族学界还提出了不少切实可行的办法。1940 年，陶云逵提出，提升少数民族文化，应切实探索他们原有文化各方面功能，对于他们原有习惯中不好的一面，"我们不能突然把它禁止，我们须给他们找条出路，去满足他们的需要；换言之，就是以另外一种方式形态去表现同样的功能；这种方法我们可称之为'替代法'"。② 与前述建议不同，梁钊韬的建议更具体。他认为，编纂边疆教育课本，就全国而言，应因地制宜，"应采取各地区的民俗调查报告资料，而由教育部统筹办理"；如在编纂面向瑶族的教材时，可以利用"他们（瑶族民众）的徭经节奏声音，和采用某方面好的内容"。③ 江应樑提出的建议也值得注意。他认为，在发展傣族文教事业时，应尽量选用对边疆有特殊研究的人士去负责，因为他们熟知边民的情况，也"略为认识边民的语言文字"。④

**（四）建议培训边政人员**

为了促进边疆地区的各方面建设，国民政府非常重视培训边政人员。与国民政府相配合，早期民族学界从自身学科领域出发，发表了一些富有建设性的意见。1941 年，陶云逵指出了训练边政人员的必要性。他认为，开展边政的目的是为了推动边疆地区的近代化，"包括教育的近代化，经济的近代化，政治的近代化，军事的近代化，交通的近代化"，开展边政的重心则是"使边疆社会的文化改变为近代化的文化"；而要达成这两方面目标，来自内地的边政人员一方面要具备像医学、工程、教育等方面的学识与技术，另一方面也应对边疆民众的文化风俗有着深入的了解；因为"在一个社会之中各阶级或团体里推行一种政策，尚且不能用同一方法，何况要把一种政策推行到不同的文化里"。所以，陶氏认为，负责推行边政的行政人员必须具备"关于人类文化之性质及其变迁交替一般过程之专门知识"，以及具备"负责推行新政之各该边社文化与生活之特殊知识"，"换言之，边疆行政人员须有专门之训练"，才能担负起开发边疆的重任。⑤

关于如何训练边政人员，民族学界从自身的教学经验出发，也提出了一些建议。如梁钊韬认为，对边政人员的培训，教师既应在讲堂上讲解边疆民族文化，也应率领学员赴边疆地区开展田野调查，使理论与实践相结合，即，"先将工作地区的文化，予以各方面的讲解，然后使他们身历其境自行观察"。梁氏还指出，在边疆地区开展实践活动期间，教

① 吴泽霖等著《贵州苗夷社会研究》，第 45—46 页。

② 陶云逵《开化边民问题》，《西南边疆》第 10 期，1940 年。

③ 梁钊韬《边政业务演习的理论和实施》（1944 年），凌纯声、林耀华等著《20 世纪中国人类学民族学研究方法与方法论》，第 256 页。

④ 江应樑《摆彝的生活文化》（1948 年），《中国西南文献丛书》（第 133 册），第 333 页。

⑤ 陶云逵《论边政人员专门训练之必需》，《边政公论》第 1 卷第 3—4 期，1941 年。

员应在民政、教育、建设、卫生、财政等方面对学员进行指导,在田野调查方面应对学员作技术指导。①

20 世纪上半叶,除以上各方面外,早期民族学界提出发展边疆教育的建议还有许多。如 1938 年,芮逸夫从西方传教士在西南边疆地区开展拼音文字教育的方法中获得启发,提出通过拼音文字教育推进西南边疆教育发展的建议;②1939 年,胡耐安针对民族聚居区多处于省与省的交界地带,提出在民族聚居区设立教育区不宜由各省单独管理,而应由中央政府统筹办理的建议,③等等。

## 四、参与边疆教育的影响

早期民族学界开展的各种活动,提出的各项建议,产生了多方面的积极的影响。

### (一) 推动了边疆教育的发展

首先,早期民族学界为政府部门发展边疆教育提供了智力支持。如 1945 至 1946 年间,梁瓯第在调查黔东南苗族聚居区时发现,苗族民众受教育的机会非常少,并存在"征生制"的问题。经过分析后,梁氏认为,解决这两方面问题可以采取移校就寨、巡回施教、"将知识送上门"等办法。而梁氏提出的这些办法,在抗战后期被国民政府采纳,成了制订克服边疆学校较少招收民族学生问题有关政策的重要基础。④ 再如,国民政府于 1945 年筹设国立边疆文化教育馆是组织国内学者加强对边疆文教研究的重要措施,而这一措施的推行也与民族学界的积极推动有关。从表 1 可以看出,国民政府筹设国立边疆文化教育馆的思路明显受到金陵大学教师徐益棠的影响;从表 2 可以看出,国立边疆文化教育馆得以成立还与凌纯声、李方桂、黄文山、何联奎、韩儒林、卫惠林、芮逸夫等人的参与有关。

**表 1 徐益棠草拟的《设立国立边地文化教育馆组织大纲草案》(1941 年 12 月)与国民政府出台的《国立边疆文化教育馆组织条例》(1946 年)内容比较表**

| | 《设立国立边地文化教育馆组织大纲草案》 | 《国立边疆文化教育馆组织条例》 |
|---|---|---|
| 主要任务 | 研究全国边民文化,发展边民教育 | 掌理边疆文化教育之研究及发展事宜 |
| 各部(组)规定 | 提议教育馆设立四部。其中,训导部掌管对边地和内地学生的语言培训工作;研究部承担研究边疆文化、编写边疆教材的工作;陈列部承担汇集和整理边疆文物的工作。 | 教育馆主要设立研究、编译、文物三组。其中,研究组掌理研究边疆问题的事务;编译组掌理编译边文小学教科书,以及编刊《中央边报》的事务;文物组掌理征集与陈列边疆文物的事务。 |

资料来源:1. 徐益棠:《试拟国立边地文化教育馆组织大纲草案》,《边政公论》第 1 卷第 5—6 期,1942 年;2. 教育编纂委员会编:《第二次中国教育年鉴》,(台北)文海出版社 1986 年版,第 1236—1237 页。

① 梁钊韬《边政业务演习的理论和实施》(1944 年),凌纯声、林耀华等著《20 世纪中国人类学民族学研究方法与方法论》,第 253—266 页。

② 芮逸夫《西南民族语文教育刍议》,《西南边疆》第 2 期,1938 年。

③ 胡耐安《从事边疆教育之一拟议》(上),1939 年 2 月 3 日《中央日报》第 5 版。

④ 梁瓯第《贵州苗区的征生制》,《教育通讯》复刊第 3 卷第 5 期,1947 年。

**表2　国立边疆文化教育馆筹备人员组成概况(1945年)**

| 职任 | 主任 | 委员 | 委员 | 委员 | 委员 | 委员 | 委员 | 委员 | 委员 |
|---|---|---|---|---|---|---|---|---|---|
| 姓名 | 凌纯声 | 李方桂 | 黄文山 | 何联奎 | 韩儒林 | 卫惠林 | 李永新 | 芮逸夫 | 戈定邦 |
| 经历 | 巴黎大学博士，中央研究院研究员 | 哈佛大学博士，中央研究院研究员 | 哥伦比亚大学毕业，中山大学教授 | 巴黎大学毕业，中山大学法学院院长 | 巴黎大学、柏林大学肄业，中山大学教授 | 巴黎大学毕业，中山大学教授 | 中央政治学校毕业，国民党中央常务委员 | 东南大学肄业，中央研究院副研究员 | 柏林大学肄业，中央大学教授 |

资料来源：教育编纂委员会编：《第二次中国教育年鉴》,(台北)文海出版社1986年版,第1236页。

其次,早期民族学界为边疆地区兴办新式教育提供了有益的示范,培养了不少的人才。如燕京大学教师于式玉在拉卜楞藏区的办学就是一个成功的例子。1938至1941年间,于式玉随同丈夫李安宅赴甘肃省拉卜楞藏区考察。考察期间,于式玉义务创办了拉卜楞女子小学。学校开办一年后,新的校舍就已建成,农艺场也初见规模,学生已达七八十人。经过四年的努力,拉卜楞女子小学蒸蒸日上。学校不仅传授现代文化知识给藏族同胞,使当地藏族妇女学习到一些实用知识,而且还初步改变了她们的传统生活习惯。由于这所学校是藏区第一所女子学校,并取得了一定成效,故在政府和群众中产生了较大的影响。20世纪30年末至40年代初,许多赴拉卜楞藏区的学者、记者都会在他们的游记或报道中提到于式玉的办学事迹。1941年7月2日《中央日报》发表王科祥的《西陲重镇——拉卜楞》,就专门提到拉卜楞女子小学,称这所学校之所以办得成功,是因为有"专为边疆热心服务的新女性在领导"。

再如梁瓯第在贵州榕江的办学也影响较大。梁氏是一位对边疆教育素有研究的学者,他曾撰写过《西番的社会及其教育》(1941年)、《川康区倮儸之教育》(1942年)、《车寨社区调查》(1946年)、《贵州苗区的征生制》(1947年)、《新疆的教科书问题》(1947年)等论文和报告。1945年担任国立贵州师范学校校长后,梁瓯第将理论付诸实践。掌校期间,梁氏通过创办边疆师范科,规定招收"黔东南及湘桂邻县土著学生",①一举改变了国立贵师不以招收民族学生为主的旧传统。另一方面,通过对黔东南一带苗乡侗寨作调查,宣传村寨办学主张,梁瓯第还于1945年9月顺利建立"国立贵州师范学校村寨教育实验区",使之成为边疆地区"有教无类"的办学典型。② 另外,梁瓯第还创办《新贵师》杂志,提供师生耕耘的文化园地,为学校营造了浓厚的文化氛围;同时,建立"联合级社",让学生分别负责学校的生产、风纪、总务等,提升了学生自我管理的能力。由于这一系列的有力举措,国立贵师培养了一批优秀的少数民族人才,如有后来担任中国民族学会副会长的向延光(侗族),出任贵州省民族研究所副所长的张士昆(侗族),任职贵州民族学院副院长和贵州大学党委副书记的吴汉良(侗族),等等。

---

① 向零《国师校风》,杨秀明、安永新等选编《黄质夫教育文选》,贵州教育出版社,2001年,第254—255页。

② 石德兴《热爱少数民族教育事业的梁瓯第校长》,《贵州文史丛刊》2001年第2期。

最后,早期民族学界通过自己的活动还激发了边疆民众的求学和办学积极性。如于式玉曾游说拉卜楞寺嘉木样活佛、保安司令黄正清及其夫人等人发展新式教育,结果取得了很好的成效。在创办拉卜楞女子小学时,于氏得到黄正清的夫人的支持。同时,在开学时,当地土官纷纷将自己的女儿送入学校。此外,许多边疆民众还踊跃向于氏表达了求学的心愿。像在1945年于式玉考察西康黑水地区时,当地就有一些民众请求她教育自己的子女。① 这些事实表明,早期民族学界的认真办学态度在一定程度上改变了边疆民众的保守拒学心态。

**(二)增进民族团结,抵制外来侵略**

20世纪上半叶,早期民族学界开展的田野调查活动成为了广大国人了解边疆地区的重要渠道。此前,国人因为对边疆地区缺乏足够的了解而与边疆民众有着严重的隔阂。但通过早期民族学界的调查以及发表的相关文章,国人逐渐了解到边疆民族文化的积极一面,感触到少数民族勤劳俭朴的优秀品质,消除了过去的隔阂心态,并开始尊重边疆民族文化。另一方面,早期民族学界在边疆地区的办学也增进了民族团结。如梁瓯第针对黔东南地区民族矛盾较为突出的问题,大力倡导民族团结。他为"国立贵州师范学校村寨教育实验区"所作校歌的歌词写道:"汉侗原是一家,大家同学习,村寨同属国土,大家同作息。实验、创造、劳动、学做主人翁,化边疆为乐土,幸福乃无穷。"歌词中所唱的"汉侗是一家",对就学的少数民族学子影响至深。1949年以后,曾在国立贵师求学的民族学生就回忆道,在"汉侗是一家"思想的指导下,国立贵师各族师生达到了和睦相处、亲如兄弟姊妹的融洽关系。②

另外,在边疆危机四伏的年代,发展边疆教育是对边疆民众的心理建设,是实施国防教育的重心,是挽救国家危亡、巩固边陲国防的重要条件。所以,民族学界在边疆地区富有成效的办学活动,实际上在一定程度起到了抵制外来文化侵略的作用。同时,20世纪三四十年代,受民族学家在内的近代学人积极呼吁的推动,国民政府高度关注西方传教士在边疆地区的办学活动,并采取了相关应对措施。这也是早期民族学界在抵制外来文化侵略方面取得的重要成果。如在民族学界揭露西方传教士在我国边疆地区进行传教办学活动后,国民政府补助了中华全国基督教会边疆服务部在西南民族地区开展传教办学工作,同时还指令各边远省份整顿和办好各级各类民族学校,以图从西方传教士手中夺回各族民众。③

**(三)促进了民族学学科的进步**

在早期民族学界参与边疆教育的活动中,民族学学科也在实践中得到了充实与进步。

首先,充实了民族学教研机构和课程设置。抗战以前,中国民族学教研机构多附设于社会学或历史学教研单位内,开设的专业课程也相对较少。抗战以后,随着边疆教育快速发展,民族学界得到政府部门的支持,这种状况发生了改变。如民族学教研机构开始独立设置。1943年,西北大学设立了西北历史语文研究室。翌年,西北大学、中央大学

---

① 于式玉著《于式玉藏区考察文集》,第115—118、255—256页。

② 吴汉良《对母校办学特点的片断回忆》,杨秀明、安永新等选编《黄质夫教育文选》,第283页。

③ 中国第二历史档案馆编《中华民国史档案资料汇编》(第5辑第2编教育2),第157—158页。

设立了边政学系。1947年,中山大学、浙江大学设立了人类学系。此外,从1939年开始,西北大学、云南大学、大夏大学、复旦大学、华西协和大学、西北师范大学、金陵大学、贵州大学、中山大学和浙江大学等知名学府,得到教育部资助,先后设立了边疆问题讲座。此时,专业课程也开始大量开设。1943年前后,华西协和大学开设了边区地理、边政史、边区社会学、边区民族学、边区风俗学等科目,中山大学开设了边疆行政、边疆教育、边疆社会研究、中国民族政策史、民族学专题等科目,西北大学开设了西北边疆史、维吾尔文、蒙文等科目。①

其次,培养出了一批优秀的民族学人才。20世纪30年代中期以前,早期民族学界人士多由西方高校培养出来,如吴文藻毕业于哥伦比亚大学,凌纯声毕业于巴黎大学,李安宅毕业于耶鲁大学,吴泽霖毕业于俄亥俄州立大学。30年代中期以后,随着国内各大学纷纷设立民族学教研机构,这种情况发生变化,中国本土高校开始培养出一批优秀的民族学人才。在这些人中,就有一批人或通过参与边疆办学实践,或通过开展有关边疆教育的田野调查实践,逐渐成为民族学研究的生力军。如后来任教于中央民族大学的陈永以及任职于中国社会科学院的李有义,就通过吴文藻的推荐,分赴公立新疆学院和国立拉萨小学任教,开始了研究维吾尔族文化和藏族文化的学术生涯。② 同时,作为边疆教育机构,中央大学边政学系和西北大学边政学系也培养出一批研究民族学的优秀人才。如1944至1949年间,中央大学边政学系培养了100名学生,其中有后来担任西北大学历史学系教授、陕西省考古研究所所长的石兴邦,出任西北民族学院历史系副教授胡斯振,等等。③

再次,提出了创立民族学分支学科即边疆教育学(今称民族教育学)的设想。一般认为,民族教育学是在20世纪中期由西方学者提出并创立的,在我国则是于20世纪80年代由民族学界提出并创立的。事实上,早在1937年,以杨堃为代表的早期民族学界,就通过批评国民政府大汉族主义的边疆教育政策,提出了以人类学理论和方法创立边疆教育学的设想。④ 杨堃指出,教育"是一种社会制度","两个社会生活完全不同的民族决不能具有一种完全相同的教育制度";像在边疆民族地区推行"汉化教育"是绝对错误的,因为"自家的文化本亦很高的"少数民族内部的"排汉派"绝不接受越俎代庖的"汉化教育",他们不仅对汉化教育"没有好感",而且还会"设法消灭"这种教育,然后"始能快意";所以,在这一情况下,政府当局越是推行边疆教育,边疆问题就越严重。有鉴于此,杨堃提议民族学界设立边疆教育学,一方面研究边疆民族旧有教育制度的本质以及这种教育制度在边疆民族社会的功能,另一方面研究边疆民族旧有教育制度的演化及其与近代教育制度接触后所发生的各种变化。⑤ 这样,杨堃的设想就为当时创立边疆教育学奠定了理论基础。

---

① 中国第二历史档案馆编《中华民国史档案资料汇编》(第5辑第2编教育2),第204—206页。

② 王庆仁、马启成、白振声主编《吴文藻纪念文集》,中央民族大学出版社,1997年,第18页。

③ 陈得芝、丁国范、韩朔眺编《朔漠情思——历史学家韩儒林》,第34、63页。

④ 著名民族学家吴文藻在《边政学发凡》也提出要创立边疆教育学,参见吴文藻著《吴文藻人类学社会学研究文集》,第280页。

⑤ 杨堃《边疆教育与边疆教育学》(1937年),杨堃著《杨堃民族研究文集》,第96—101页。

最后,取得了丰硕的理论研究成果和实证研究成果。由于参与边疆教育可以消除边疆民众对民族学界开展田野调查的猜疑和恐惧心理,还可以使民族学界"参加制度内的活动",使社区调查、个案调查和参与观察等调查方法得到运用,①所以,参与边疆教育成了早期民族学界深入了解边疆地区的重要途径,许多人士从中受益匪浅。如李安宅研究藏区喇嘛教就是一个典型的例子。李安宅于1938年接受顾颉刚的委派,赴甘肃拉卜楞藏区做调查。调查期间,李氏由于"笃信社会调查须自社会服务入手",故接受甘肃科学教育馆的委托,在拉卜楞藏区发展科学教育。② 办学期间,李安宅深入解藏区喇嘛教发展情况,撰写了《藏族宗教史之实地研究》一书。后来,该书被誉为是"实地考察和社会调研而撰写的有关藏族宗教史的第一部杰作"。③ 江应樑考察傣族聚居区也是一个典型的例子。江氏在中山大学语言历史研究所研究生毕业后,一直将傣族文化作为研究课题。1941至1942年间,江应樑为继续这一研究,选择在云南省保山师范学校任教。任教期间,江氏赴耿马一带傣族聚居区进行考察。通过数月的考察,江应樑对滇西的傣族语言、文化、风俗和土司政治有了较深的了解。这就为撰写《摆夷的生活文化》、《摆夷的经济生活》和《傣族史稿》等论著打下了基础。④

值得一提的是,早期民族学界还推动了民族学学科的本土化,提出了一些本土民族学理论。如前所述,民族学学科的本土化是从20世纪20年代开始的。在此之前,民族学界照搬、照抄西方民族学教科书的风气很严重,对边疆地区的研究也很肤浅。在此之后,吴文藻、杨成志、费孝通等一批民族学家通过参与有关边疆教育的各种活动,努力将民族学理论和方法与中国实际情况相结合,努力促进民族学学科的本土化。这样,许多重要的本土民族学理论与实证研究成果相继产生。如1934年,费孝通通过接受广西省政府邀请,赴大瑶山做田野调查,以为该省改进特种教育服务。在调查中,费孝通思考起中华民族构成的理论问题,萌生了"中华民族多元一体格局"理论。这一理论在时隔50多年后趋于成熟并公开发表,成为指导研究我国少数民族问题的最重要的本土理论。⑤

## 五、结　语

早期民族学界参与边疆教育的各种实践活动,构成了近代边疆教育史上一道亮丽的风景线。尽管早期民族学界开展的活动为时甚短,而且主要集中在抗战期间。但是,与政府部门及其他团体相比,特别是与教育界相比,早期民族学界开展的活动具有鲜明的特点,这主要体现在两方面。从活动的内容看,早期民族学界由于对边疆地区的政治制度、社会结构、生产方式、风俗习惯、文化传统、语言文字和宗教信仰等方面情况有着深入的研究,成为了政府部门邀请参与审议规划边疆教育以及开展相关调查研究的骨干力

---

① 林耀华著《从书斋到田野》,第185—186页。

② 梅贻宝《拉卜楞之行》,(1940年),《中国西北文献丛书》(第139辑),兰州古籍书店,1990年,第322页。

③ 李安宅著《藏族宗教史之实地研究·序》,第1页。

④ 江晓林著《江应樑传》,第102—108页。

⑤ 费孝通《我的民族研究经历和思考(代序)》,马戎、周星著《中华民族凝聚力形成与发展》,北京大学出版社,1999年,第14页。

量,而不像教育界人士那样主要在教学第一线开展工作。从产生的影响看,早期民族学界不仅协助政府部门发展边疆教育,为增进边疆国防安全建设、提升少数民族民众的文化水平作出了重要的贡献;而且还从机构创立、课程设置、人才培养、学科创建和理论创新等方面,促进了民族学学科的本土化,这就为民族学学科在中国的持续发展奠定了基础。

## A Brief Discussion on Early Academic Circles of Ethnology participating in Education in Borderland

Zhang Jianzhong, College of Educational Science, Hunan Normal University

**Abstract**: In early $20^{th}$ century, Chinese academic circles of ethnology not only studied widely in politics, history, geography and ethnology in borderland, but also participated actively in practical movement of modern education in borderland. The main reasons for this fall into two parts. On the one hand, it was promoted by the government and the aim to fight against the outer invader. On the other hand, it was because they wanted to apply functions of the discipline, and to serve and reform the society by establishing the discipline with Chinese characteristics. Chinese academic circles in ethnology played an important role in strengthening the unity of nationalities and fighting against the outer invader, by their practical movements and many useful suggestions.

(本文作者系湖南师范大学教育科学学院讲师、博士后)

# 《秘书监志》版本流传及整理略论

洪一麟

《秘书监志》别名《秘书志》、《元秘书监志》等,秘书监为元代掌管经籍图书之官署,以卿为长官,下设太监、少监等官。《秘书监志》于历代书目著录中皆曰十一卷,与今本所存者同,盖无阙失之故。

此书成于元末顺帝至正初年,记载至元以来建置、沿革、典章、故事,亦附录司天监,后罗列当时职官题名,纤悉详录,可考核元末朝廷制度与官员情况,多可以资元史研究之用。

《秘书监志》作者,历来皆题元王士点、商企翁同撰。王士点,字继志,东平人,瓠山先生鲁国文肃公构之子,撰书之时官拜承务郎秘书监著作郎,另撰有《禁扁》五卷,《元史》、《秘书监志》皆有传。商企翁,字继伯,曹州人,左山先生鲁国文定公挺之孙,国子监贡士,撰书之时官拜承事郎秘书监著作佐郎,《秘书监志》有传。此书前有至正二年编集本书公文。

## 一、《秘书监志》之流传版本

《秘书监志》历来皆以钞本传而几无刻本,版本不多,最早著录于明杨士奇等撰《文渊阁书目》:"《元秘书志》一部六册。"①此后多见于诸家目录,现分别就此书存、佚情况述之。今可考出尚存的版本有:

1. 清季氏藏影元抄本

缪荃孙、吴昌绶、董康撰《嘉业堂藏书志》卷二史部职官类载:"《秘书监志》十一卷,旧钞本。影元抄本。每半叶九行,每行十六字。牒文后有目录。每卷书题之次,空白一行。都二百六十五叶,与钱竹汀宫詹《十驾斋养新编》同。其中缺叶甚多,盖与宫詹所见同一本也。有'季振宜印'、'沧苇'、'曾藏汪阆源家'、'莫友芝图书记'、'莫绳孙字仲武'诸记。"②由藏书印知此影元抄本最早为季振宜所藏,季氏死后其书多归黄丕烈所有,据清江标辑《黄荛圃先生年谱》卷上载:"(五十九年甲寅三十二岁)九月初一日,匪石至先生家观钞本《元秘书监志》(明初本)。"③按:匪石即钮树玉,此条由钮氏《匪石日记》中辑出,明确了黄丕烈家有此明初钞本,也即季氏影元抄本。黄氏藏书后多归汪士钟艺芸书舍,故嘉业堂所藏此本有"曾藏汪阆源家"之印,汪氏藏书后复辗转归莫友芝所藏,其《宋元旧本书经眼录》卷三载:"元《秘书监志》十一卷,写本。元承务郎秘书监著作郎王士点、承事即秘书监著作佐郎商企翁编次。此写甚工,半叶九行,行十六字,盖据元本过录。"④可证之。此本亦曾为傅增湘所见,《藏园群书经眼录》卷六史部四职官类载:"《秘

① [明]杨士奇等撰《文渊阁书目》,文渊阁四库全书本。

② [清]缪荃孙、吴昌绶、董康撰《嘉业堂藏书志》,上海:复旦大学出版社,1997年版,第356—357页。

③ [清]江标辑《黄荛圃先生年谱》,清光绪长沙使院刻本。

④ [清]莫友芝撰《宋元旧本书经眼录》,清同治刻本。

书志》十一卷,元王士点、商企翁撰旧写本,九行十六字。前有至正二年秘书监牒文。题"承务郎秘书监著作郎王士点、承事郎秘书监著作佐郎商企翁编次"(辛酉)"①;《藏园订补邵亭知见传本书目》题:"《秘书监志》十一卷,元王士点、商企翁同撰。○邵亭有旧抄本";②邵章续录《增订四库简明目录标注》亦载"莫友芝有旧钞本"。③ 此本最后辗转至刘承干嘉业堂,而嘉业堂藏书多归台北"中央图书馆"。国家图书馆特藏组编《国家图书馆善本书志初稿》史部二政书类亦有著录。④ 可知此本今仍尚存,亦为《秘书监志》之可考版本中最古。

另,据清钱大昕撰《十驾斋养新录》卷十三载《秘书志》曰:"《元秘书志》四册,承务郎秘书监著作郎王士点、承事郎秘书监著作佐郎商企翁编次。凡十一卷,分门十九:曰职制、曰禄秩、曰印章、曰廨宇、曰公移、曰分监、曰十物、曰纸劄、曰食本、曰公使、曰守兵、曰工匠、曰杂录、曰纂修、曰秘书库、曰司天监、曰兴文署、曰进贺、曰题名。前有至正二年五月公文一道,计二百六十五叶。"⑤按:此本页数与季振宜影元抄本同,皆二百六十五叶,二本或有版本渊源,疑钱氏所藏或抄自季氏,唯笔者未见此本,未能论断。另据王重民编《中国古籍善本书目》史部载:"《秘书志》十一卷,元王士点、商企翁撰。清抄本,清李赓芸跋,藏上海图书馆。"⑥李赓芸曾师从钱大昕,笔者疑此本与钱氏所藏本或有渊源,唯笔者未见此书,不知其版本授受源流情况。

2. 清吴氏拜经楼藏旧抄本

清吴寿旸撰《拜经楼藏书题跋记》卷三地志目录载《元秘书监志》曰:"《秘书监志》十一卷,元承务郎秘书监著作郎王士点、承事郎秘书监著作佐郎商企翁同编。首载至正二年圣旨。竹垞检讨序称《秘书监志》,而书题《秘书志》。先君子书云:"《曝书亭集》作《秘书监志》,'监'字似不可少。"又书目录前云:"此志既用国书,语多鄙俚,而每卷立题尤荒谬不通,恐并非王、商手笔,或后人妄撰此目未可知。惜竹垞、竹汀诸公均未论及。"书卷末云:"丙寅五月,仲鱼孝廉为予从吴中购得此志,其卷数、门类与《十驾斋养新录》所载悉同。惟叶数《养新录》共二百六十五叶,而此计二百六十八叶,岂宫詹所见本尚有阙叶欤?此本舛错甚多,予虽以意校,终未能释然。复属仲鱼访之三吴藏书家,率与此本无异,仍携以见还。仲鱼亦照录一部,弆于紫微讲舍。嗟乎!宫詹往矣,谁复与予辈再订此书耶?嘉庆己巳五月,吴某记。"⑦笔者按:此本书末之"吴某"即吴寿旸之父吴骞。吴骞,字槎客、葵里,号兔床。此本陆心源皕宋楼有抄本,其《皕宋楼藏书志》卷三十七史部有著录,其书末跋语自"吴某记"改为"吴骞记",此本或自吴

---

① [清]傅增湘撰《藏园群书经眼录》,北京:中华书局,2009年版,第395页。

② [清]莫友芝撰,傅增湘订补,傅熹年整理《藏园订补邵亭知见传本书目》,北京:中华书局,2009年版,第419页。

③ [清]邵懿辰撰,邵章续录《增订四库简明目录标注》,上海:上海古籍出版社,1979年版,第330页。

④ "国家图书馆"特藏组编《国家图书馆善本书志初稿》,台北市:"国家图书馆",1997年版,第331页。

⑤ [清]钱大昕撰《十驾斋养新录》,清嘉庆刻本。

⑥ 王重民编《中国古籍善本书目》,上海:上海古籍出版社,1993年版,第1091页。

⑦ [清]吴寿旸辑《拜经楼藏书题跋记》,清道光二十七年刻本。

氏处转抄而得。① 陆氏所抄吴氏拜经楼本今藏于日本静嘉堂,见严绍璗编著《日藏汉籍善本书录》史部职官类载:"《秘书监志》十一卷,(元)王士点、商企翁撰,旧写本、吴骞手校手识本,共四册,静嘉堂文库藏本"②。此本皆题"旧写本"、"旧抄本",唯罗伟国、胡平编《古籍版本题记索引》载拜经楼此本乃刊本③,误。

按吴寿旸所书,陈仲鱼曾照录一部,据清蒋光煦撰《东湖丛记》卷四载:"吾乡陈仲鱼征君(鳣)向山阁藏书大半归马二槎上舍瀛上舍"④而清马瀛撰《唫香仙馆书目》史部职官类载:"《元秘书志》十一卷,元王士点、商企翁同辑。钞本二本。"⑤是知陈氏照录本后确归马瀛所有,唯笔者未见,不知此本今尚存否。

另,清丁日昌编《持静斋书目》续增史部载:"《元秘书监志》十一卷,旧抄本。嘉庆中吴骞手校。"⑥此书曾经吴骞手校,是知此本与吴氏拜经楼钞本或有版本渊源。唯此书笔者未见,未敢据断。

3. 清孙氏平津馆藏本

孙星衍撰《平津馆鉴藏书籍记》卷三载:"《秘书志》十一卷,目录一卷。题"承务郎秘书监著作郎王士点、承事郎秘书监著作佐郎商企翁编次。"前有至正二年文牒,书分职制至题名,凡十九门。皆纪元秘书监故事,每叶十八行,行十六字。"⑦孙星衍藏书后有约十分之三归湖南袁芳锳卧雪楼(一名卧雪庐),而袁氏藏书于光绪初年被李盛铎购得,今据李盛铎著《木樨轩藏书题记及书录》载:"《秘书监志》十一卷【元王士点商企翁同撰　清抄本】李3488:目录标题次行题"承务郎秘书监箸作郎王士点、承事郎秘书监箸作佐郎商企翁编次"。抄本。半叶九行,行十六字。前有至正二年(1342)五月监丞王道关移。收藏首有"古潭州袁卧雪庐收藏"白文方印,"毕泷涧飞藏印"朱文方印"⑧可知李盛铎木樨轩所藏乃孙星衍平津馆钞本,李盛铎后人将其藏书全售予北京大学图书馆,故知此本今存北京大学图书馆内。

4. 清瞿氏铁琴铜剑楼藏旧钞本

清瞿镛撰《铁琴铜剑楼藏书目录》卷十二史部五载:"《秘书监志》十一卷,旧钞本。元王士点、商企翁同撰。凡记至元以来秘书省故事,分门十九:……案《元史》:"至元二

---

① 陆心源所撰《仪顾堂题跋》卷四载《影元抄〈秘书志〉跋》曰"《秘书志》十一卷。题曰:'承务郎秘书监箸作郎东平正士点继志、承事郎秘书监箸作佐郎曹州商企翁继伯同编。'前有文移。影写元刋本,所记皆元秘书省典故,分十九门。……卷四表背物件后,与目录多不合;第二十一页"圣朝自开国以来"云云,与第五卷第十页有复羼;卷七、卷八有缺文,惜无别本可以校补。"陆氏所跋影元抄本疑即吴骞此本。按:整理本《秘书监志》点校说明云:"此志源于拜经楼旧藏本。"而王国维附于书后的题记曰:"每半叶九行,行十六字,观其行款及平阙之式,盖从元刊本出也。"若王国维的判断属实,则吴骞拜经楼旧藏本有可能是影元抄本。

② 严绍璗编著《日藏汉籍善本书录》,北京:中华书局,2007年版,第651页。

③ 罗伟国、胡平编《古籍版本题记索引》,上海:上海书店,1991年版,第98页。

④ [清]蒋光煦撰《东湖丛记》,清光绪九年缪氏刻云自在龛丛书本。

⑤ [清]马瀛撰《唫香仙馆书目》,上海:古典文学出版社,1958年版,第23页。

⑥ [清]丁日昌编《持静斋书目》,清同治九年丰顺丁日昌刻民国印本。

⑦ [清]孙星衍撰《平津馆鉴藏书籍记》,清道光刻本。

⑧ [清]李盛铎著,张玉范整理《木樨轩藏书题记及书录》,北京:北京大学出版社,1985年版,第143—144页。

十七年，立兴文署，召集良工，刊刻诸经子史板本。”此书载：“至元十年十一月太保大司农奏：兴文署掌雕印文书，交属秘书监。本署设官三员，令一员，丞二员，校理四员，楷书一员，掌纪一员，雕字匠四十名，作头一，匠三十九，印匠十六。”又“至元十四年十二月，中书省奏，奉旨省并衙名，兴文署并入翰林院。”是兴文非设自至元二十七年也，可正《元史》之讹。”①由于瞿氏后人瞿凤起将大部分藏书捐予北京图书馆，今据王重民编《中国古籍善本书目》史部载：“《秘书监志》十一卷，元王士点、商企翁撰。清抄本，藏北京图书馆。”②又《北京图书馆古籍善本书目》载：“《秘书监志》十一卷。元王士点、商企翁撰。清抄本，二册，八行二十一字无格”③应为同一本。笔者按：疑王氏所见此本即瞿氏铁琴铜剑楼家藏本。

5. 清《四库全书》本

据清永瑢撰《四库全书总目》卷七十九史部三十五载：“《秘书监志》十一卷。编修汪如藻家藏本”，④依四库所采底本知汪如藻家当有藏本。汪如藻，据《休宁西门汪氏族谱》所载，乃汪文柏侄孙。⑤ 按：笔者甚疑汪如藻所进本乃抄自汪文柏古香楼藏本，或二本有版本渊源关系，唯未见汪文柏家藏本，未敢据断。《四库全书》刊印后，张金吾爱日精庐有传钞本，其《爱日精庐藏书志》卷十八史部载：“《秘书监志》十一卷。文澜阁传钞本”；⑥又李筠嘉慈云楼亦有传钞本，见周中孚别录其《慈云楼藏书志》副本而成之《郑堂读书记》，其书卷二十八史记十四载：“《秘书监志》十一卷，写本。此本从文渊阁本传钞，冠以提要一篇，后人重刊是书，当以朱跋附其后云。”⑦唯李筠嘉死后藏书散佚，其传钞本下落今已无考。

6. 清丁氏八千卷楼藏旧钞本

清丁丙辑《善本书室藏书志》卷十三载：“《秘书监志》十一卷，旧钞本。右书前空三行，未署撰人名氏。瞿氏《铁琴铜剑楼书目》有此题衔。今录之云：承务郎秘书监著作郎东平王士点继志、承事郎秘书监著作佐郎曹州商企翁继伯同编。所记自至元迄至正凡，秘书建置、迁除典章故事一一备载，司天监亦附录焉。其中纪录多裨史学后记录，字数目凡五万六千五百有三。”⑧又清丁仁撰《八千卷楼书目》卷九史部载：“《秘书监志》十一卷，元王士点、商企翁同撰。抄本、抄本。”⑨此二处书目所载应为同一本。丁氏后人将书全售江南图书馆，后藏南京图书馆。今据王重民编《中国古籍善本书目》史部载：“《秘书监志》十一卷，元王士点、商企翁撰。清同治六年刘履芬抄本，清刘履芬跋并录吴骞校跋，藏南京图书馆”。⑩ 此本共四册，九行十六字，前有朱彝尊跋，题：“题承务郎秘书监著作

① ［清］瞿镛撰《铁琴铜剑楼藏书目录》，清光绪常熟瞿氏家塾刻本。
② 王重民编《中国古籍善本书目》，上海：上海古籍出版社，1993 年版，第 1091 页。
③ 北京图书馆编《北京图书馆古籍善本书目》，北京：书目文献出版社，1989 年版，第 824 页。
④ ［清］永瑢撰《四库全书总目》，清乾隆武英殿刻本。
⑤ 此书载汪文柏乃汪如藻三叔祖。
⑥ ［清］张金吾撰《爱日精庐藏书志》，清光绪十三年吴县灵芬阁集字版校印本。
⑦ ［清］周中孚撰《郑堂读书记》，民国吴兴丛书本。
⑧ ［清］丁丙辑《善本书室藏书志》，清光绪刻本。
⑨ ［清］丁仁撰《八千卷楼书目》，民国本。
⑩ 王重民编《中国古籍善本书目》，上海：上海古籍出版社，1993 年版，第 1091 页。

郎王士点、承事郎秘书监著作佐郎商企翁编次”,书末有“同治丁卯七月过录于吴门,凡八日而毕。卷中朱笔悉照拜经楼藏本过录。江山刘履芬记。乞巧后一日。”按:南京图书馆所藏此本为笔者赴南京图书馆所见,疑即丁氏藏书,唯此本无藏书印证之。

7. 清陆氏捐送国子监钞本

此本笔者见于南京图书馆,①为陆心源捐送国子监本。此本《秘书监志》,十一卷,钞本,四册,十三行二十字,抄写甚工,书前有“前分巡广东高廉道归安陆心源捐送国子监书籍”白文方印,前有至正二年诏旨一道及目录,无序跋,书末有“光绪戊子湖州陆心源捐送国子监之书匮臧南学”朱文方印、“京师图书馆收藏之印”白文方印、“养一”白文方印、“申耆”朱文方印、“兆洛审定”朱文方印。可知此本曾为清中期藏书家李兆洛所藏,王重民编《中国善本书提要补编》史部政书类有著录,与笔者所见同,依是书所载,知此本今藏于北京图书馆,唯不见《北京图书馆古籍善本书目》著录。②

8. 清张氏适园藏钞本

据国家图书馆特藏组编《国家图书馆善本书志初稿》史部二政书类载:“秘书志十一卷六册,钞本,全幅高28公分,宽17.3公分。每半叶九行,行十六字。版心上方记书名‘秘书志’,中间记卷第,下方记叶次,书中钤有‘国立中央图/书馆收藏’朱文方印,‘芹圃/收藏’朱文长方印,‘曾在/朱子/清处’朱文方印”。③ 芹圃,乃清末藏书家张钧衡长子张乃熊的字,是知张氏家曾藏有此书,今存于台北“中央图书馆”。

9. 清傅氏藏旧写本

清傅增湘撰《藏园群书经眼录》卷六史部四职官类载:“《秘书志》十一卷,元王士点、商企翁撰。旧写本,九行十六字。题“承务郎秘书监著作郎王士点、承事郎秘书监著作佐郎商企翁编次”。前有至正二年编集本书公文。卷一职制,卷二禄秩,卷三印章、廨宇、公移、分监、十物、纸劄、食本、公使、守兵、工匠、杂录,卷四纂修,卷五秘书库,卷六秘书库,卷七司天监、兴文署,卷八进贺,卷九题名,卷十题名,卷十一题名。钤有“巴陵方氏功惠柳桥甫印”白、“巴陵方氏珍藏秘笈”朱、“方柳桥家藏本”朱三印。(裴英阁送阅已收,辛巳十月)”④又其《藏园订补郘亭知见传本书目》载:“〇旧写本,九行十六字。前有至正二年秘书监牒文。有方功惠藏印。余藏。〇旧写本,九行十六字。前有至正二年牒文。京肆见。”⑤可知此本为傅氏所藏无疑,同时傅氏又于京肆见一旧写本,亦九行十六字。按:傅氏此本九行十六字、分卷形式、题名亦与季振宜影元抄本同,疑此本或与季氏影元抄本

① 笔者所见乃美国国会图书馆摄制北平图书馆善本书胶卷。王氏著录见王重民编《中国善本书提要补编》,北京:书目文献出版社,1991年版,第34页。

② 按高荣盛点校,浙江古籍出版社所出版的整理本《点校说明》第五页曰:“光绪年间,国子监征求书籍,他(笔者按:陆心源)‘进旧钞旧刻百五十种,共两千四百余卷’(岛田翰《皕宋楼藏书源流考》,光绪三十三年印行),此即上述印文的由来,该钞本共一百五十七页,每半页十三行,行十八字……”据笔者所见陆心源捐送国子监本,与王重民《中国善本书提要补编》同,皆十三行二十字,此疑高荣盛先生误记。

③ 国家图书馆特藏组编《国家图书馆善本书志初稿》,台北市:国家图书馆,1997年版,第331页。

④ [清]傅增湘撰《藏园群书经眼录》,北京:中华书局,2009年版,第395页。

⑤ [清]莫友芝撰,傅增湘订补,傅熹年整理《藏园订补郘亭知见传本书目》,北京:中华书局,2009年版,第419页。

有版本渊源关系。此书于国家图书馆特藏组编《国家图书馆善本书志初稿》史部二政书类亦有著录,①可知傅氏此书后归于台北"中央图书馆",今应尚存。

10. 北京图书馆藏钞本

据《北京图书馆古籍善本书目》载:"《秘书志》十一卷,元王士点、商企翁撰。清抄本,六册,九行十六字无格"②而知,王重民编《中国古籍善本书目》史部亦载:"《秘书志》十一卷,元王士点、商企翁撰。清抄本,藏北京图书馆。"③亦可证之。

11. 民国仓圣明智大学刊广仓学窘丛书本

据邵懿辰撰,邵章续录《增订四库简明目录标注》载:"广仓学窘丛书甲类本,民国五年仓圣明智大学刊。"④可知此本在日本有刊刻成丛书,此刻本是《秘书监志》唯一付诸刻印的版本。按高荣盛点校,浙江古籍出版社所出版的整理本《点校说明》曰:"'广仓本'后载有吴骞、刘履芬、唐翰题和王国维诸人的题记,对有关本书的版本及流传作了概略的介绍。此志源于拜经楼旧藏本。"且王国维附于此书后的题记曰:"每半叶九行,行十六字,观其行款及平阙之式,盖从元刊本出也。"⑤可知此本之珍。此本亦即今浙江古籍出版社整理点校本《秘书监志》之底本。

12. 日本东北大学附属图书馆藏写本

据《东北大学所藏和汉书古典分类目录》载:"《秘书志》十一卷,即《元秘书监志》,元王士点、商企翁同撰,写本,7 册。"⑥知尚有一钞本存于日本,唯笔者未见,不知此本版本授受源流情况。

13.《中国古籍善本书目》所载今存清抄本

据王重民编《中国古籍善本书目》史部所载,共有清抄本八种,除有四种上述所述版本颇吻合外,尚余四种笔者未见之版本,载:"《秘书志》三卷,元王士点、商企翁撰。清抄本,清张穆跋,藏上海图书馆。《秘书志》十一卷,元王士点、商企翁撰。清抄本,藏上海图书馆。《秘书志》十一卷,元王士点、商企翁撰。清抄本,清吴骞校并跋,藏旅大市图书馆。《秘书监志》十一卷,元王士点、商企翁撰。清抄本,藏浙江图书馆。"⑦今录此以存目。

至于书目有著录,而今已佚的版本亦有:

1. 清朱氏家藏本

据清朱彝尊《曝书亭集》卷第四十四跋《书元秘书监志后》载:"《元秘书监志》十一卷,著作郎东平王士点继志、著作佐郎曹州商企翁继伯同撰。"⑧又周中孚《郑堂读书记》

---

① 国家图书馆特藏组编《国家图书馆善本书志初稿》,台北市:国家图书馆,1997 年版,第331 页。

② 北京图书馆编《北京图书馆古籍善本书目》,北京:书目文献出版社,1989 年版,第 823 页。

③ 王重民编《中国古籍善本书目》,上海:上海古籍出版社,1993 年版。

④ [清]邵懿辰撰,邵章续录《增订四库简明目录标注》,上海:上海古籍出版社,1979 年版,第 330 页。

⑤ 高荣盛点校《秘书监志·点校说明》第三页,杭州:浙江古籍出版社,1992 年版。王国维题记,第 234 页。

⑥ 经"日本所藏中文古籍数据库"搜索而得,网址:http://kanji. zinbun. kyoto-u. ac. jp/kanseki

⑦ 王重民编《中国古籍善本书目》,上海:上海古籍出版社,1993 年版,第 1090—1091 页。

⑧ [清]朱彝尊撰《曝书亭集》,四部丛刊影清康熙本。

卷二十八史记十四载:“朱竹垞《曝书亭集》有是书”①,唯笔者未见此书,不知此本版本授受源流情况。

2. 清汪氏家藏本

据清莫友芝撰,傅增湘订补,傅熹年整理《藏园订补郘亭知见传本书目》载:“《秘书监志》十一卷,元王士点、商企翁同撰。【补】○清康熙间休宁汪文柏家藏本。钤有“古香楼”、“休宁汪氏家藏书籍”诸印。卢址抱经楼遗书。”②可知汪氏确有此本,后辗转至卢址抱经楼藏。唯抱经楼于咸丰年间惨遭劫掠,此本今不知存于何处。据《休宁西门汪氏族谱》所载,汪文柏乃汪如藻三叔祖,汪如藻所进呈四库馆之家藏本,疑与汪文柏藏本有版本渊源关系。

3. 清阮氏文选楼藏抄本

清阮元撰《文选楼藏书记》卷五载:“《元秘书志》十一卷,元著作郎王士点、佐商企翁同辑,抄本。是书凡秘书监、职制、禄秩、印章、廨字等分门详载。”③阮氏文选楼藏书于咸丰年间因太平天国战乱而大量流失,此本今不知存佚情况,已无法考其版本渊源。

4. 清路氏藏钞本

据邵懿辰撰,邵章续录《增订四库简明目录标注》载:“《秘书监志》十一卷。元王士点、商企翁同撰。路有钞本。养新斋有跋语。”④按:“路”即清代藏书家路慎庄,是知路氏有一钞本,唯笔者未见,不知此本版本授受源流情况。

5. 清叶氏缘督庐藏钞本

清叶昌炽所撰《缘督庐日记抄》卷一载:“(乙亥九月)廿七日,购《颜鲁公集》一部,微有缺页,有元留、元刚明、杨一清、都穆序,云:“无锡安氏所刊,今此本每卷首题三十世孙崇规校刊,当是重刻本也。”又《元秘书监志》残钞本,一册,纸色黝黑,不知何代物,亦无藏书印可考。”又卷二载:“(癸未六月)初一日,新吾处钞件计竣《天禄琳琅》五册,《徐兴公书目》一册,《秘书监志》两册,先后付洋五元余钱一百九十文。”⑤按叶昌炽生卒年考,乙亥年当为光绪元年(1875 年),癸未年为光绪九年(1883 年)则知叶氏家藏有两个《秘书监志》版本:光绪元年购入的残钞本一册,及光绪九年雇人钞得的《秘书监志》两册,唯笔者未见此二本,不知此二本版本授受源流情况。

6. 清缪氏艺风堂藏旧钞本

清缪荃孙著《艺风藏书记》卷四史学第五载:“《秘书监志》十一卷,旧钞本。收藏有“王印宗治”白文方印。”⑥唯“王印宗治”不知为谁,无法考此本授受源流。

---

① [清]周中孚撰《郑堂读书记》,民国吴兴丛书本。

② [清]莫友芝撰,傅增湘订补,傅熹年整理《藏园订补郘亭知见传本书目》,北京:中华书局,2009 年版,第 419 页。

③ [清]阮元撰《文选楼藏书记》,清越缦堂钞本。

④ [清]邵懿辰撰,邵章续录《增订四库简明目录标注》,上海:上海古籍出版社,1979 年版,第 330 页。

⑤ [清]叶昌炽撰《缘督庐日记抄》,民国上海蟫隐庐石印本。

⑥ [清]缪荃孙著《艺风藏书记》,上海:上海古籍出版社,2007 年版,第 91 页。

## 二、《秘书监志》整理略论

整理出版古籍，理当挑选一个善本或通行本为底本，再以其他善本、别本精校整理，今整理《秘书监志》亦如是。

由前文版本流传情况可知，《秘书监志》撰成以来，并未大量刊刻印行，而仅以钞本流传，如此传抄更易造成众多版本异文的产生。故挑选整理本《秘书监志》的底本，则应着眼于刻本。《秘书监志》只有一种刻本：仓圣明智大学所刊广仓学窘丛书本（简称"广仓本"）。广仓本有刘履芬据拜经楼藏本校录，亦经王国维校过，相较于其他钞本而言，广仓本更优。因此，浙江古籍出版社已经整理出版的《秘书监志》选择了广仓本作为底本这一点，是应该予以肯定的。

浙江古籍出版社的整理本《秘书监志》所采的对校本，是陆心源捐送国子监的钞本，此本捐送之时乃光绪戊子（1888）年。陆心源捐送国子监钞本极有可能是抄自陆心源皕宋楼所藏的吴骞藏旧钞本，而广仓本又经刘履芬据拜经楼藏本校录，二本所出同源，校勘的结果仅仅只是尽可能将此书恢复至吴骞拜经楼所藏《秘书监志》的原貌，而非王士点、商企翁所撰的《秘书监志》原貌。于此而言，校勘意义已经不大。

因此，既知《秘书监志》另一影元抄本今尚存台北"中央图书馆"，整理者就应以此本与广仓本对校，考察藏于台北"中央图书馆"的影元抄本能够在整理校勘上提供多少正确的信息，而整理本《秘书监志》似乎没有考察到此本；同时在整理本《点校说明》曰："另钱大昕《十驾斋养新录》著录的本书较吴骞等人所见本少三页（二百六十五页）；《四库全书总目》著录的本书则得之李之藻家藏本，二本均无从查考"①，既没有考察出汪如藻与汪文柏古香楼藏书的关系，更发生把"汪如藻"误植为"李之藻"的错误。如此一观，在对校本的选择上，浙江古籍出版社的整理本点校者似乎并没有进行较为严密的考察后方才择善而从。

因此，今若重新整理《秘书监志》或再版整理本《秘书监志》，笔者以为底本不必更换，而对校本则宜重新选择，若能得台湾所藏影元抄本校之则更善矣。笔者囿于学力，论述或有不当之处，敬请方家教正。

## The Version Circulated and Content Consolidation of *Mi Shu Jian Zhi*

Ang Yee Ling, Nanjing University

**Abstract**: This dissertation carries out a version circulated study of *Mi Shu Jian Zhi* [*The Record of the Imperial Secret Book Collection*] through those catalog of ancient bibliography, try to analysis and explain those version circulated, lastly provide some suggestions to the collation of *Mi Shu Jian Zhi* that published by Zhejiang Ancient Books Publishing.

（本文作者为南京大学文学院汉语言文字学专业博士研究生/马来西亚留学生）

① 高荣盛点校《秘书监志·点校说明》第五页，杭州：浙江古籍出版社，1992 年版。

# 《内陆欧亚研究集刊》创刊

刘砚月

《内陆欧亚研究集刊》(*Journal of Central Eurasian Studies*,*JCES*)于2009年底在首尔国立大学正式创刊并出版第一辑。该刊为英文正式学术年刊,由首尔国立大学内陆欧亚研究所主办,每期发表四到六篇学术论文和若干书评。该刊与其主办者内陆欧亚研究所一样,未采用“内陆亚洲”(Inner Asia)或“中亚”(Central Asia)作为名称,而是采用了内涵更广的“内陆欧亚”(Central Eurasia),将东欧草原和内陆亚洲视为一体。长期以来,在内陆欧亚研究中,语言、国家和学科的边界一直阻碍着该领域的发展,正如主办者所认为,“由于国家边界所造成的语言多样性以及现代学科体系的划分,关注内陆欧亚领域历史、地理和文化方面的紧密内在联系亟待研究”。该刊旨在超越上述种种界限,推动内陆欧亚学的原创研究。“内陆欧亚是多种游牧文明和定居文明交汇和互动的地域,也创造性地联系和导致了世界史上不计其数的变化。”因此,该刊提倡跨学科和跨地域的内陆欧亚研究。韩国内陆欧亚研究的韩文专业期刊《中央亚细亚研究》,在过去几年登载了韩国学者的多篇重要论文和书评,值得关注。此英文期刊《内陆欧亚研究集刊》的创刊,为从事内陆欧亚研究的各国学者提供了一个新的专业交流平台。

《内陆欧亚研究集刊》第一辑刊发四篇论文和三篇书评。四篇论文分别是:

Juhyung Rhi, On the Peripheries of Civilizations: The Evolution of a Visual Tradition in Gandhāra(李柱亨《地处诸文明的边缘:犍陀罗视觉艺术艺术传统的演进》)

Hodong Kim, The Unity of the Mongol Empire and Continental Exchanges over Eurasia(金浩东《蒙古帝国的统一与欧亚陆上交通》)

Nicola Di Cosmo, The Manchu Conquest in World-Historical Perspective: A Note on Trade and Silver(狄宇宙《世界史视野下的满洲征服:贸易和白银问题注记》)

Jeong-Sook Hahn, Basic Features of Eurasianism(Classical and New) in the Russophone World and the Meaning of Asia in its Discourses(韩贞淑《俄语世界古典和新欧亚主义的基本特征及其语境中亚洲的意义》)

**李柱亨《地处诸文明的边缘:犍陀罗视觉艺术传统的演进》**一文中所使用“犍陀罗”(Gandhāra)是一个广义的概念,即多数学者所指的“大犍陀罗地区”(Greater Gandhāra)。犍陀罗地区地处南亚、中亚、西亚的交汇,古伊朗、古印度、古希腊文明的交融地带,在族群、政治和文化上处于边缘。这一地区的文化成就曾被看作是“边缘的”或“衍生的”,而其杰出的视觉艺术成就在公元后初几个世纪的演化常被看作欧亚大陆边缘最杰出的文化现象,而本土人民的创造力以及对文化的贡献却往往被忽略。作者着眼于犍陀罗本土,通过运用佉卢文追溯其传统视觉艺术的渊源来解决这一问题。

犍陀罗视觉艺术发展的重要时期是公元前5世纪至5世纪,该地区的主要居住者就族裔而言是印度人。“犍陀罗”地名出现在兴盛于佛陀时代(Buddha's time)的十六种古印度佛经、巴利文佛经中,而在汉文史料中的“印度”或“天竺”可能会给人造成疑惑,因为当时的印度地区并未出现单一政治实体。这一时期判定犍陀罗地区居民族属最令人信服的证据则是该地曾通行的佉卢文(Khraosthī script)和犍陀罗语(Gandhāra language)。

在公元前4世纪到4世纪,佉卢文于该地区占主要地位。佉卢文很可能传承自犍陀罗当地的阿拉美字母(Aramaic),是中部印度语支的西北方言。犍陀罗地区相对印度而言,文化上具有独特性。佉卢文的使用暗示印度语支居民长期活动于当地。

作者推定,阿契美尼德王朝(Achaemenid Empire)的统治为犍陀罗地区佉卢文的产生提供了条件。文字的产生不仅源自行政目的,更是复杂的文化产物;尽管佉卢文和婆罗谜文字(Brāhmī)被普遍认为是独立创制的——后者很可能也出自阿拉美或闪族字母。犍陀罗地区文字书写需求可能大于恒河河谷地区,而在河谷地区口语形式仍享有较高威望。与恒河河谷地区相比,犍陀罗地区在这一时期非但没有出现文化僵固,而且在充满活力的交往中从西方其他文明中汲取营养。

至少从公元前1世纪起,书记官开始用佉卢文书写佛经。在犍陀罗僧院遗址中发现的大量献辞碑文中,存在佉卢文以及婆罗谜字母变体,或佉卢文、婆罗谜双字符。犍陀罗佛教视觉艺术传统显然与佉卢文密切相关。3至4世纪的印度次大陆,佉卢文被婆罗谜字母替代,而犍陀罗视觉艺术传统也丧失其独特个性和发展势头。不难看出,佉卢文/犍陀罗共同体在该地区文明演进中扮演了重要角色。

作者进一步指出,仅仅描述佉卢文与犍陀罗视觉艺术传统存在某种联系是不够的,需要看到犍陀罗地区最初的视觉选择是十分复杂的。当佛教掀起造像浪潮时,犍陀罗地区由于拥有大量来自希腊的造型素材而比恒河地区更具优势,而造像需求被外来造型素材所进一步激发。但这一点缺乏实质性证据。很有可能的是,造像需求在印度-希腊的政治统治时期还未发展成熟。

到了大约4世纪,佉卢文在犍陀罗地区突然被废止。佉卢文与犍陀罗风格视觉艺术传统的消失与佉卢文的废止绝不仅仅是巧合。作者总结道,虽然贵霜王朝(Kuṣāṇa Empire)并没有为犍陀罗带来独特的文化,但他提供了让该地区独立于周围文明、促进自身文化发展的环境。贵霜王朝的灭亡意味着数个世纪以来锻造的独特文化体系的崩析,犍陀罗作为独立文化单元的特征消失了。由于恒河河谷地区的文明系统业已处于鼎盛状态,以佉卢文为代表的共同体及其独特的视觉艺术传统未能生存于此,也不能对周围文明产生影响。

**金浩东《蒙古帝国的统一与欧亚陆上交通》**一文首先分析了以往蒙元史学界流行的两种不同的观点:“蒙古和平”(Pax Mongolica)的概念仿自“罗马统治下的和平”(Pax Romana),它强调蒙古统治内陆欧亚的积极方面;而“鞑靼和平”(Tatar Yoke)则着眼消极方面。这两种观点其实是蒙古统治问题的两面。作者认为,“事实上‘蒙古和平’和‘鞑靼和平’都归属、共存于同一个政治实体”。尽管有批评者否认“蒙古和平”的存在,却对蒙古统治时期大范围横跨欧亚的交往予以承认。蒙古统治时期,长距离旅行和洲际交流达到了人类历史上的最高水平。蒙古交通体系“驿站”(jam)贡献巨大。关于“蒙古和平”还有一点,即大家普遍认可这一时期远距旅行和大量人员流动是蒙古统治的结果;那么传统上认为的蒙古帝国分裂之后,各汗国之间对立的观点则应得到修正,因此探讨分立以后各汗国之间是否相互孤立具有重要意义。

作者在文章第一部分首先关注了战争年代的旅行者,并通过考证史实说明 1260 至 1304 年间的远距离旅行与此前后的历史时期相比有无重大改变。普遍认为从 1259 年蒙哥汗的突然死亡、1260 年忽必烈称汗,直到 1304 年,蒙古内部陷入一个分歧与冲突的时期。事实上,蒙古帝国内部的纷争并没有导致长期的军事碰撞。作者认为,如果旅行者能够避开战事,他们就有机会到达目的地。例如 13 世纪 70 年代初横跨中亚的马可·波罗,他的旅行时间正是忽必烈和海都敌对进入白热化的时期。列班·扫马(Rabban Sauma)行进的方向与马可·波罗相反,但他们也成功穿越了相互敌对的势力控制的中亚地区。罗沙比(M. Rossabi)曾指出,带领商队穿行于丝绸之路的穆斯林商人通常自我描述为无关政治(事实上他们与政治也毫无关系),使自己远离忽必烈,这样便会被获准进入海都的势力范围并平安通过。但是,商人和僧侣并不是无条件地享有安全,他们常常是被怀疑和加害的对象。马可·波罗和列班·扫马的旅行广为人知是因为他们留下了旅行记,此外我们不难想象仍有许多未留下记录的商人和教士们曾经横跨中亚。

总之,1260 年后蒙古诸多兀鲁斯之间的军事冲突并没有彻底阻断人员往来和跨文化交流。但旅行无疑存在更多危险和不确定因素,因而印度洋的海运交通变得更受欢迎。尽管如此,商人和宗教人士从未停止冒险前往内陆,展开远距离的旅行,有时还会携带官方的保护文书。

文章第二部分讨论了跨境的使者。作者认为,与商人和僧侣相比,外交使节在敌对势力的领土上旅行显得更加危险,因为他们往往会被怀疑是间谍。使者们有时不仅仅传递文书、协调两国君王的行动,同时也会进行收集敌国情报的活动。尽管有种种危险,但在战争时期仍有不少使节跨境。由于忽必烈与海都之间的战争,从中国到伊朗的陆上交通变得较为困难,海上交通则成为余下的选择,但并不意味着经行印度洋的海上交通就更为便捷。因此,蒙古人仍然偏好陆路交通,忽必烈依旧经过陆路向伊朗派出使节,他尽最大努力来保证这条道路的畅通。除去中间情况最糟糕的 10 年,忽必烈、旭烈兀、拔都各自兀鲁斯之间的联系并没有被完全切断。

在前两部分的基础上,文章在最后一部分讨论了蒙古帝国体系的意义。与我们通常认定的相反,蒙古各汗国之间的战争并没有对政治、经济和文化交流造成严重阻断;使者、商人和宗教人士曾跨过敌对兀鲁斯之间的边界。这样的人员和商品流动一直持续到 13 世纪下半叶,在 1304 年取得完全的和平之后加速。问题是,蒙古诸部在彼此对立的 13 世纪下半叶是如何开辟交流渠道的?

作者认为,传统上蒙古帝国被看作是一个政治实体,在 1260 年分立为四大汗国。尽管对四大汗国的划分有一定道理,但是它们各自的名称既不准确,历史事实又十分模糊。钦察草原的蒙古部得名于该草原的名称,"钦察汗国"(Qipchaq Khanate)这一名称是现代历史学家基于伊斯兰史料的发明。"金帐"最初指的是蒙古统治者居住的金色的帐篷,而首先将此用作政权名称(political term)的史料源自是 1564 年的《沙皇治下喀山的历史》(History of the Tsardom of Kazan)。"伊利汗国"(Ilkhanate)同样存在问题,"il"或"el"在古突厥语中意为"在自决的君主统治下的政治单位",在蒙古帝国时期意为"服从的"、"顺从的";"il khan"则意味着"对大汗的臣服",且仅用于 1259 至 1295 年间。汉语"大元"在当时是与"大元大蒙古国"(Yeke Mongghol Ulus)具有同等意义,在汉人看来"大元"

是指忽必烈所建立的、延续唐宋的王朝，而在蒙古人或色目人看来汉语“大元”所指的则是整个蒙古帝国。从某种程度上说，四大汗国的出现是源于诸王子的行政合理化及资源再分配，乃颜(Nayan)叛乱之后“兀鲁斯”才转型成“汗国”。

作者最后指出，从整体上讨论蒙古帝国是必要的。首先，蒙古诸部自身直到14世纪三四十年代各兀鲁斯崩溃前，并未放弃统一的帝国观念；其次，蒙古各部统治者们保有他们同出自成吉思汗家族的团结的观念；再次，各兀鲁斯间的经济联系不只通过商业，还通过相错杂的“份子”(qubi)。总之，蒙古诸部间保有清醒的统一观念，认为蒙古帝国分裂成四个相互独立的国家并不完全反映历史事实。由成吉思汗的子孙们分别统治着的四大兀鲁斯确实存在，但他们认为自己都是大蒙古国的一部分。

**狄宇宙《世界史视野下的满洲征服：贸易和白银问题注记》**一文首先提出一个问题，即“草原帝国”是否仅仅被解释为扩张与收缩、统一与分裂的循环？作者认为，从创建国家的视角来看，不同的游牧帝国在建构内陆亚洲政体时都将攫取外来资源作为原初的物质基础。历史学家们长期批判游牧民族的统治对周围文明的毁灭，但游牧民族的活动为何能达到世界历史上如此突出的地位并未得到讨论。为此作者提出，若要在世界历史的框架内建构内陆欧亚的历史，则有必要对旧有框架进行重新评价；将游牧民族理解为天性残暴、贪婪和掠夺并不利于解释游牧帝国如何崛起与消失以及内陆欧亚社会如何运行等问题。

接着，作者回顾了满洲-中国时期的内陆欧亚史。他认为，在1583年努尔哈赤开创事业到1636年清朝宣告建立之间，满洲势力逐渐成形，并强调贸易是努尔哈赤得以统一其部众的关键因素。作者反对“将满洲看作由于其自身的汉化而统治了中国”的观点，认为“1600至1644年这四十余年与满洲将统治中国密切相关，但这段时间并非恰好对应明王朝的衰微”，“满洲与‘游牧帝国’(imperial nomads)的相似性容易使我们过分强调游牧民族的传统价值观念以及军事力量，进而将满洲定义为‘征服王朝’(conquest dynasty)。在讨论满洲早期历史的时候，将满洲描写为老套的伺机进攻中原的北族以及搭建‘中原王朝循环论’是危险和有缺陷的。”

着眼于贸易，作者关注了如下两方面：一是16世纪晚期满洲经济的逐渐商业化，二是垄断的产生以及实权领导者利用商业资本满足政治诉求。

作者指出，事实上满洲并不是纯粹的游牧民族，可以说是“半游牧”——他们有定居村落，采集渔猎在他们的混合经济中扮演重要角色，同时他们进行农耕和养殖马匹。青年努尔哈赤对充满暴利的传统高丽参(ginseng)贸易十分感兴趣，大量满洲传统文学作品也倾向于将他塑造为一名勇武的高丽参采集者。努尔哈赤手中积累的商业资本使他有能力保证朝贡，因而受到明廷青睐，获得了官方的贸易许可。努尔哈赤早期战争的对象是其他拥有贸易特权的酋长，通过打败他们将其贸易特权收入自己的权利范围。最后，直到明-满贸易中断，努尔哈赤几乎处于垄断满洲一方贸易的地位。而明廷流入满洲地区的大量白银足以造成当地经济的快速增长以及首领政治势力的迅速膨胀。蒙古部落同样也卷入了高丽参变白银的交易，他们在一些边境城市同样拥有贸易特权。伴随着大量白银流入北方，满洲经济的货币化进程加速，为地方首领发展经济提供了保障。以努尔哈赤为首的建州女真贵族们整合实力，建立了以八旗制度为基础的行政和军事机构。通过描述经济资本如何转换成政治资本这一过程，作者指出对外贸易无疑扮演着重要作用。

"若无大量白银流入满洲地区,满洲能够统治中国吗?"为回答这一尖锐的问题,作者认为必须明了究竟有多少白银流入满洲地区以及白银是如何在满洲内部流通的。满洲与明廷贸易中,满洲获得的价值远远大于其出口商品价值,在朝贡贸易中明廷也给予满洲大量白银和其他赏赐。满洲地区的发展不仅表现于农业、矿业和手工业,还表现为军事装备的改善、努尔哈赤控制下城市中心的繁荣。

通过分析白银流动给满洲带来的变化,作者指出其意义在于能够让我们跳出"王朝循环"以及"蛮族入侵"的思维定势,不应当将晚明时期满洲的成就及其最后对中原的统治理解为偶然,而应看作是一系列历史事件的结果——白银在其中恰恰扮演了重要角色。

**韩贞淑《俄语世界古典和新欧亚主义的基本特征及其语境中亚洲的意义》**一文通过对前欧亚主义、古典欧亚主义、新欧亚主义三个不同时期学者们主要观点进行梳理,勾勒出"亚洲"意义在各个时期学说语境下的流变。作者认为,无论从地缘政治还是历史学上,亚洲对俄国而言无疑十分重要,除却沙皇彼得一世的西化政策,在俄国文化和社会中存在的非西方的特征仍根深蒂固。在俄国历史上斯拉夫—欧洲民族(Slavic-European)与众多亚洲其他民族的碰面,欧洲文化和亚洲文化产生了激烈碰撞,亚洲文化屈从了欧洲文化。另一方面,两种文化的要素在俄国混杂、融合、变异;只有当跳出欧洲中心主义的视角,才能看到一个斯拉夫的、欧洲的和亚洲文化彼此通融互动的俄国。

文章第一部分,作者分析了自沙皇彼得一世的西化政策以来,前欧亚主义时期的俄国学者主要关注西方欧洲。他们常常将俄国与欧洲的不同对等于"东方与西方"的不同。在此俄国是东方的,具有积极的、自我肯定的意义;而"亚洲"对俄国人而言则有侮辱色彩——事实上这是俄国人对蒙古帝国统治带来的创伤的反映。

第二部分作者回溯了19世纪中叶至20世纪学者们对"亚洲"的评价以及俄国的认同问题。19世纪中叶,诸如阿列克谢·霍米雅可夫(Aleksei Khomiakov)等有影响力的学者开始提高对亚洲社会的评价;随着19世纪下半叶和俄帝国对中亚的军事胜利、佛教的传入,更多学者开始讨论在亚欧间建立政治联系的必要性以及俄国与亚洲的关系。其中陀思妥耶夫斯基(Fyodor Dostoevsky)认为,亚洲是一个落后的社会,俄国应该以一个欧洲主人的姿态凌驾于亚洲之上。与之相反,倾向佛教的列夫托尔斯泰(Lev Tolstoy)更加敬重亚洲人的精神世界,并将俄国视作一个亚洲国家、东方的一员。

另有学者如埃斯派尔·乌赫托姆斯基亲王(Prince Esper Ukhtomskii)希望俄国与亚洲成为一体,因为二者在文化上有相似性。他尤其强调,在前彼得大帝时代俄国与中国、印度十分相近。康斯坦丁·列昂惕耶夫(Konstantin Leont'ev)对亚洲社会给予更多同情,强调俄国既有欧洲的斯拉夫文明,也有亚洲的"图兰"(Turanian)因素。

20世纪俄国人的认同问题并不是分阶段发展的。例如有符拉基米尔·索罗夫耶夫(Vladimir Solov'ev)的基督教中心的哲学体系,从总体上轻视亚洲文化;而安德烈·贝尔伊(Andrei Belyi)和亚历山大·勃洛克(Aleksandr Blok)与之相反,对俄国文化、历史和日常生活中的亚洲成分持积极态度,希望通过强调俄国的亚洲-游牧成分来建构新的认同。

在文章第三部分,作者重点梳理了古典欧亚主义的兴起与衰落。古典欧亚主义兴起于20世纪20年代,持续至20世纪30年代,是产生于1917年俄国革命后移居西方和中欧的俄国学者中的一股思潮，以索非亚、巴黎、柏林等欧洲大城市为中心，代表学者有哲学家尼古拉·特鲁别茨科伊亲王（Prince Nikolai Trubetskoi），地理学家彼得·萨维茨基（Pyotr Savitskii），音乐及艺术史家彼得·苏夫钦斯基（Pyotr Suvchinskii）等，他们关注并试图解答如下议题："俄国是什么"，"俄国的未来会怎样"，"在世界历史中俄国的使命是什么"，等等。

在对待欧洲文化的态度上，古典欧亚主义学者们通常否认欧洲文化的普遍性，试图保护俄国文化的独特性，希望在俄国文化自身中发现认同。在他们眼中，"欧亚俄国"（Russia-Eurasia），既非亚洲也非欧洲，是一种在地理、语言、历史和经济上享有独特性的第三种文明体。鉴于地理实体的复杂性，"欧亚俄国"并不是文化上的单一体，古典欧亚主义者们否认俄国文化纯粹的斯拉夫性质。对俄国历史上蒙古-鞑靼的统治，学者们抱有较为积极的态度，对传统上认为蒙古统治使俄国政治、文化和社会倒退的观点予以挑战。他们认为，俄国继承了蒙古帝国的人民、领土和国家实体观念，俄国因此成为一个兼有欧亚的国家。在"欧亚俄国"的文化特色上，学者们持"复调性"（symphonic）的观点，即多元的文化要素并存且相互作用于欧亚交界地带，语言和宗教是典型的例子。

在政治学界，古典欧亚主义者们至少在表面上拒绝俄国在欧亚的霸权，主张有必要和平地团结人民，却不否认欧亚世界的命运与俄国紧密相连。在他们看来，俄国的布尔什维克党革命的真正意义并不在于其官方意识形态，或所建的新的社会体系，而在于摧毁了旧俄国，为新俄国的诞生做了准备；共产主义者的统治仅仅是过渡性质的，俄国的未来将在布尔什维克党清扫出的基础上重建一个新秩序。

学者们十分看重意识形态的作用，认为国家应该由某种思想来引导，有必要依照某种理念来塑造新俄国。但他们并不接受西方的民主观念，试图设计一种不同于西方民主制度、凝聚人民意愿的政治架构。"欧亚"指的是原俄帝国的领土范围；这一疆域理应属于同一个俄国的政治体制下；应强调各族的文化自治，反对强制的俄语化，希望保持各族文化上的多元性。

20 世纪 20 年代古典欧亚主义引起越来越多的关注，同时也饱受争议。作者认为古典欧亚主义者的缺陷在于强调亚洲文化和亚洲邦国对俄国的重要性，但亚洲对他们而言只是次要和从属的；他们对亚洲本身并无兴趣，除非亚洲成为俄国的一部分、对俄国产生某种影响，并倾向将俄国视为欧亚世界支配者的新俄国中心主义。

文章第四部分作者通过列举 20 世纪下半叶在苏联出现新欧亚主义的代表人物和学说，阐释了"亚洲"意义的新的突破。作者认为新欧亚主义以列夫·古米廖夫（Lev Gumilev）的族群欧亚主义（Ethnos Eurasianism），奥尔扎斯·苏莱曼诺夫（Olzhas Suleimenov）的语言（突厥语）欧亚主义（Linguistic（Turkic）Eurasianism）以及亚历山大·杜金（Aleksandr Dugin）的地缘政治欧亚主义（Geopolitical Eurasianism）为代表。

其中，列夫·古米廖夫（1912—1992）是新欧亚主义者中率先建立学说体系的学者。在列宁格勒国立大学（Leningrad State University）学习期间，他广泛涉猎考古学、人种学、动物学、植物学、地质学与文化研究，其著作涉及诸如匈奴、突厥、蒙古等古代游牧民族，并注意到被整合进俄帝国和苏联的不同族群的历史对世界历史的意义。他发展了文明循环论，认为民族是历史演进的核心，历史的过程就是民族发展与衰落的过程，俄国则是定居的斯拉夫民族与游牧的突厥-蒙古民族的共生之地，有独立于基督西方与纯粹东方之外的超族群性;与古典欧亚主义相比更加强调欧亚地理和文化上的多重中心,其他邦国与俄国一样拥有独特的历史和文化。

哈萨克斯坦籍学者奥尔扎斯·苏莱曼诺夫(1936—)曾接受地理和文学学术训练,从20世纪60年代起致力于研究东西方文明的关系以及游牧民族后裔的认同问题;强调东方与西方的互补关系。他曾在作品中对古代西部斯拉夫人的著名史诗《伊戈尔远征记》(*Tale of Igor's Campaign*)进行了语言学分析,认为这部史诗是西部斯拉夫人和突厥人文化互动的证明;而他们之间的非对抗性大于对抗性,使得史诗中很自然地融入了突厥语的因素。作为一名来自从属于苏联边缘的、哈萨克斯坦的学者,苏莱曼诺夫批评俄国官方编史中将游牧民族视为文明边缘的蛮族。他十分看重欧亚世界中多元文化和生活方式的和谐共处。

苏联解体后,与国际政治形势相关,俄国出现了新一轮欧亚主义浪潮,倡导者便是亚历山大·杜金(1962—)。与古典欧亚主义者以及古米廖夫、苏莱曼诺夫不同,杜金的兴趣并不在历史和文化,而是在现实政治和战略。地缘政治是其学说的基础,他认为人是地理空间塑造的产物,地缘政治对人具有命运般的决定作用。受哈·麦金德(Hatford Mackinder)等影响,杜金将世界划分为海权、陆权两大势力,认为历史上两大势力间的斗争是永恒的。对国际政治战略而言,他认为亚洲中部的原苏联成员国以及巴基斯坦、阿富汗以及土耳其的一部分同属中亚,伊朗人和斯拉夫人的反对大西洋主义的立场是欧亚政治和战略联盟的基础。

作者最后总结道,将欧亚视为一个文明体,"亚洲特色"是俄国和欧亚历史文化有机组成,是欧亚主义带来的新认识。欧亚主义历史、文化观的核心在于积极评价草原游牧生活方式的历史意义。欧亚主义是审视欧亚历史、地理、文化、生活方式的新视角和新思想,它跳出了"西方/东方""文明/野蛮""前进/停滞"的二元论以及欧洲中心论的框架,对多元文化理论的发展具有典范意义。

《内陆欧亚研究集刊》第一辑除上述四篇论文外,另有三篇书评,分别是:

James Millward, *Eurasian Crossroads: A History of Xinjiang* (New York: Columbia University Press, 2007)米华健:《欧亚的交叉路口:新疆史》(纽约:哥伦比亚大学出版社,2007),书评作者大卫·布洛菲(David Brophy)。

Anne F. Broadbridge, *Kinship and Ideology in the Islamic and Mongol Worlds* (Cambridge: Cambridge University Press, 2008)安娜·布洛德布瑞杰《伊斯兰世界和蒙古世界的亲族和世界观》(剑桥:剑桥大学出版社,2008),书评作者彭晓燕(Michal Biran)。

David Sneath, *The Headless State: Aristocratic Orders, Kinship Society, & Misrepresentations of Nomadic Inner Asia* (New York; Columbia University Press, 2007)大卫·史尼斯《群龙无首之国:等级秩序、家族社会和被误读的游牧内陆亚洲》(纽约:哥伦比亚大学出版社,2007),书评作者为艾鸿章(Johan Elverskog)。

(本文作者为南京大学元史研究室/民族与边疆研究中心硕士研究生)

# 2010 年出版的两种元史、民族与边疆研究著作

刘迎胜

**《〈大明混一图〉与〈混一疆理图〉研究——中古时代后期东亚的环宇图与世界地理知识》**,凤凰出版社,2010 年 12 月。

长期以来,我国文史研究者关注较多的是写卷、刊本、碑铭、家谱等书面文献资料,而对舆图的收集研究不足。自从李约瑟(Dr. Joseph Niedham,1900—1995)在《中国科技史》中对权近与李荟在朝鲜时代初期所绘制的《混一疆理历代国都之图》①作出高度评价以来,此图便引起中古世界史学术界的重视。在 14 世纪末、15 世纪上半叶欧洲探险家大航海与地理大发现以前,东亚人对世界有着怎样的认识,这是一个学术界非常关注的问题。比对现存第一历史档案馆的《大明混一图》②可知,《疆理图》是《大明混一图》的摹本。此图包括了整个旧世界,即亚洲、欧洲与非洲,因此《大明混一图》与《混一疆理图》是目前我们所能见到的描绘六七百年前东亚人所了解的世界的最重要的资料库。研究中古时代旧大陆历史、文化的不同专业的学者,例如东北亚史、中国古代地理、东南亚史、内陆亚洲历史文化、伊斯兰学、东西交流史等领域的研究者,都可以利用它,并从从中发现有益的研究课题。

李约瑟(Dr. Joseph Niedham)以后,日本学者在古代东亚的世界舆图研究上作了长期的努力,取得了一些重要的研究成果。本论文集汇集了海内外十余位学者近年来的研究成果,如陈得芝:《〈混一疆理历代国都之图〉西域地名释读》,高荣盛:《〈混一图〉海上地名杂识》,姚大力:《"混一疆理图"中的南亚和东南亚》,何启龙:《〈疆里图〉错乱了的东南亚、印度、阿拉伯与非洲地理》,刘迎胜:《〈混一疆理历代国都之图〉中的五国城等地》,杨晓春:《〈混一疆理历代国都之图〉相关诸图间的关系》,周运中:《〈大明混一图〉中国部分来源试析》,李孝聪:《传世 15—17 世纪绘制的中文世界图之蠡测》与英国学者 Sally Church(程思丽):《使用 GIS 映射陈诚的行程》等。该论文集从一个侧面反映了本领域研究的最新成果。

**高荣盛著:《元史浅识》**,凤凰出版社,2010 年。该论文集汇集南京大学高荣盛近三十余年的主要研究成果,主要集中于元代海外活动与经济史研究两个主题上。其中有关元代海外贸易与海运与中外关系的论文有《元大德二年的珍宝欺诈案》、《元代斡脱势力的兴衰》、《沙不丁事迹索考》、《元代舶税研究》、《元代海外贸易的管理机构》、《元代海运试析》、《元代刘家港的历史地位》、《古里佛——宋元时期国际贸易集散/中转交通中心的形成与运作》、《巴邻旁/吉打国际集散中心的形成》、《郑和航海图三议》、《元代"倭寇"

① 以下简称《疆理图》。

② 《中国古代地图集》(明代),文物出版社,1994 年。

论》、《元代中缅关系略述》与《Choncha 与马可波罗入闽路线》等,而与宋元经济史有关的论文有《元代江南官田刍议》、《元代畜牧业概观》、《元代商人研究》、《元代市镇管窥》、《元代匠户散论》、《元代的茶叶生产和茶政》、《元初山东运河琐议》与《宋代江苏境内漕运工程考述》等,为学界在上述论题上进一步前进打下坚实基础。

# 元后期政治与社会学术研讨会综述

于文善　梁家贵

由中国元史研究会、安徽阜阳师范学院社会发展学院和皖北文化研究中心共同主办的“元后期政治与社会学术研讨会”于2011年10月8至11日在安徽阜阳成功召开。这次会议得到了中国元史学术界的高度重视,来自国内高校和研究机构的学者、专家60多人与会,共收到学术论文40余篇,内容涉及政治、军事、对外关系、思想、文化、宗教、经济、社会、地理环境等多方面问题,体现了当前国内元史研究的最新进展。

## 一、关于元代政治、军事、外交等方面的研究

元史研究是一项国际性的学术课题。目前韩国、日本等许多国家的学者都在研究这一课题。韩国留学生赵阮的论文以本世纪以来(2000～2010)韩国蒙元史研究为题对韩国元史研究的现状进行了概述,认为进入21世纪以来,韩国的蒙元史研究取得了比较丰硕的成果,具体表现包括：研究者与研究论著数量的增加,研究视角的开拓与研究课题的多样化,文献史料的译注整理和新史料的发掘,等等。

十姓回鹘王及其王国位于今新疆高昌地区,也即史上所称的西州回鹤王国。白玉东从一篇文书切入,探讨了十姓回鹘王及其王国的一段历史,认为文书片段是古维吾尔文献中一个全新类型的样本,为有关高昌地区西州回鹤王国初期的一篇备忘录或报告书,应写于元朝时期(13至14世纪),为进一步研究古维吾尔提供了一段全新的有价值的史料。

翰林院制度是中国古代官员设置和运作的一项重要制度。元代设置了翰林官员和翰林国史院。屈文军主要通过对元代翰林官员设置和翰林国史院设立分析的考察,提出了元代翰林官员设置和翰林国史院设立不能完全看作是元世祖行汉法的产物;元代翰林院制度中,有诸多蒙古旧制的因素;元代翰林国史院政治功能式微,根源在于皇权的加强;在古代翰林院制度史上,元代可谓是一转折时期。

河南淮北蒙古军都万府是元朝设置在汴梁地区的一支非常重要的镇戍军,与山东河北蒙古军都万户府、陕西四川蒙古军都万户府一起构成元朝镇戍腹心之地河洛、山东的核心武装。张岱玉对《元史》卷八十六《百官志》所记载的河南淮北蒙古军都万户若干史事进行了考察,指出八撒儿万户、脱烈都万户分别是系于元朝中期两个万户长八撒儿和脱烈都名下的万户;他们分别是许慎氏与札剌亦儿氏的自领万户,扎忽儿台万户与和尚万户也应当是元朝中期系于两万户长名下的万户。蒙古军都万户府的设置体现了蒙古贵族确保“国族”——蒙古贵族的统治地位和蒙古族地位高于其他民族的民族歧视思想与国策;札剌亦儿贵族在有元一代军队中的领导地位得到了充分的保障,元朝蒙古贵族非常遵从成吉思汗撒札和蒙古传统是蒙古文化的一种重要内涵。

明代山东西北部的政区设置极不合理,作为山东布政使司所辖六府之一的东昌府,

面积最小、县级政区最密、幅员最不规则。李德楠的文章在复原元明时期政区演变过程的基础上,分析了鲁西北地区行政区划紊乱的原因。研究发现:明代鲁西北地区不合理政区格局的形成,时间上可上溯至元代,直接原因在于不合理的统县政区的设置。

黜降是对犯法官员的惩罚。武波分析了元代官吏黜降法,指出元代官吏的犯法也同前代一样,分为公罪、私罪和赃罪。宋代以来,朝廷对官吏所犯公罪和轻微的私罪处罚一般较轻,多为行政处罚,比较严重的私罪则要受到刑事处罚。而元代在官吏处罚方面,遵行"轻的罚俸,重要罪过"的原则,即重视经济处罚和刑事处罚的结合。

豳王出伯家族史引起学术界的较多关注是近年之事,与敦煌、黑水城等地相关文献的出土与公刊息息相关。杨富学、张海娟探讨了豳王家族与元代西北边防,指出前贤对豳王家族史的认识,主要借助于《元史》、《新元史》、《元史类编》、《蒙兀儿史记》等传统史料,后来又注意到《史集》、《完者都史》、《瓦萨夫史》等波斯文史籍的有关记载。上述史料对于豳王家族的记载支离破碎,而且语焉不详,甚或多有缺载与抵牾之处。20世纪初以来,敦煌发现的《莫高窟六字真言碣》、《重修皇庆寺记》,酒泉发现的汉文、回鹘文合璧《重修文殊寺碑》,加上敦煌、黑水城等地发现的汉文、蒙古文、回鹘文资料,为豳王家族史研究提供了前所未知的第一手资料。利用这些古代遗珍,结合波斯文史籍《贵显世系》,今天已可大致廓清以前混乱不堪的豳王家族世系问题,为豳王家族史的研究建立了时代坐标,进而窥见该家族在西北地区的演进历史与相关活动。

义兵为元朝后期主要由地方富豪招募的镇压农民起义的军队。为了更好地控制利用这部分军队,元廷将一部分重要的义兵直接视为官军,授以首要人物地方军、政大权。对一般"义兵"组织,则普遍建立"义军"军府,并规定了一些待遇。王晓欣、薛磊的文章主要辑存了45方元代义兵官印,包括一方颍州等处义兵上百户印,认为这些义兵官印反映出元代淮河流域是农民起义的重要起源地,元廷与农民起义军在此地展开了激烈的斗争的事实。

有的学者对元代与政治、军事、外交有关的人和事进行了研究。

元顺帝曾有避乱济州岛的企图。然而此事不见于《元史》及元代其他史料。近年以来,一些研究韩国史的学者提到过这条材料,但没有进行具体分析。李岭考察了元顺帝曾有过的避乱济州岛的企图,认为确有其事。对于元顺帝何时决策避乱济州,文章大致推测是在至正二十五、二十六年之交(1365至1366)。文章还分析了元顺帝决策避乱济州岛的原因,认为济州岛的客观环境适宜顺帝避乱,加上顺帝对高丽怀有一种特殊而微妙的感情。这些因素促使顺帝考虑避乱济州岛。

张珪是元朝名臣。马晓林比较分析了《中书平章政事蔡国张公墓志铭》(《张珪墓志铭》)的两个版本。以墓志铭的制作过程,结合元中后期政治背景,梳理出该墓志铭文本的流传情况,勾勒出张氏家族在元中后期的命运,并认为《元史·张珪传》的史源是墓志铭与元朝奏议档案。

张士诚政权建立后,在野的士人中相当一批名士曾受到张士诚征聘,出于种种原因,许多人表示了回绝。对于这些人,张士诚基本上没有继续强征或予以迫害,双方形成一种彼此大体相安无事的默契。张帆探讨了顾瑛与张士诚政权的关系,认为顾瑛既忠于元朝,也对张士诚政权具有好感,并同张士诚政权的多名高官保持着往来,也正因为这一点,随着张士诚政权的灭亡,决定了顾瑛难逃明朝新政权的严厉打击,终于被逐出家园,魂断他乡。

汉人世侯史天泽(1202—1275,字润甫,谥忠武)是蒙元前期政治史上的一位重要人物,"历事四朝",声名显赫,位高权重,生前其子侄已"布列中外",死后,其子侄继续受到擢用。毛海明对史天泽的子侄史彬事迹进行了钩沉。文章指出对涉及史天泽个人的汉人世侯及蒙元前期政治史研究的专著及文章已为数颇多,但对其诸子的讨论则相对较为薄弱。因此文章钩稽史料,围绕史彬的诸多问题进行了讨论。

奇后完者忽都作为元顺帝的皇后,一直是位争议颇多的人物。舒健探讨了奇后与元末丽元关系,认为奇后身逢元末乱世,政局动荡,对元后期的政治多有染指;又为高丽女子,在后期的丽元关系的发展中起到了特殊的作用。文章也对 David M. Robinson 教授所著的 Empire's Twilight: Northeast Aisa Under the Mongols 一书中的丽元关系的论断做出相关评价,并认为 Robinson 教授显然夸大了奇后的作用。

## 二、关于元代思想、文化、宗教等方面的研究

乡试是进士考试的初试,由于参加人数多,分布广,在全国各地都产生了重要影响。申万里的文章对元代乡试的过程进行了阐述,涉及元代乡试的名目、考生资格认定、乡试的相关人员和从事相关实际事务的吏员,并指出元代考试试题与当时的社会现实密切相关,要求考生就现实问题提出自己的观点和解决问题的对策,反映了元朝蒙古统治重视实用的特点。乡试考试纪律比较严格,考生答题也有一些具体规定。元代乡试的过程,显示出元朝乡试制度的成熟与完善。作为蒙古族统治的王朝,元朝乡试体现出"优待国人"的特点,这是元朝乡试体现出的民族统治的特色。

中国历史上,每次朝代鼎革的混乱之际,均会产生大量谶语和传言。这些谶语传言不管是民间自发产生,还是有心人故意编造,均契合当时一部分社会思潮。张丹丹、刘海威分析了元代谶语及其反映的社会思潮。文章主要从《元史·五行志》所载一段童谣和著名的"西江月"词分析了其反映出的一部分社会思潮,指出第一则谶谣反映元末社会民众无所适从之感,似乎在等待社会的重新洗牌,而且指向具体时间羊年;第二则预测元朝的国运,将元朝灭亡的具体时间指向马年。这两则谶纬及后人对它们的解释,反映了当时社会普遍流行的丙午丁未劫变的观念。

从民俗学、原始宗教学、语言传播学层面对元季社会思潮之谣谚、谶语、日者巫术与秘密宗教加以梳理、解释与分析,对深化晚元民变这一武装形式的结胎、崛起、发展以及区域势力格局的形成,具有重要的解读价值。王晓清文章认为晚元民变领袖大力宣扬谣谶,以为自己为天命所归而提升其合法性、正统性、神圣性、神秘性,以口耳传唱方式传播这一类型的童谣、俚语、符命、图谶。这就在某种程度上集聚了反抗元朝政府的正当性与合理性,为大规模的起义与抗争奠定了舆论基础。文章还分析了民间秘密宗教与"颍上香军",认为韩山童、刘福通系统的白莲教所最先组织的军队,有所谓"颍上香军"之称。"颍上香军"这名称,表明以韩山童、刘福通为领袖的白莲教起义,是以"烧香聚众"而进行的。在晚元民变中,率先起事之白莲教徒结社而集会,信奉弥勒佛的比较多,以"香军"指称,应该说没有问题。但随着起义规模的扩大,攻占地域增多,加入起义队伍的成分复杂,就不可能用"香军"这一概念加以称代了,因而用"红军"加以指代就比较准确。

元代大都有关宫殿的为题也是此次学者考察的一个方面。元大都分为宫城、皇城和

外城三个部分。皇城之内,以太液池为中心,围绕着三组大的建筑群,即宫城、隆福宫、兴圣宫。太液池以西的隆福宫、兴圣宫,长期为皇太子、太后居所。对隆福宫、兴圣宫相关史料进行梳理,对了解元代宫廷有着重要意义。张冰冰的文章通过考察二宫的沿革、建制、佛事活动以及发生于二宫的重大事件,寻绎有元一代宫廷生活的一个侧面。

有的文章对元代与思想、文化有关的人和事进行了探讨。

在元代对维兀字的传承、发展做出重大贡献的人莫过于国师搠思吉斡节儿。王风雷的文章从两个方面对国师搠思吉斡节儿关于蒙古文化教育的贡献进行了研究。首先搠思吉斡节儿对蒙文(维兀字)语法研究作出了重要贡献,主要表现为他在萨迦班弟达贡噶坚赞的44个字母的基础上,认真研究了蒙古语中元音和辅音,并按阴阳中性加以归类,最终把蒙古文字母总数变为123个。他还提出了半音字母的规则,强调了正音和正字的问题,提出了名词的语格等。其次搠思吉斡节儿投入到佛经的翻译和文学创作中,为维兀字的传承、发展做出重大贡献,表现为翻译了《入菩提行经》、《实论呼图克图满珠习礼的太阳》;撰写了《入菩提行经释》、《摩诃葛剌颂》、《佛陀的十二种和谐》等。

元初由宋入元的儒士遗民不少人因怀恋故国的心结始终未得以解开,对元朝并不认同。他们通过各种手段和行为来表明自己是大宋臣民,而非元朝顺民。但从元成宗起,南人儒士遗民开始逐渐承认现实,认同元朝,陆续开始出来为元朝服务。韩志远的文章通过对元末徽州名儒郑玉的成长经历的梳理,阐述了作为新一代的南人儒士与元初遗民的不同之处,并通过郑玉之死论述了他的死与他对元朝的认同之间有着必然的关系,由此也进一步说明了经过宋元易代之后,南人儒士逐步对元朝有了认同感。除早期南宋儒士遗民中存在着对立情绪之外,以后成长起来的儒士基本上接受和认同了元朝的统治。

《元史》是研究蒙元史的基本史料。《元史》的主修者和参编者人数众多,理清他们之间的关系是元史研究中尚需进一步探讨的问题。刘迎胜的文章从顾瑛在其玉山草堂所编著的《玉山名胜集》、《玉山璞稿》、《草堂雅集》等文集入手,深入探究了三位《元史》的编修者,即王祎、陈基与张诚的踪迹,认为他们在元末曾造访昆山顾瑛的玉山佳处,并与顾瑛本人及其友人有过交往,并留下许多唱和的诗作,这些为我们深入了解这几位《元史》作者之间的关系以及他们在元末的活动提供了有力的参考资料。

邯郸市曲周县近年新出土了元代诺怀墓志。朱建路的文章介绍了墓志志主诺怀的姓氏、籍贯、职官、先世职官及生平事迹。作者进一步认为元代诺怀墓志出土为研究元代史提供了新的材料;蒙古酎温台氏家族五代在汉地的发展过程中逐渐受汉文化影响情况,并融入汉族文化圈,但在婚姻等方面他们族群意识明显。

《元史·良吏传》共收录十八人行传,《王艮传》是其中文字较多的一个。但《王艮传》由于编写过于仓促,《墓志铭》中的信息被大量遗漏。世系和年代等在《王艮传》中全无记录,说明《王艮传》的记载遗漏了大量信息。特木勒的文章对王艮的生卒年具体考证、对其前辈和后裔的梳理、所任最早官职详细信息的揭示、所任两浙都转运盐使司详细经历的分析等方面对《元史·王艮传》进行了订补。

《淮安金石录》(南京大学出版社,2008年)收录了江苏省淮安市盱眙县第一山的宋、元、明、清各代摩崖题刻,其中有元人余阙的题诗两件(拓影及录文,录文略有误处)。杨晓春的文章认为这是余阙行世《青阳先生文集》中未收的佚诗,有一定的文献价值。更重要的是,这是作为元代书家的余阙存世不多的书法作品,反映了他早年的书风,有较高的艺术价值，同时从中也可见河西人余阙深受汉文化熏染，与泗州、盱眙县官吏同游名胜第一山的情形，等等。

杨维桢是元代后期东南，尤其是浙西地区最有影响力的文人，其研究成果多集中在文学史和美术史的考察中。向珊从杨维桢一生的曲折经历、思想上诸多矛盾之处入手加以阐述，指出了杨维桢年近半百时作的《三史正统辨》虽未被朝廷采纳，却为他赢来了南方士人的普遍尊敬，后之提杨铁崖者，无不特书其辩元承宋之统的功绩。杨维桢另一项让人印象同样深刻的奇异之举，包括他在文学创作上的“另类”和生活作风方面的特殊雅好。文章还对杨维桢晚年的冠服进行了考察，探究出杨氏的标榜所能为他带来的影响以及他受士林追捧的原因。

陈颖是元末广东东莞人，《均赋役记》是他为至正间东莞县尹杨大举的美政而撰写的一篇记文。陈广恩的文章指出在岭南文献汇编中，屈大均的《广东文选》和温汝能的《粤东文海》是比较重要的两部记载《均赋役记》的书，但二书均以陈颖为宋人，这是错误的。各种文献中保存的该记文的异文，则有利于记文的校勘使用。因为史料中关于陈颖、杨大举的记载非常少，因此这篇记文对研究这两个历史人物就具有十分重要的价值，同时记文对研究元末广东地方社会经济状况也有意义。

## 三、关于元代经济史、地理环境变迁影响以及与之有关灾害史的研究

元明社会演化和南北差异整合发展等问题是近年学术界讨论逐渐深入的问题。李治安的文章认为，有元一代，赋役制度基本是南北异制，两税与丁税、地税俱行，差役和杂泛混存，江南仍然以两税为主；局部恢复徭役，但差役仍然为主，杂泛差役在江南仍偏重于差役；明卫所军户制、均工夫役制、户帖制同样是起步于江南，后又在户帖制的基础上建立了更为详密的黄册制度，它们共同汇成了明前期驱民以供役的“配户当差”户役法；朱元璋抑富迁富政策动摇和部分改变了南朝以来近千年江南相沿未变的富民大地主为核心的社会经济结构，取而代之的是与北方相差不大的“配户当差”户役法；一破一立，导致江南社会经济结构蜕变。

古代淮北地区纺织业在唐朝时期曾经一度比较发达，金元时期，淮北地区的纺织业相对唐宋时期在全国的发展水平已落后，但仍有较大发展。吴海涛的文章探讨了古代淮北地区纺织业的盛衰演变，认为唐时期淮北地区纺织业生产发展有两大特点即生产比较广泛和技术进步。北宋时期淮北的丝织业，官营、民营皆有发展。金元时期，淮北地区的丝织业相对唐宋时期在全国的发展水平已落后。元代该地的麻纺织业在原有的基础上得到发展的同时，兴起了棉纺织业。明清时期淮北地区的纺织业从无到有，特别是在棉花、染料经济作物种植和产量不断增加的情况下，纺织业生产也得到了发展。文章同时还叙述了自唐朝至清朝间淮北地区纺织业的盛衰起伏历程及其原因。

芍陂是中国古代淮河流域著名的水利工程。元朝在两淮地区大兴屯田，芍陂因其优越的区位优势和重要的经济价值，成为其中的一个重要基地。苗冬探讨了元代芍陂地区屯田，指出芍陂屯田继承了前代的良好基础，规模很大，管理严格，取得了很好的成效。元廷对芍陂屯田非常重视，设立芍陂屯田万户府等专门机构进行管理，征发各族人民进行耕种，如遇灾荒，还采取蠲免和赈济等措施，这都有力地促进了屯田事业的发展。文章

同时也认为芍陂屯田因带有较浓重的军事色彩,也在一定程度上阻碍了当地经济的发展,加上官府纵容豪强占陂湖为田以及政治腐败、管理混乱等,这也成为芍陂屯田存在的弊端。

元代沿海漕运事业较前代有了较大的进步和发展。为此元廷设置了海道都漕运万户府。陈波的文章探讨了元代海道都漕运万户府的人事格局变迁,指出元代海道都漕运万户府组织变迁较快,人事格局变化也较大。在朱清、张瑄专制海运的时期,漕府的人事安排由于职司的特殊性,几乎由二人一手掌握。文章还梳理了海道都漕运万户府的人事安排情况,对朱清、张瑄伏诛之后元代海运体制的发展趋向及其特点进行了揭示。

本次研讨会还涉及地理环境变迁的影响、地名考证以及与此有关的灾害史等的研究问题。

周运中的文章探讨了方国珍崛起的浙东沿海地理环境变迁史。文章先是对南宋浙东沿海豪强势力的兴起进行了讨论,指出方国珍部的崛起其实在南宋就有深厚的根基了。其次分析了方氏崛起于台州和黄岩的原因,认为元代台州海上贸易的繁荣、海塘的修建以及黄岩大片填海造陆,奠定了方国珍社会力量壮大的基础。最后文章探讨了海战与地理环境因素,指出方国珍充分利用了海洋地理环境优势,起初活跃于元朝统治薄弱的浙闽及温台交界海域,又在海流湍急的大闾洋和沙洲密集的澄江口大败元军,终于不断壮大。

元会通河的开挖与南四湖的形成有较大的关系。王云的文章指出元朝之前,淮水和泗水相互连通,泗水是淮水的重要支流之一。会通河区域河湖相互贯通,水系系统是相当发达的。到了明代,随着南阳新河的开凿和昭阳湖作用的转变,南四湖开始形成。明中期以前,伴随着治黄保运的需要,南四湖面积进一步扩大。明中期以后黄河泛滥更是对南四湖产生了重要的影响,加上黄河改道、运河断航等一系列因素,南四湖最终形成。

合剌温山地名出现在蒙古文、汉文、波斯文史料中,学者们的考证结果不尽相同。魏曙光文章考证了合剌温山地名所在,指出在1211年成吉思汗发动对金朝的战争以前,蒙古人活动于界壕以北,合剌温山指今天的大兴安岭。1211年以后,木华黎麾下的诸千户迁往漠南,今张家口边墙以北地区遂成为蒙古经略中原的重要基地。由于木华黎是成吉思汗任命的以合剌温山为屏蔽的左翼万户,后又被封为太师国王,今张家口边墙以北地区的山岭离大兴安岭并不远,可看成大兴安岭向西南的延伸,因此这些山岭也被称为合剌温山。

有元一代,灾荒十分严重,其频度之多,危害之大实在是很惊人的。于文善的文章以《救荒活民类要》为中心探讨了元代的灾荒及灾荒赈济。文章指出元代的灾荒主要有水灾、旱灾、雹灾、蝗灾、疾疫、地震等;赈济的种类也很多,如积极的仓储措施、消极的仓廪措施,以及劝分、遣官、弛禁等措施。应该看到元政府面对灾荒采取了一系列稳定社会经济和社会生活的措施,但不可否认,灾荒赈济中也存在着一系列弊端,这又使灾荒赈济的效果非人所愿。

任崇岳、薄音湖的文章论及了元代河患与贾鲁治河,指出元朝建国后,对治理黄河不够重视,导致黄河多次泛滥成灾,尤其至正四年(1344)黄河决溢,给沿岸百姓生命财产带来了巨大损失。但其后元政府的态度有所变化。至正十一年(1351)元廷命工部尚书贾鲁为总河防使,治理黄河。贾鲁将工程分为疏浚故河;堵塞黄河故道下游上段各决口、豁口,修筑北岸堤防;堵塞北茅决口三部分。用190天时间成功治理了黄河。

葛仁考的文章论及了元代滹沱河的灾害及治理。文章指出滹沱河位居燕南赵北,为双方之界河。宋朝时期,对滹沱河进行改造,使其成为阻挡辽国的一道屏障,此举使得滹沱河的灾难掺杂了更多的人为因素。元代冶河的汇入,加重滹沱河灾害,形成对真定的严重威胁。在加固河堤的同时,元朝使用"疏浚冶河,杀滹沱河之势"、加封河神等措施减少滹沱河的灾害。

此次学术讨论会中,还有学者论述了清乾隆朝黄河干流河道堤防治理及决策过程,例如王大庆的文章提出,清乾隆朝时期黄河干流流经河东河道属境河南、山东及江南河道辖区徐州、淮安地区;河道治理、河图绘制及使用过程的一贯性与乾隆帝治河举措、思想密不可分,具体涉及整个乾隆时期黄河干流培固堤防、疏浚河道、堵塞决口、闸坝泄洪、引黄济运、挑挖引河等诸多项目领域的决策。

纵观此次学术讨论会,无论是参加会议的专家学者的名望,参加会议的单位的规格、层次,抑或提交的论文质量、水平,都达到了一个较高的水平。从参加会议的专家、学者来看,既有国内元史学界著名的专家、学者,也有众多潜力十足,崭露头角的中青年学术新锐,而后者的参会更是给大会带来了朝气和活力。就会议学者提交的论文领域而言,有元代政治、军事、外交方面的研究;有元代思想、文化、家族方面的研究;还有元代经济史、地理环境变迁以及与之有关灾害史方面的研究等,很多选题和观点都是元史学界研究的重点和备受社会关注的问题,其中不乏精品之作。与会专家学者一致认为,本次研讨会取得了令人满意的效果,对元朝后期历史的研究必将起到有力的推动作用。

(本文作者分别为阜阳师范学院社会发展学院副教授、皖北文化研究中心教授)

# 本刊启事

一、本刊现已收入中文社会科学引文索引(CSSCI)来源集刊(2012—2013),竭诚欢迎海内外学术同仁赐稿,来稿请以纸本形式和电子形式寄南京大学历史学系刘迎胜教授(liuys@ nju. edu. cn)处。

二、本刊实行匿名审稿制度,来稿请另纸附作者姓名、单位、职称及联系方式(通信地址、电子邮件和移动电话)。

三、来稿请附中英文提要、关键词。

四、来稿不退,请自留底稿。请勿一稿多投。本刊将在收稿后四个月内给出是否刊用的意见。

五、本刊已被《中国学术期刊网络出版总库》及CNKI系列数据库收录,凡投本刊的文章,视为其作者已默许收入上述数据库。

六、凡在本刊刊出之文章,本刊将酌付薄酬,数据库电子版稿酬亦包含在内。

《元史及民族与边疆研究集刊》

2011年12月

**图书在版编目(CIP)数据**

元史及民族与边疆研究集刊. 第24辑/刘迎胜主编.
—上海：上海古籍出版社,2012.10
ISBN 978-7-5325-6538-2

Ⅰ.①元… Ⅱ.①刘… Ⅲ.①中国历史—研究—元代
—丛刊②边疆地区—民族历史—研究—中国—丛刊 Ⅳ.
①K247.07-55②K28-55

中国版本图书馆CIP数据核字(2012)第149224号

**元史及民族与边疆研究集刊(第二十四辑)**

刘迎胜　主编

上海世纪出版股份有限公司
上 海 古 籍 出 版 社 出版

(上海瑞金二路272号　邮政编码200020)

(1) 网址:www.guji.com.cn

(2) E-mail:gujil@guji.com.cn

(3) 易文网网址:www.ewen.cc

上海世纪出版股份有限公司发行中心发行经销

启东人民印刷有限公司印刷

开本787×1092　1/16　印张12　插页4　字数277,000

2012年10月第1版　2012年10月第1次印刷

印数：1—1,300

ISBN 978-7-5325-6538-2

K·1608　定价：46.00元

如发生质量问题,读者可向工厂调换